"十三五"国家重点出版物出版规划项目

中国特色社会主义政治经济学研究丛书

中国特色社会主义
法治经济建设

ZHONGGUO TESE SHEHUI ZHUYI FAZHI JINGJI JIANSHE

龙小宁　靳　涛　赵　建　张兴祥　著

中国财经出版传媒集团

经济科学出版社
Economic Science Press

图书在版编目（CIP）数据

中国特色社会主义法治经济建设/龙小宁等著.
—北京：经济科学出版社，2017.11
（中国特色社会主义政治经济学研究丛书）
ISBN 978 - 7 - 5141 - 8722 - 9

Ⅰ.①中…　Ⅱ.①龙…　Ⅲ.①中国特色社会主义 –
社会主义政治经济学 – 研究　Ⅳ.①F120.2

中国版本图书馆 CIP 数据核字（2017）第 291518 号

责任编辑：于海汛　余建春
责任校对：杨晓莹　靳玉环
版式设计：齐　杰
责任印制：潘泽新

中国特色社会主义法治经济建设

龙小宁　靳　涛　赵　建　张兴祥　著

经济科学出版社出版、发行　新华书店经销
社址：北京市海淀区阜成路甲 28 号　邮编：100142
总编部电话：010 - 88191217　发行部电话：010 - 88191522
网址：www.esp.com.cn
电子邮件：esp@esp.com.cn
天猫网店：经济科学出版社旗舰店
网址：http://jjkxcbs.tmall.com
北京季蜂印刷有限公司印装
710×1000　16 开　18.25 印张　290000 字
2017 年 11 月第 1 版　2017 年 11 月第 1 次印刷
ISBN 978 - 7 - 5141 - 8722 - 9　定价：46.00 元
（图书出现印装问题，本社负责调换。电话：010 - 88191510）
（版权所有　侵权必究　举报电话：010 - 88191586
电子邮箱：dbts@esp.com.cn）

总　　序

　　习近平总书记近年来多次提出坚持和发展中国特色社会主义政治经济学问题。可见中国特色社会主义政治经济学在习近平总书记的治国理政理念中居于重要地位。对中国特色社会主义道路自信、理论自信、制度自信和文化自信的集中体现是构建系统的并形成共识的理论体系。其中最为突出的是构建中国特色社会主义政治经济学。

　　对构建中国特色社会主义政治经济学，习近平总书记在主持中央政治局第28次专题集体学习马克思主义政治经济学学习会时，明确要求：要立足我国国情和我国发展实践，揭示新特点新规律，提炼和总结我国经济发展实践的规律性成果，把实践经验上升为系统化的经济学说，不断开拓当代中国马克思主义政治经济学新境界。

　　构建中国特色社会主义政治经济学必须坚持以马克思主义为指导。马克思主义深刻揭示了自然界、人类社会、人类思维发展的普遍规律，为人类社会发展进步指明了方向。中国特色社会主义政治经济学的构建坚持马克思主义为指导，最为基本的是继承马克思主义政治经济学的基本范式并依据中国特色社会主义经济建设和改革开放的实践进行如下创新：第一，为什么人的问题，是为少数人服务还是为绝大多数人服务。马克思主义经济学代表无产阶级根本利益。无产阶级夺取政权以后，其阶级利益代表全体人民的根本利益，因此中国特色社会主义政治经济学以人民为中心，服从于人民的福祉和共同富裕。第二，基本任务是什么？马克思主义政治经济学的基本任务是阐述社会主义代替资本主义的必然性。进入社会主义社会后，政治经济学的基本任务由批判旧社会转向建设新社会。处于社会主义初级阶段的政治经济学，需要研究中国特色的社会主义的经济制度、发展道路，阐述社会主义初级阶段的经济规律，提供建设新社会的理论指导。第三，坚持问题导向是马克思主义的鲜明特点。问题是创新的起点，也是创新的动力源。只有聆听时代的声音，回应时代的呼唤，认真研究解决重大而紧迫的问题，才能真正把握住历史脉络、找到发展规律，推动理论创新。我国经济进入中等收入阶段后面临的一系列重大发展问题，例如，市场决定资源配置和政府更好发挥作用问题；中高速增长的可持续问题；跨越"中等收入陷阱"；等等。中国特色社会主义政治经济学需要围绕我国发展的重大问题，着力提出能够体现中国立场、中国智慧、中国价值的理论和理念。

中国特色社会主义是马克思主义中国化时代化的成果。从时空观分析，马克思是在资本主义社会研究资本主义，当时还没有出现社会主义国家。他所预见的社会主义经济同资本主义经济是在时间上继起的两个社会。而现时代，社会主义和资本主义空间中并存。在国际上是社会主义国家和资本主义国家并存，在国内是作为主体的社会主义经济与多种所有制经济并存。马克思主义经济学中国化的任务，不仅需要阐述社会主义经济制度的优越性，更要寻求增强社会主义经济的竞争力和影响力并最终战胜资本主义的途径。从物质基础分析，马克思当时认为，发达的资本主义是社会主义的入口。新中国脱胎于半殖民地和半封建社会。社会主义的物质基础没有完全建立起来，发展社会主义需要经过一个社会主义初级阶段。在社会主义初级阶段的社会主义不是完全消灭私有制，恰恰要在公有制为主体的前提下利用多种私有制经济发展生产力。从中国特色社会主义的成功实践分析，中国从一个贫穷落后的农业大国一跃成为世界第二大经济体。经济改革的中国模式，经济发展的中国道路得到了实践的检验。因此中国特色社会主义政治经济学是对中国特色社会主义经济建设的成功实践进行的理论概括，是用中国理论讲中国故事。

习近平总书记指出，构建中国特色哲学社会科学要把握好三方面资源：一是马克思主义的资源。二是中华优秀传统文化的资源。三是国外哲学社会科学的资源。构建中国特色社会主义政治经济学同样要把握好这些资源。以其中的经济发展理论体系为例，首先是继承性。在马克思主义经济学的理论宝库中挖掘其系统的发展生产力理论，使其成为经济发展理论建构的指导思想和方法论基础。其次是开放性，批判地吸收世界先进的发展理论。例如，二元结构现代化理论，中等收入陷阱理论，全要素生产率理论，可持续发展理论，知识经济理论，国家创新体系理论等。最后是创新性。中国的发展理论是在讲中国故事，体现中国智慧。例如，中国的新型工业化、信息化、城镇化和农业现代化"四化同步"社会主义现代化道路，中国的全面小康社会建设都是值得总结的发展理论。

习近平在主持政治局集体学习马克思主义政治经济学时，归纳了改革开放以来当代中国马克思主义政治经济学的重要理论成果，其中包括：关于社会主义本质的理论；关于社会主义初级阶段基本经济制度的理论；关于树立和落实创新、协调、绿色、开放、共享的发展理念的理论；关于发展社会主义市场经济、使市场在资源配置中起决定性作用和更好发挥政府作用的理论；关于我国经济发展进入新常态的理论；关于推动新型工业化、信息化、城镇化、农业现代化相互协调的理论；关于用好国际国内两个市场、两种资源的理论；关于促进社会公平正义、逐步实现全体人民共同富裕的理论；等等。这些重大理论成果都应该在中国特色社会主义政治经济学中进行系统化的阐述。

中国特色社会主义，以其理论和成功的实践回答了社会主义

的发展中大国实现国家强盛人民富裕的重大问题，比如，在东方
经济落后的国家建设什么样的社会主义、能否通过社会主义道路
走向富强？社会主义和市场经济能否结合和怎样结合？在二元结
构突出的农业大国如何实现现代化？在后起的资源相对缺乏的国
家如何实现可持续发展？这些需要直面的世界性理论难题，马克
思在当时不可能碰到，也不可能做出科学的预见。以中国特色社
会主义政治经济学为理论指导所取得的中国经济成就，对这些重
大问题作出了正确的回答，是对马克思主义的重大发展，为整个
人类的经济科学文明发展做出了贡献。

进入新的历史时期后，时代赋予我们构建中国特色社会主义
政治经济学的使命是加强对改革开放和社会主义现代化建设实践
经验的系统总结，加强对发展社会主义市场经济的分析研究，加
强对党中央治国理政新理念新思想新战略的研究阐释，提炼出有
学理性的新理论，概括出有规律性的新实践。

2015 年由我牵头的《中国特色社会主义政治经济学研究》被
立项为马克思主义理论研究和建设工程重大项目和国家社科基金
重大项目。经中央马克思主义理论研究和建设工程办公室批准，
本项目研究的首席专家除我以外还有中央民族大学的黄泰岩教授、
西南财经大学的刘灿教授、复旦大学的石磊教授、厦门大学的龙
小宁教授和南京大学的葛扬教授。根据研究计划，我们编写中国
特色社会主义政治经济学研究丛书，分别由各位首席专家领衔主
持：《中国特色社会主义政治经济学理论体系构建》《中国特色社
会主义基本经济制度》《中国特色社会主义市场经济体制建设和完
善》《新常态下中国经济发展》《社会主义初级阶段的收入分配》
《全球化与中国对外开放经济》《中国特色社会主义法治经济建
设》，将陆续由经济科学出版社出版。

洪银兴

自　序

　　"市场经济在一定意义上讲就是法制经济。"20 多年前理论界达成的这一共识，在当时强调法制对于发展市场经济的重要意义。经过时间的检验，这一蕴含经济法治或法治经济内涵的理念，至今仍闪耀着真理的光辉。党的十八届四中全会通过的《中共中央关于全面推进依法治国若干重大问题的决定》指出："社会主义市场经济本质上是法治经济。使市场在资源配置中起决定性作用和更好发挥政府作用，必须以保护产权、维护契约、统一市场、平等交换、公平竞争、有效监管为基本导向，完善社会主义市场经济法律制度。"对法治经济的认识已上升到市场经济本质的高度。

　　关于"法制"和"法治"，理论界曾存在分歧甚至争议。以英语"rule by law"和"rule of law"两个短语的词义差别来说，前者着眼于法律的应用，后者则着眼于法律的本体。不过，从汉语词义看，"法制"强调法律作为规则体系，而"法治"则强调依照法律形成有序状态。在非特指情形下，"法制"和"法治"二词是可以通用的。但是，在下列情况下二者是有分别的："经济法制化"特指将现存的社会经济关系制度化、规范化，而"经济法治化"则强调在法律的引导和约束下实现社会经济活动处于平稳有序状态。尤其是，从中国改革开放的历程看，法律从作为实现计划经济的工具演变为市场经济条件下治国理政和社会生活的根本准则，本身是应改革开放、经济发展和法治本身进步的不同阶段及其客观要求而适时改变的结果。因此，在本书当中，若非特指法规体系和尊重既有文献的表述，我们将统一用"法治"一词而不是"法制"一词来指称本书的研究对象。

据我们考察，从"法制"到"法治"的转变，1992 年是一个认识起步的关键时间节点，而这与 20 世纪下半叶中国经济体制变迁的路径是一致的。邓小平"南方谈话"，终止了有关计划还是市场之争。1997 年，党的十五大正式提出"依法治国，建设社会主义法治国家"。1999 年，第九届全国人民代表大会第二次会议通过的宪法修正案，又把"依法治国、建设社会主义法治国家"写入宪法，使其上升为国家意志，标志着中国社会主义市场经济全面法治化新阶段的开始。

中国社会主义市场经济与一般市场经济是个性与共性的关系，由此决定了与之相适应的经济法治与一般经济法治也是个性与共性的关系。相比较而言，马克思主义经济法治思想将法律置于更大的社会制度体系中，而西方法经济学则聚焦于经济法治本身。不过，就法治的长期演化和阶段优化而言，两种法治经济思想是可以互补的。此外，在本书的研究中，我们将法治经济学研究与制度经济学研究结合起来，对若干重要经济制度安排及其演化的分析丰富了法治经济学的内容，相对于抽象单纯的法理分析，更有利于把握经济法治的具体实现过程。

社会主义经济法治与以往经济法治的根本区别，在于它是以生产资料公有制为主导、多种所有制共同发展为基础的，体现了工人阶级领导下的广大人民群众的意志和利益，既追求公平，也促进效率。社会主义经济法治的根本任务是维护广大人民群众的利益，促进和保障社会主义现代化建设和市场经济的发展，协调人民群众在社会主义市场经济条件下处理各种经济活动的各种经济关系。

自改革开放以来，与中国特色社会主义市场经济相适应的法律体系也逐步形成并且仍在不断完善过程中。法与经济的对立统一关系是中国特色社会主义市场经济法治化的根本动力。社会主义市场经济法治，一要巩固多种经济共同发展的基本经济制度格局，二要维护广大人民群众的利益。经济与法律的发展，是一种双向互动的演化过程。改革开放后，每一个经济领域相关法律的出台都标志着经济体制改革的进一步深入，直至完整的社会主义市场经济法律体系基本形成。

对中国特色社会主义市场经济法治建设的理论、实践和针对特定问题进行研究探索，我们秉持下列原则：（1）以马克思主义尤其是唯物史观作指导；（2）结合中国改革开放的具体实践；（3）总结和突出中国特色；（4）借鉴西方经济学特别是新制度经济学的一些研究思路和方法；（5）理论阐释与实证分析相结合；（6）问题导向与实事求是的评论相结合。

我们的研究范畴与中共十八届四中全会决定的精神一致，即：涵盖以保护产权、维护契约、统一市场、平等交换、公平竞争、有效监管为基本导向的经济法治。全书的结构，除序言外，分为理论篇、实践篇和问题探讨篇。

总的来说，我们主要的观点和结论包括：（1）马克思主义法律思想对于中国特色社会主义法治经济建设具有现实指导意义，中国共产党历代领导人对中国特色社会主义法治理论有重要贡献；（2）经济活动和经济关系的发展，通过对经济制度的影响，进一步确定为法律，因而经济改革驱动法治发展；另一方面，法律法规反映经济活动开展和经济关系协调的客观要求，法治维护改革并进一步促进经济发展；（3）法治经济可以区分为不同形式和层次，各种形式和层次的制度之间不仅相互配合，而且可以相互转化；尤其是，正式制度与非正式制度的相互协调和配合，可以使法治经济的实施臻于完善；（4）改革开放以来，中国特色社会主义市场法治经济建设的成绩是主流，问题是支流，但存在支流泛滥的危险；（5）中央与地方的关系在法治建设中有重要的影响，明确界定和把握政府的作用，在转型经济研究中有重要的意义；（6）法治建设的中国特色是有所选择和循序渐进的；法治体系的中国特色是与社会主义意识形态相结合，兼顾效率和公平；（7）廉政建设有利于经济增长，全面依法治国可以提高制度生产力并释放"法治红利"。

本书内容概述如下：

上篇：中国特色社会主义法治经济理论溯源

马克思法治经济思想及其现实意义。主要包括以下观点：（1）法律是上升为国家意志的统治阶级的利益，是对有利于统治阶级正常生活条件的制度化；（2）法律本身要反映客观经济规律，并且一旦制定或认可，就对全体社会成员具有普适性；（3）法律受制于一定的生产方式或社会发展阶段，并且要随着经济基础或经济关系的变化而改变；（4）法律不仅是阶级统治的工具，也具有组织社会公共生活的功能；（5）商品经济法律的核心是维护私有财产，契约关系反映交换价值的客观要求；（6）资本主义法律建立在生产资料私有制的基础上，核心是维护资本积累；（7）资本主义社会通过法律约束生产过程的自发形式，股份公司和银行制度有可能扬弃资本主义私人性质；（8）共产主义可能扬弃私有财产，实现向自然主义和人道主义的复归。

关于政治经济学与法治经济学的关系。中国特色社会主义政治经济学与中国特色社会主义法治经济学在逻辑上是相通的，在结构上是相互印证的。主要内容包括：多种所有制经济共同发展的基本经济制度、国有企业改革以建立的现代企业制度、按劳分配等多种形式相结合的收入分配制度、统一开放竞争有序的市场体系、转变政府职能以建设合理适度的规制体系。中国特色社会主义市场经济法治建设的探索和论证，体现了马克思法治经济思想的现实意义。

新中国成立以来中国共产党的法治思想。新中国的民主法制，是马克思主义法制观与中国法治化进程相结合的产物。以毛泽东同志为核心的党的第一代中央领导集体，在新中国成立初期提出一系列重要的法律思想和原则，为我国社会主义民主法制建设指明了方向。党的十一届三中全会后，以邓小平同志为核心的党的第二代中央领导集体在深刻总结历史经验教训特别是"文革"沉痛教训的基础上，高度重视社会主义民主法制建设，开创了中国民主法制建设的新时期。经过以江泽民、胡锦涛、习近平等为代表的三代中央领导集体的丰富和发展，初步形成了中国特色社会主义法治理论体系。历史经验表明，中国的民主法制建设，必须坚持党的领导、人民当家做主和依法治国的有机统一，必须坚持从中国实际出发，走中国特色社会主义法治道路。

中篇：中国特色社会主义法治经济实践历程

国企改革的路径分析与相关制度演进。综观改革开放至今，国有企业改革的演进路径可分为六个阶段，这六个阶段又以1992年为界限，1992年之前是管理与经营改革阶段，1992年之后是产权与机制改革阶段。1992年确立社会主义市场经济后，国企改革明显就从经营与管理方面的改革转向产权与机制方面的改革，特别是提出构建现代企业制度改革，这是与之前的改革有巨大区别的改变。国企制度演进路径呈现出由外在制度到内在制度、一般制度到宪法制度的依次递变状态。从国企改革到国资改革的逻辑说明，产权改革是国企改革的核心，就企业论企业是解决不了问题的，国企改革必须从更大视野和更大层面去推动。在制度变革中，只有通过不断的总结和学习，人类理性才有真正发挥的空间。

中国土地制度（农村）演进与转型评析。主要对新中国成立后中国农村土地制度的变迁做了一个逻辑的梳理和历史的回顾，并在此基础上结合中国农村土地制度演进的趋势作了一些评论和推断。在制度变迁和改革过程中，伴随着改革结果将出现两种结果，一种是有效和报酬递增的自我增强路径，另一种是被锁定的某种低效率制度的自我维系机制的存在。从中国农村土地使用制度的转型过程来看，转型需要一个渐进和连续的演化过程，因为完善和适合本国实际的市场体制（自组织结构的完善）不是短时间内可以完成的。向市场体制转型过程一般经过变迁的准备阶段、转型的开始阶段、转型的全面推进阶段和转型的后期整合阶段。土地制度转型的过程很多时期并不是在提出一个明确的目标后付诸实施的简单过程，而是一个逐步摸索和逐步清晰的过程，是通过在转型期的磨合和演化中逐步达到目标的。

经济改革与司法体制改革。通过以法院为例的实证研究发现，发展推进法治的理论只看到了改革开放后经济与法治发展在时间上的先后性，却没有从根源上揭示法治发展的动因。事实上，中国法治发展的根本源泉是改革，正是通过改革的不断推进和深化，才保证了中国的法治建设始终走在良性发展的轨道上，法治领域所存在的诸多问题也随着改革而得到逐步的解决和完善。从中国法院的发展历程来看，20世纪70年代末所开启的改革开放为经济的腾飞注入了活力，也提高了对法治的需求，同时也通过计划经济时期由政府行使的裁判职能向法院的转移，使得法院在社会经济生活中的作用日益凸显。与此同时，法院自身也通过不断的改革来适应对法律服务的更大需求，使其在服务数量和质量上都获得显著的提高。另外，司法财政体制的改革也帮助政府财政对法院经费的保障力度持续加大，通过法治发展的物质保障推动营造公平高效的法治环境。因此，改革驱动法治的理论可以更为逻辑一致地解释中国法治中的问题与发展并存的现象，并为继续深化改革、推进法治发展提供指导和动力。

版权保护能够提升企业绩效吗？——来自德化陶瓷企业的证据。在当前我国经济面临结构转型升级的背景下，知识产权保护对于经济健康持续发展的重要作用日益凸显，而本文以版权保护为例，探求我国版权保护的有效路径并提供经验和借鉴。针对与版权相关的文化创意等产业，现有的政府扶持主要以经济手段为主，即给予版权相关产业一定的税收优惠和减免等政策，而对于如何从版权保护的角度推动版权相关产业的发展，却鲜有针对性的政策。福建省德化县出台的版权本地免费登记政策则为我们提供了重要参考，该政策节约了版权人的登记成本，方便了版权人登记版权和咨询相关事宜，并通过所建立的本地化版权作品展示平台，加强了当地企业版权作品的相关信息交流。本文的研究发现，相比其他地区，德化县的陶瓷企业在版权本地免费登记政策实施之后不论是销售、利润还是创新等方面的业绩均有显著提高，表明对版权等知识产权的更好保护可以帮助推动企业创新，有利于促进经济结构调整。

中国社会保障法的发展历程及改革思路。社会保障是关乎基本民生福祉和国家长治久安的重大制度安排，是实现社会公平正义的有效保障。我国的社会保障制度经过了六十余年的探索，如今已成为重要的基本制度之一，在保障人民基本生活、提高社会福利方面发挥了重要作用。社会保障法作为制度的基础，以法律的形式对社会保障的各项工作进行指导，使整个社会保障体系能够规范化运行。本文简要梳理了新中国成立以来我国社会保障法的发展历程，分析了制度变革方面存在的主要问题，并针对这些问题提出了一些政策建议。

下篇：中国特色社会主义法治经济建设若干问题探讨

国内对《劳动合同法》实施的研究与争议。第一，《劳动合同法》实施的背景。简单地说，一是《劳动法》法规存在不足和缺陷，二是农民工的劳动权益缺乏保障。第二，《劳动合同法》立法的初衷。一是提高劳动合同的签约率，二是减少用工关系短期化现象。这是评价《劳动合同法》实施成效的基本依据。第三，有关《劳动合同法》实施争议的主要观点。一是肯定观点，认为《劳动合同法》实施规范了用工关系、保护了劳动者权益、激励用人单位提高竞争力；二是否定观点，认为《劳动合同法》提高了企业用工成本，引起企业规避法律约束，最终不利于劳动者就业和收入；三是更宽泛的议论，或认为《劳动合同法》有利于劳动力市场发育，或认为《劳动合同法》损害了契约自由。第四，关于《劳动合同法》实施效果评价本身。全面评价和单一评价、短期评价和长期评价各有千秋。既要注意我国劳动力参与率变化的趋势，也要注意分离 2008 年经济危机对国内劳动力市场的冲击以及共存的其他例如税收和社保等制度因素。第五，《劳动合同法》的订立和实施充分体现了经济与法律的互动关系。为解决经济问题出台了法律手段，为完善法律必须考虑经济后果。劳动关系博弈还将继续下去，考验着社会各界的法制观念。

两阶段制度变迁模式与地方政府制度创新——以厦门市分级诊疗改革为例。制度构造了人们在政治、社会和经济方面发生交换的激励结构，是关乎国家能否繁荣发展的重要因素。科学有效的制度创新可以加速推动社会发展，获得事半功倍的成效。本文基于速水—拉坦的诱致性制度变迁理论与林毅夫的强制性制度变迁理论，将二者的理论观点整合到同一个分析框架内，强调了强制性制度变迁的诱致性特征。在此基础上，本文论述了制度创新的三大发起主体之———地方政府的发起动因、担当角色以及优势所在，并以厦门市分级诊疗改革为案例进行分析和验证。实践证明，地方政府在制度创新中的确有不容忽视的特殊作用，要积极鼓励和支持地方政府充分发挥其优势进行多领域的制度创新，促进经济社会的全面发展。

司法地方保护主义。基于《最高人民法院案例选编》的研究结果发现，中国法院的一审中普遍存在司法地方保护主义的现象，但也发现存在二审法院对一审法院的纠偏机制，特别是在部分经济发达省市。二审中未发现司法地方保护主义存在的证据让我们对中国法治发展的前景充满信心，但司法地方保护主义显然会对总体经济的发展带来消极影响，因为无论法律制定得多么完善，如果法院不能在司法审判中履行好持守公平正义的中立第三方的角色，那么法治中的核心原则和市场经济的基本秩序便会遭到严重破坏，直接影响到市场经济的运行和发展。鉴于研究结论主要基于最高法院挑选出的对各级法院的审判工作具有指导意义的公报案例，本文的发现表明改革开放以来，至少从最高法院的目标来看，中国法院是以更好地保障司法公正性、为经济长期稳定发展提供保障为己任的。

廉洁政府、法治建设与经济增长。为企业提供公平竞争的经营环境，是我国经济持续增长的重要保证。基于中国地级市投资数据的实证分析发现：在政府管理制度化程度较差的地区，官员清廉度越高则固定资产投资增长越快；而在政府管理制度化水平高的地区，较低的官员清廉度对该市的固定资产投资增长并无显著的负面影响。在短期内，由于我国经济中存在较多的政府管制，地方政府官员的清廉度对投资的增长起着重要的决定作用，因而我们的研究结果表明，较低的地方政府官员清廉度不利于短期投资增长，这为廉政促进经济增长的理论提供了经验证据；同时，在地方政府管理制度化程度较高的地区，投资增长并未受到官员清廉度的显著影响，说明法治化的管理有利于解决"人治"的种种弊端，这为中央政府在廉政建设的过程中同时减少政府审批，逐步废除不必要管制措施的倡议提供了支持。从长期来看，与简政放权相结合的廉政建设更将有助于我国进一步完善充满活力的市场经济体制，对经济增长产生长远的积极作用。

从行政化到市场化——减排规制的历史变迁。自新中国成立以来，环境立法在实践中不断发展，已经走过了60多个春秋。中国环境保护法中对排放污染物行为的规制措施也由初期的行政化手段逐渐转向市场化。本文主要从背景、法律条文、理论基础、优缺点等方面分析了排污费到环境保护税和排污权交易的制度变迁。这三种手段都是在借鉴国际经验的基础上，根据中国不同具体发展阶段探索出来的适合中国具体国情的政策。它们各有优势，都取得了一定成效，但也存在局限性。就排污费而言，中国已实行30多年，其弊端也悉数显露出来，因而走向历史终结；至于环境保护税和排污权交易，中国还处在探索的过程中。总体而言，中国的环境法律体系还有许多不足之处，需要进一步完善。

社会主义市场经济法治体系庞大，社会主义法治经济学内容深邃。本书汇集的各篇文稿，仅是我们研究和探索的初步成果的展示。由于自身见识和能力所限，遗漏、不足乃至错误在所难免。谨以此就教于广大从事政治经济学和法治经济学教研同行，以期为我们进一步深化和拓展研究，做好更为扎实的准备。

目　录

导 言 法治经济与马克思主义法治思想

一、理解法治经济

按照古希腊思想家亚里士多德的说法，法治是法律制定得良好并且得到普遍遵守的状态①。由此类推，经济法治可以理解为相关经济的法律已经合理地制定出来，不仅适应经济发展的客观需要而且得到了经济主体普遍的遵守。

自从人类作为社会存在以来，经济活动就贯穿于社会生活的始终并且作为基础性活动制约着其他人类活动。法律，特别是制定法，作为人类行为的社会规范，应该说有着比经济活动稍晚一些的历史，但是，法律一旦形成或制定出来，又反过来对社会经济活动的持续开展有着重大的影响。

经济与法律的关系，既具有一般性也具有特殊性：其一般性，属于经济基础与上层建筑的关系，就是说，经济决定法律，法律维护经济；其特殊性，在于具体的相关经济的法律只是整个法律体系的一部分，各种经济关系和经济活动是具体相关经济的法律专门的或特定规范和调整的对象。

如果把有史以来人类社会的经济形态划分为自然经济、市场经济和计划经济，那么可以看到法律在不同经济形态中的地位和作用是有所不同的：在自然经济条件下，客观规律和社会规则主要是以经验和习惯的形式体现着，即使同时存在一些成文法，也主要是维护统治阶级的政治统治，此时政治凌驾于经济之上，经济与政治的结合甚于经济与法律的结合；在曾经的计划经

---

① 亚里士多德：《政治学》（吴寿彭译），商务印书馆1965年版，第199页。

济的社会试验中，法律主要是无产阶级专政的工具，经济与国家的行政管理是紧密结合的，经济生活几乎全部都是社会公共事务，不存在完全的或独立的私人经济关系和经济利益；在自然经济的边缘部分和市场经济的初级阶段，尽管有关私有财产和私人契约的法律，也就是民法或私法，起到了维护具体的商品经济或市场经济的经济关系和经济活动的规范和秩序的作用，但是市民社会和政治国家相对处于分合不定的紧张关系状态，从某种意义和某种程度上，市民社会起到了制约国家权力、防止国家权力过分干预的作用；只有在市场经济的发达状态或晚近阶段，经济才完全成为政治的基础。尽管市场失灵使政府干预得以介入，但是社会进而把政府干预经济纳入法治化轨道，由此社会经济才真正形成法治经济。因此，法治经济是市场经济发展的产物，也是发达市场经济的标志。并且，法治经济的一个非常重要的方面，是政府干预经济的法治化。

就法学的观点而言，经济法是对市场经济关系进行整体、系统、全面、综合调整的一个法律部门。在现阶段，它主要调整社会生产和再生产过程中，以各类组织为基本主体所参加的经济管理关系和一定范围的经营关系。一般来说，可以从以下三点把握这个概念：其一，经济法是相关经济活动的法律规范的总称；其二，经济法是调整经济关系的法律规范的总称；其三，经济法调整的是一定范围的经济关系。尽管学术界对于是否存在经济法作为专门的法律部门存在争议，但是，按照前述定义，可以相对明确地就经济与法律的关系作系统的考察。

近代民法属于广义的私法范畴，它秉承古罗马以来的私法传统，以维护个体权利为本位，以私权神圣、身份平等、意思自治为理念，其价值核心是个人自由，这与其在自由资本主义时期对市民社会调控的主导地位相适应，包含所有权绝对、契约自由、过错责任三大基本原则。

进入现代社会之后，民法传统的价值和理念遭到社会本位意识或理念的冲击，三大基本原则也受到了修正，禁止权利滥用、诚实信用、公序良俗等内容陆续形成，加入到现代民法基本原则之中。不过，民法并没有因此真正改变最初确立的基本价值理念的内涵，而是以新的原则为补充，以民法最初的三原则为本源，加之后来形成的新三原则为发展，共同构成了清晰完备、逻辑统一的民法基本原则体系。

民商法加之相关经济的社会法，如劳动法、反垄断法、反不正当竞争法和社会保障法等共同构成了经济法体系，成为法治经济的法律制度基础。尽管法律和经济的紧张关系在一定程度上继续存在，但是在其和谐和互补的正常条件下，社会经济可以说处于法治经济状态。

二、马克思主义法治思想主要内容和特色

马克思主义法治理论建立在历史唯物主义的基础上，其一般原理是：法律作为社会的上层建筑由其经济基础决定并且必定要维护其经济基础。马克思在《政治经济学批判》序言中指出："人们在自己生活的社会生产中发生一定的、必然的、不以他们的意志为转移的关系，即同他们的物质生产力的一定发展阶段相适合的生产关系。这些生产关系的总和构成社会的经济结构，即有法律的和政治的上层建筑竖立其上并有一定的社会意识形式与之相适应的现实基础。物质生活的生产方式制约着整个社会生活、政治生活和精神生活的过程。不是人们的意识决定人们的存在，相反，是人们的社会存在决定人们的意识。社会的物质生产力发展到一定阶段，便同它们一直在其中运动的现存生产关系或财产关系（这只是生产关系的法律用语）发生矛盾。于是这些关系便由生产力的发展形式变成生产力的桎梏。那时，社会革命的时代就到来了。随着经济基础的变更，全部庞大的上层建筑也或慢或快地发生变革。"[1]

具体来说，马克思主义法治思想主要包含以下观点：

第一，法律是表现为国家意志的统治阶级的利益。

马克思认为，法是"从人们的物质关系以及人们由此而产生的互相斗争中产生"的[2]。在一定的社会中占统治地位的统治阶级，"除了必须以国家的形式组织自己的力量而外，还必须给予自己的由这些特定关系所决定的意志以国家意志即法律的一般表现形式。"[3] 马克思说，"很清楚，在这里，并且到处都一样，社会上占统治地位的那部分人的利益，总是要把现状作为法律加以神圣化，并且要把习惯和传统对现状造成的各种限制，用法律固定

---

① 《马克思恩格斯选集》第 2 卷，人民出版社 1972 年版，第 32～33 页。
② 《马克思恩格斯全集》第 3 卷，人民出版社 1960 年版，第 363 页。
③ 同上，第 378 页。

下来。"①"如果一种生产方式持续一个时期，那么，它就会作为习惯和传统固定下来，最后被作为明文的法律加以神圣化。"②"过去表现为实际过程的东西，在这里表现为法律关系，也就是说，被承认为生产的一般条件，因而也就在法律上被承认，成为一般意志的表现。"③

第二，法律要确定和维护社会正常的经济关系。

马克思认为，"法权关系，是一种反映着经济关系的意志关系。"④而"意志关系的内容是由这种经济关系本身决定的。"⑤"权利永远不能超出社会的经济结构以及由经济结构所制约的社会的文化发展。"⑥"没有无义务的权利，也没有无权力的义务。"⑦"在每个历史时代中所有权以各种不同的方式，在完全不同的社会关系下面发展着。因此，给资产阶级的所有权下定义不外是把资产阶级生产的全部社会关系描述一遍。"⑧财产是一种经济权力，"创造这种权利的，是生产关系。一旦生产关系达到必须改变外壳的程度，这种权利和一切以它为根据的交易的物质源泉，即一切有经济上和历史上的存在理由的、从社会生活的生产过程产生的源泉，就会消失。只有生产关系以及所有制的变化，才会引起所有权的变化。"⑨

第三，法律是肯定的、明确的、普遍的行为规范。

马克思认为，"法律不是压制自由的手段，正如重力定律不是阻止运动的手段一样"，"恰恰相反，法律是肯定的、明确的、普遍的规范，在这些规范中自由的存在具有普遍的、理论的、不取决于个别人的任性的性质。法典就是人民自由的圣经"。⑩法律应该"是事物的法的本质的普遍和真正的表达者。因此，事物的法的本质不应该去迁就法律，恰恰相反，法律倒应该去适应事物的法的本质。"⑪"立法者应该把自己看作一个自然科学家。他不是在制造法律，不是在发明法律，而仅仅是在表达法律，他把精神关系的内

① 《马克思恩格斯全集》第25卷，人民出版社1974年版，第893～894页。
② 同上，第894页。
③ 《马克思恩格斯全集》第46卷上，人民出版社1979年版，第519页。
④ 《马克思恩格斯全集》第23卷，人民出版社1972年版，第102页。
⑤ 同上。
⑥ 《马克思恩格斯全集》第19卷，人民出版社1965年版，第22页。
⑦ 《马克思恩格斯全集》第16卷，人民出版社1985年版，第16页。
⑧ 《马克思恩格斯全集》第4卷，人民出版社1958年版，第180页、365页。
⑨ 《马克思恩格斯全集》第25卷，人民出版社1972年版，第874～875页。
⑩ 《马克思恩格斯全集》第1卷，人民出版社1962年版，第71页。
⑪ 同上，第139页。

在规律表现在有意识的现行法律之中。"①

第四，法律要随着生产方式的变化而变化。

马克思说，"民法不过是所有制发展的一定阶段，即生产发展的一定阶段的表现。""每个时代的财产关系是该时代所具有的生产方式和交换方式的必然结果。"② "私有财产是生产力发展一定阶段上必然的交往形式，这种交往形式在私有财产成为新出现的生产力的桎梏以前是不会消灭的，并且是直接的物质生活的生产所必不可少的条件。"③ "每当工业和商业的发展创造出新的交往形式"，"法便不得不承认它们是获得财产的新方式。"④

第五，法律具有管理社会公共事务的职能。

马克思认为，"法律应该是社会共同的，由一定物质生产方式所产生的利益和需要的表现，而不是单个人的恣意横行。"因此法的存在构成了对个人自由的约束。⑤ 此外，法律在任何时代和任何国家不仅受到阶级必然性的支配，也同时会受到或多或少的自然规律和社会发展最基本要求的制约和校正。换句话说，法作为上层建筑，对于经济基础和阶级利益，具有一定的反作用。同时，法律的社会公共职能，就是建立在"生产一般"基础上的公益事务。即使在资本主义生产方式下，"完全同在专制国家中一样，在那里，政府的监督劳动和全面干涉包括两个方面：既包括执行由一切社会的性质产生的各种公共事务，又包括由政府同人民大众相对立而产生的各种特殊职能。"⑥

查阅原著，可以发现马克思主义的法治思想还有以下特征：

第一，鲜明的阶级性或实质公平性。

马克思指出，"法和国家的全部内容"乃是财产，法是财产关系的外在表现形式，财产关系则是法的实在内容。私有财产的真正基础是占有，是一个事实，而不是权利。只是社会赋予实际占有的法律的规定，实际占有才具有合法占有的性质，才具有私人财产的性质。⑦ "私有财产是国家政治制度

---

① 《马克思恩格斯全集》第 1 卷，人民出版社 1962 年版，第 183 页。
② 《马克思恩格斯全集》第 4 卷，人民出版社 1958 年版，第 86 页、121～122 页、124 页、303 页。
③ 《马克思恩格斯全集》第 3 卷，人民出版社 1960 年版，第 70 页、71 页、410 页。
④ 同上，第 72 页。
⑤ 《马克思恩格斯全集》第 6 卷，人民出版社 1961 年版，第 291 页。
⑥ 《马克思恩格斯全集》第 25 卷，人民出版社 1972 年版，第 432 页。
⑦ 《马克思恩格斯全集》第 1 卷，人民出版社 1962 年版，第 250 页。

的保障。……国家制度在这里就成了私有财产的国家制度。"政治国家的内容、实体和目的就是"最高阶段的私有财产"、"独立的私有财产"。①

第二，突破公法和私法的界限。

公法是政治生活的法律，私法是私人生活的法律。公法遵循的基本原理由国家意志决定，私法遵循的基本原理则是意思自治，就是说，经济生活和家庭生活的一切民事权利和义务关系的设立、变更和消灭，均取决于当事人自己的意思。只有在当事人之间发生纠纷不能通过协商解决时，国家才以仲裁者的身份出现予以裁决。不过，马克思关于公法和私法关系的认识不限于此。马克思更强调公法将统治阶级的利益上升为国家意志。以人权为例，马克思指出，"狭义的人权，就是作为市民社会成员的人的权利，即脱离了人的本质和共同体的利己主义的人的权利。"而"广义的权利是指，除了狭义的人权外，还包括公民权。公民权是政治权利，只有同别人一起才能行使的权利。这种权利的内容就是参加这个共同体，参加国家。这些权利属于政治自由的范畴，属于公民权利的范畴"。②

第三，强调法律变革的历史性。

马克思指出，法律对一定经济关系的各个方面内容的表达，有时会走一条曲折的道路。就是说，历史与逻辑的一致，并非亦步亦趋的。当一定的经济和政治要求还没有达到普遍成熟的程度，然而对于某个局部或某个方面又必须给予国家强制的时候，法律就会呈现由例外性的规定到逐渐去掉它的例外性的发展过程。所谓例外的规定，只是一种法律适用范围的限制。③ 甚至，法规也有例外。

第四，非常关注契约和平等。

马克思认为，契约关系并不是当事人可以随意建立或不建立的纯粹偶然的关系，而是建立在一定的经济必然性的基础上的，是商品经济发展的客观要求。契约的内容也不完全取决于当事人的主观意愿，而是受到一定的经济关系和交往形式的制约的。就交易和法制的关系而言，"先有交易，后来才由交易发展为法制……这种经过交换和在交换中才产生的实际关系，后来获

---

① 《马克思恩格斯全集》第1卷，人民出版社1962年版，第380页。
② 同上，第436页。
③ 《马克思恩格斯全集》第23卷，人民出版社1972年版，第331页。

得契约这样的法的形式。"① 此外，马克思指出，"流通中发展起来的交换价值过程，不但尊重自由和平等，而且自由和平等是它的产物。它是自由和平等的现实基础。作为纯粹观念，自由和平等是交换价值的各种要素的一种理想化的表现；作为法律的、政治的和社会的关系上发展了的东西，自由和平等不过是另一次方上的再生产物而已。这种情况也已为历史所证实。"②

总之，马克思主义法治思想，或许与以往一些人们既定的看法不完全一样：它们不仅强调法律的阶级性，也重视法律的社会性；不仅强调法律作为统治工具的作用，也重视法律的社会管理功能；不仅强调法律对统治阶级利益的维护，也重视法律对社会正常生活条件的巩固；不仅强调对剥削阶级法律的批判，也重视对优秀法律文明的继承。这样的综合性的法治思想，为指导社会主义市场经济法治化建设奠定了理论基础。

三、马克思主义法治思想与当前中国法治经济建设

中国社会主义市场经济并不是自发形成的，而是脱胎于以前的社会主义计划经济。社会主义市场经济是改革开放的结果。因此法律制度要随着改革开放的生产方式的变化而变化，既需要将已经成型的社会主义市场经济关系用法律的形式确定下来，又需要进一步借助法律解决经济矛盾、谋求长治久安。这是符合马克思主义法治观的。中国社会主义市场经济制度的进一步发展的关键是法治化。而突出用法治思维、法治方式③深化改革，实行"法治化改革"，重大改革于法有据，更是体现了马克思主义经典作家关于法的本质、法的功能、法的变革思想的指导作用。

如果仅从表面上看，马克思似乎非常强调法律的阶级性，但实际上他也十分重视法律的社会性。就当前现实而言，一方面，我们的国家是人民当家做主的社会主义国家，法律应该维护广大人民群众的根本利益。在经济领域，巩固和完善社会主义市场经济基本经济制度、改革和发展国有企业乃至

① 《马克思恩格斯全集》第19卷，人民出版社1965年版，第23页。
② 《马克思恩格斯全集》第46卷下，人民出版社1980年版，第477~478页。
③ 所谓法治思维是将法律作为判断是非和处理事务的准绳，它要求崇尚法治、尊重法律，善于运用法律手段解决问题和推进工作。而法治方式就是运用法治思维处理和解决问题的行为方式。法治方式与法治思维是内在和外在的关系，法治方式就是法治思维实际作用于人的行为的外在表现。可以说，法治思维影响和决定着法治方式。

公有经济、建立和完善统一、开放、竞争、有序的市场体系、规范和协调多种形式的收入分配关系、转变政府职能并将政府干预经济纳入法治轨道，都是在维护我国当前统治阶级的利益。这完全符合马克思主义法治观。另一方面，社会主义法治又具有管理社会公共事务的职能。在经济领域，尤其需要清晰地界定产权并有效地保护产权，同时，要支持和保障契约的订立和履行，甚至用法治思维和法治方式规范涉及国计民生的重大改革行为。充分体现了马克思主义法治观与社会主义市场经济的兼容性。

党的十八届四中全会通过的《中共中央关于全面依法治国若干重大问题的决定》指出："社会主义市场经济本质上是法治经济。使市场在资源配置中起决定性作用和更好发挥政府作用，必须以保护产权、维护契约、统一市场、平等交换、公平竞争、有效监管为基本导向，完善社会主义市场经济法律制度。"由此可见，市场经济与法治具有内在一致性。法治是市场经济的内在要求。市场主体的确立需要法治，市场竞争规则的形成需要法治。法治还是宏观调控的重要手段。

当前，改革进入攻坚期和深水区，提倡经济法治化的现实意义，第一，可用法治化解社会矛盾。第二，可用法治凝聚社会共识。第三，可用法治调节社会关系。第四，可用法治规范社会行为。法治经济重视法的引导、调节、预测等积极功能，强调运用法律来组织、管理经济，进行更深入广泛的参与，使法律真正成为经济发展的内在需求，并注重使用任意性规范、授权性规范、建设性和奖励性规范来调动人们的积极性，不仅重视法的实体正义，而且重视程序正义，通过实现程序正义来保证实体正义，更有效地维护主体的合法权益，并使法律更具有可操作性。

经过法定程序将"创新、协调、绿色、开放、共享"的发展理念融入法律体系，通过法律为改革明确方向、提供框架、设定路径、持续护航，既让局部阶段性改革在法律授权的范围内充分探索，又将改革"试错"可能带来的冲击保持在可控范围内。同时，及时总结局部阶段性改革取得的有益经验，经过法定程序上升为法律规则，以法律形式确定改革成果，健全发展机制，使其在更大范围内、更长时期、更稳定地促进经济社会发展。由此，有利于实现"摸着石头过河"与"顶层设计"的有效结合。

一个可以探讨的问题是：国家政策是否可以成为法律的渊源？一般来说，国家政策纠纷无法进入诉讼程序，本身说明政策的法律性质并不完整。

政策成为法规的直接渊源与世界的法治潮流也不吻合。相反，一旦将国家政策确立为法律的渊源，那么"政策治国"和"依法治国"将混淆不清。因此，经济的法治化，就要逐步改变将政策直接当成法律的做法，逐步改变"治国理政单纯政策化"。当然，法治不是短期的红利，而是长效机制，需要长期的积累。经济法治化的复杂性，也决定了中国社会主义市场经济的法治化还有很长的路要走。

　　总之，社会主义市场经济是人类历史上的新生事物。利用一定程度上的后发优势，全面推进中国的经济法治建设，一方面，要把改革开放后逐渐形成的合理有益的经济关系、行为方式用法律的形式固定下来；另一方面，又要为社会主义市场经济的进一步发展营造良好的制度环境。当社会主义市场经济趋近成熟，经济法治也趋近形成，正确理解和合理应用的马克思主义法治思想，可以说明经济法治的必要性、重要性和必然性，也可以为当前和未来的经济法治建设指出方向、重点和路径。此外，马克思主义法治经济学还构成马克思主义政治经济学的有机组成部分，因此以马克思主义法治观为指导的法治经济学也可以为中国特色社会主义政治经济学做出贡献。

中国特色社会主义法治
经济理论溯源

马克思法治经济思想
及其现实意义

提要

　　在马克思的著作中，既有丰富而深邃的法治思想，包括对法律的一般本质、根源、特征、功能和演化规律的论述，也有对相关经济活动的法律的特殊性的独到见解，还有对资本主义经济法律制度乃至向共产主义过渡的经济法律制度的某些特征的清晰描述。当前，中国特色社会主义市场经济逐渐形成，法治化是其成熟和规范化的标志之一。因此，借鉴马克思有关法律思想，指导中国特色社会主义市场经济法治化的实践和帮助总结中国特色社会主义政治经济学理论，具有重要的现实意义。本文先从法律一般、法律特殊和法律个别三个层面概述马克思法治思想，然后，结合中国特色社会主义市场经济制度演化的若干重要方面，以及法治经济学与政治经济学的关系，阐释马克思经济法治思想的现实意义。

　　改革开放近四十年，中国特色社会主义市场经济制度基本成型。这是一个在复杂多变环境下通过理论和实践不断探索和创新的过程。对于所走过的道路和取得的经验，值得深入考察和系统总结。经济法治化是中国特色社会主义市场经济成熟和规范化的标志之一。尤其有意义的是：经济制度演化与经济法治是一个动态的相互作用和相辅相成的过程，因此如何把握二者之间积极的互动关系，对于实现、巩固和完善经济法治局面，十分重要。

　　那么，该如何梳理中国特色社会主义市场经济法治化的过程呢？我们认为，马克思经济法治思想可以发挥指导作用。马克思主义不是教条，而是行动的指南和进一步研究的基础。就法律（制度）而言，马克思在唯物史观的基础上深刻地总结了人类（阶级）社会中的法律现象，高屋建瓴地揭示了法律的一般的本质、根源、特征、功能和演化规律。在相关（市场）经济的法律（制度）方面，马克思明确阐释了其作为上层建筑的特殊形式；而对于法律在资本主义（市场）经济乃至社会主义社会中的地位和作用，马克思也明确地概述了其中一些个别的表现。

一、马克思著作中有关法律的论述

马克思大学毕业于法律专业，毕生重视法的起源、法的本质、法的功能和法的演化规律的研究和意义。甚至可以说，对法的根源的探究，是促使马克思做出两个伟大科学发现（唯物史观和剩余价值学说）的主要缘由和路径。总的来说，马克思的法治思想，尤其是相关经济的法治思想的形成，经历了探寻法哲学基础、黑格尔法哲学批判、创立唯物史观、与蒲鲁东激辩所有制、维护人民主权，到《资本论》中深刻揭示资本主义生产方式的法律基础及法治条件，进而展望无产阶级革命的法治意义的发展历程。

为便于概述，本文借用德国古典哲学有关概念层次展开方法，将马克思的法律思想分为法律一般、法律特殊和法律个别来陈述。在这里，法律一般是有关法律本质、起源、特征、功能和演化规律的最为抽象的论证，属于法哲学层面，不受法律规范的具体关系、应用范围和演化阶段的限制。法律特殊则关注于一般法律原则在某一特殊领域中的应用，在本文中，也就是经济法治领域。在这里，相比法学意义上的公法，经济法治首先隶属于传统的民法领域，具有私法的性质，但是，随着经济形态的进一步演化，经济法治也呈现出"私法公法化"和"公法私法化"交互作用的倾向。法律个别，主要指与社会生产方式的特定形式相结合而形成的具体法律体制，在本文中，大致分为资本主义经济法制和社会主义经济法制。由于法律本身在特定的经济基础上形成，又维护特定的经济制度，因此法律个别兼有历史阶段性和社会特殊性。

（一）法律一般

关于法是什么，马克思的理解或依据马克思思想作理解，从社会关系的层面看，法是体现为国家意志的阶级利益，这样来看，法首先具有阶级性。同时，法又具有超阶级性，即适用于全体社会成员，因此法具有在内容上的阶级性和形式上的超阶级性，或者说，法具有阶级和超阶级的二重性。不过，对法的本质的理解，还有另一个层面，即制度演化的自然历史过程的层面，此时，法是特定历史阶段社会生活条件的反映，是体现为人类意志的客观规律。这样，按照唯物史观，法是由一定的社会生产力状况决定，归根结底要契合社会生产力发展的要求，并伴随社会生产力的进步而演化的。综合来看，法最抽象地理解是规律，最直观地看是国家意志，可以说，法是以规范形式体现的人类社会生产方式。

1. 法的阶级性、整体性、共同性、优先性和历史性

在马克思看来，法律是表现为国家意志的统治阶级的共同利益。而统治阶级权力的基础是他们共同生活的条件，因此法的首要任务是维护统治阶级的利益，这是法的阶级性。但是，制约统治阶级意志的社会经济关系，对于统治者个人来说，是一种共同的、客观的经济条件，是统治者在社会经济生活中的地位的集中反映和整体利益的再现，因而建立在这种社会经济条件基础上的法律，又具有整体性的特征。正因为如此，社会中的每一个个体，都不能将自己的个人意志，强加于和凌驾于整体意志之上，法的要求对任何社会组成部分都适用，具有共同性。马克思说，"法律应该是社会共同的，由一定物质生产方式所产生的利益和需要的表现，而不是单个人的恣意横行。"因此法的存在构成了对个人自由的约束①，即使从统治阶级利益出发的立法要求，一旦上升为国家意志，也会对统治阶级本身形成约束，以至于社会各个阶级都在共同的法律面前处于平等的地位。

至于司法，要以法的存在为前提，是对法律的贯彻或落实。只不过，在实际的司法中，法已经占据了逻辑上的优先地位，具有优先性。马克思还认为，"自由的公开审判程序，是那种本质上公开的、受自由支配而不受私人利益支配的内容所具有的必然属性。"由此，才有司法公正。②就是说，公开可以促进公正。

由于统治阶级的物质生活条件是在不断发展变化的，其意志的内容也必然要随之发生变化，因此，认可或制定出来的法律不是一劳永逸的，而是随着客观情况的发展而变化的，这是法的历史性。同时，也就出现了对过去制

---

① 《马克思恩格斯全集》第6卷，人民出版社1961年版，第291页。
② 《马克思恩格斯全集》第1卷，人民出版社1962年版，第177~179页。

定的法律进行修改或废止的问题，特定法律的修改或废止不过是法律演化的过程。其间，无论个人是否感觉受到了约束，也还看个人利益尤其是总体利益是否已经改变。①

2. 法的主体相关性和主观性

法是"从人们的物质关系以及人们由此而产生的互相斗争中产生"的，就是说，法并不是纯粹的自然物，法可以说是阶级博弈或阶级斗争的产物，具体的法总是依存于特定的阶级斗争和妥协的状况，与社会活动的主体是相关的。② 此外，法（律）除了具有不容抹杀的客观经济内容以外，还具有主观的属性，即法是一种"意志"，一种"国家意志"，就是说，要上升为超阶级的主观形式。但是，依然不能忘记的是，不是国家由于统治意志而存在，相反地，是从个人的物质生活方式中所产生的国家同时具有统治意志的形式。表面上法由国家制定，但实质上国家已由经济基础决定。反映客观经济关系的法律，总是要通过一定的形式表现出来。在一定的社会经济关系中占统治地位的统治阶级，"除了必须以国家的形式组织自己的力量而外，还必须给予自己的由这些特定关系所决定的意志以国家意志即法律的一般表现形式。"③ 阶级乃至法律演化本身都是客观经济关系呈现的变化过程。

3. 法与国家和政治的关系

马克思认为，"国家就是社会结构"。国家是现存的社会结构的"行动和意志的表现"和"正式的表现"。在这样的意义上，法与国家同一。"国家是建筑在社会生活和私人生活之间的矛盾上，建筑在公共利益和私人利益之间的矛盾上的。"④ "因为国家是属于统治阶级的各个个人借以实现其共同利益的形式，是该时代的整个市民社会获得集中表现的形式，因此可以得出一个结论：一切共同的规章（法律）都是以国家为中介的，都带有政治的形式。"⑤ 在这里，法有法治的意义。但是，必须肯定的是，国家的"立法权并不创立法律，它只是揭示和表述法律"。⑥ 就像政治乃是经济的集中体现一样。国家也并不创造经济规律。

---

① 《马克思恩格斯全集》第 3 卷，人民出版社 1960 年版，第 384 页。
② 同上，第 363 页。
③ 同上，第 378 页。
④ 《马克思恩格斯全集》第 1 卷，人民出版社 1962 年版，第 479 页。
⑤ 《马克思恩格斯全集》第 3 卷，人民出版社 1960 年版，第 70 ~ 71 页。
⑥ 《马克思恩格斯全集》第 1 卷，人民出版社 1962 年版，第 315 页。

4. 法的功能

马克思说，"很清楚，在这里，并且到处都一样，社会上占统治地位的那部分人的利益，总是要把现状作为法律加以神圣化，并且要把习惯和传统对现状造成的各种限制，用法律固定下来。"① "如果一种生产方式持续一个时期，那么，它就会作为习惯和传统固定下来，最后被作为明文的法律加以神圣化。"② "过去表现为实际过程的东西，在这里表现为法律关系，也就是说，被承认为生产的一般条件，因而也就在法律上被承认，成为一般意志的表现。"③ 就是说，法律揭示、固定社会生产的一般条件，维护统治阶级的根本利益，杜绝个人和小集体的恣意妄为或任性，形成社会生产和生活的秩序。法律是国家认可或制定的用强制力以约束个人乃至群体的行为规范。

5. 法与客观规律的关系

马克思认为，"法律不是压制自由的手段，正如重力定律不是阻止运动的手段一样"，"恰恰相反，法律是肯定的、明确的、普遍的规范，在这些规范中自由的存在具有普遍的、理论的、不取决于个别人的任性的性质。法典就是人民自由的圣经"。④ 法律应该"是事物的法的本质的普遍和真正的表达者。因此，事物的法的本质不应该去迁就法律，恰恰相反，法律倒应该去适应事物的法的本质。"⑤ "立法者应该把自己看作一个自然科学家。他不是在制造法律，不是在发明法律，而仅仅是在表达法律，他把精神关系的内在规律表现在有意识的现行法律之中。"⑥ "法律上所承认的自由在一个国家中是以法律形式存在的。"人类的自由就是自觉按照人类生活的规律即人类理性的自然规律行事，而这种理性的规律在国家里则表现为法律，并且当然是合乎理性的法律。⑦ 自由并不是抽象地无拘束，自由乃是对必然的认识。在这里，立法需要科学，法律也有助于实现自由。

6. 法的继承性

马克思指出，一方面，法律文化的历史继承性，体现了人类文明社会发

---

① 《马克思恩格斯全集》第 25 卷，人民出版社 1974 年版，第 893～894 页。
② 同上，第 894 页。
③ 《马克思恩格斯全集》第 46 卷上，人民出版社 1979 年版，第 519 页。
④ 《马克思恩格斯全集》第 1 卷，人民出版社 1962 年版，第 71 页。
⑤ 同上，第 139 页。
⑥ 同上，第 183 页。
⑦ 同上，第 71 页。

展进程的连续性，而在这里起决定性作用的是人类社会生产力发展本身具有不间断的性质。另一方面，"无论是政治的立法或市民的立法，都只是表明和记载经济关系的要求而已。""法律只是事实的公认"。此外，"民法不过是所有制发展的一定阶段，即生产发展的一定阶段的表现。""每个时代的财产关系是该时代所具有的生产方式和交换方式的必然结果。"① 这里有一般和个别、传承和创新的关系。值得注意的是，马克思强调，法律对一定经济关系的各个方面内容的表达，有时会走一条曲折的道路。就是说，历史与逻辑的一致，并非亦步亦趋的。当一定的经济和政治要求还没有达到普遍成熟的程度，然而对于某个局部或某个方面又必须给予国家强制的时候，法律就会呈现由例外性的规定到逐渐去掉它的例外性的发展过程。所谓例外的规定，只是一种法律适用范围的限制。② 甚至，法规也有例外。马克思的这一观点，蕴含了法治的特殊性、多样性以及演化性的思想。

7. 法的社会性

马克思认为，法，在任何时代和任何国家不仅受到阶级必然性的支配，也同时会受到或多或少的自然规律和社会发展最基本要求的制约和校正。换句话说，法作为上层建筑，对于经济基础和阶级利益，具有一定的反作用。同时，社会的公共职能，就是建立在"生产一般"基础上的公益事务。在资本主义生产方式下，"完全同在专制国家中一样，在那里，政府的监督劳动和全面干涉包括两个方面：既包括执行由一切社会的性质产生的各种公共事务，又包括由政府同人民大众相对立而产生的各种特殊职能。"③ 就像法本身具有阶级和超阶级的二重性，司法也有公共职能和特殊职能。因为"法律形式作为单纯的形式，是不能决定（借贷资本关系）这个内容本身的。这些形式只是表示这个内容。这个内容，只要与生产方式相适应，相一致，就是正义的；只要与生产方式相矛盾，就是非正义的。"④ 并不存在抽象的正义。但马克思对于法治公共管理职能给予了足够的重视。

（二）法律特殊

一般说来，相关经济的法治是对市场经济关系进行整体、系统、全面、

---

① 《马克思恩格斯全集》第4卷，人民出版社1958年版，第86页、121~122页、124页、303页。
② 《马克思恩格斯全集》第23卷，人民出版社1972年版，第331页。
③ 《马克思恩格斯全集》第25卷，人民出版社1974年版，第432页。
④ 同上，第379页。

综合调整的一个法治领域。在相当长的历史阶段中，它主要调整社会生产和再生产过程中，以各类组织为基本主体所参加的经济管理关系和一定范围的经营协调关系。因此，可以从以下三点把握经济法治这个概念：其一，它是相关经济活动的法律规范的总称；其二，它是调整经济关系的法律规范的总称；其三，它调整的是一定范围的经济关系。

1. 一般法治与经济法治的关系

马克思指出，"法的关系正像国家的形式一样，既不能从他们本身来理解，也不能从所谓人类精神的一般发展来理解看，相反，它们根源于物质的生活关系，这种物质的生活关系的总和，黑格尔按照 18 世纪的英国人和法国人的先例，称之为'市民社会'……"① 这里讲的是经济法治的内容的渊源。以人权为例，"狭义的人权，就是作为市民社会成员的人的权利，即脱离了人的本质和共同体的利己主义的人的权利。"而"广义的权利是指，除了狭义的人权外，还包括公民权。公民权是政治权利，只有同别人一起才能行使的权利。这种权利的内容就是参加这个共同体，参加国家。这些权利属于政治自由的范畴，属于公民权利的范畴"。② 借用法学术语，这些区别类似于私法规范和公法规范的区别。

2. 经济法治的本质

马克思指出，"法和国家的全部内容"乃是财产，法是财产关系的外在表现形式，财产关系则是法的实在内容。私有财产的真正基础是占有，是一个事实，而不是权利。只是社会赋予实际占有的法律的规定，实际占有才具有合法占有的性质，才具有私人财产的性质。③ "私有财产是国家政治制度的保障。……国家制度在这里就成了私有财产的国家制度。"政治国家的内容、实体和目的就是"最高阶段的私有财产"、"独立的私有财产"。④ 经济法治是市场经济的制度化和规范化。

3. 私法的基础

马克思指出，"其实，分工和私有制是两个同义语，讲的是同一件事

---

① 《马克思恩格斯全集》第 13 卷，人民出版社 1962 年版，第 8 页。
② 《马克思恩格斯全集》第 1 卷，人民出版社 1962 年版，第 436 页。
③ 同上，第 250 页。
④ 同上，第 380 页。

情，一个是就活动而言，另一个是就活动的产品而言"，① "分工发展的不同阶段，同时也就是所有制的各种不同形式"，"财产是和一定的条件，首先是同以生产力和交往的发展程度为转移的经济条件相联系的，而这种经济条件必然会在政治上和法律上表现出来"。② 生产资料私有制是市场经济最重要的前提。

4. 私法的演化

马克思说，"私法和私有制是从自然形成的共同体形式的解体过程中同时发展起来的。""无论在古代或现代民族中，真正的私有制只是随着动产的出现才出现的"，"私有财产是生产力发展一定阶段上必然的交往形式，这种交往形式在私有财产成为新出现的生产力的桎梏以前是不会消灭的，并且是直接的物质生活的生产所必不可少的条件。"③ "每当工业和商业的发展创造出新的交往形式"，"法便不得不承认它们是获得财产的新方式。"④ 客观的社会经济关系的历史运动及其产生的历史需要，是罗马法之所以能够发展为一个世界性法系的内在动力和真实原因，舍此便不能正确地把握罗马私法的发展史的真正逻辑。法与经济逻辑地和历史地一致，经济发展是私法演化的根本动力。

5. 经济法权

马克思认为，"法权关系，是一种反映着经济关系的意志关系。"⑤ 而"意志关系的内容是由这种经济关系本身决定的。"⑥ "权利永远不能超出社会的经济结构以及由经济结构所制约的社会的文化发展。"⑦ "没有无义务的权利，也没有无权力的义务。"⑧ "在每个历史时代中所有权以各种不同的方式，在完全不同的社会关系下面发展着。因此，给资产阶级的所有权下定义不外是把资产阶级生产的全部社会关系描述一遍。"⑨ 财产是一种经济权力，"创造这种权利的，是生产关系。一旦生产关系达到必须改变外壳的程度，这种权利和一切以它为根据的交易的物质源泉，即一切有经济上和历史上的

---

① 《马克思恩格斯全集》第3卷，人民出版社1960年版，第25页、37页。
② 同上，第412页。
③ 同上，第70页、71页、410页。
④ 同上，第72页。
⑤ 《马克思恩格斯全集》第23卷，人民出版社1972年版，第102页。
⑥ 同上。
⑦ 《马克思恩格斯全集》第19卷，人民出版社1965年版，第22页。
⑧ 《马克思恩格斯全集》第16卷，人民出版社1985年版，第16页。
⑨ 《马克思恩格斯全集》第4卷，人民出版社1958年版，第180页、365页。

存在理由的、从社会生活的生产过程产生的源泉，就会消失。只有生产关系以及所有制的变化，才会引起所有权的变化。"①

6. 经济契约

马克思认为，契约关系并不是当事人可以随意建立或不建立的纯粹偶然的关系，而是建立在一定的经济必然性的基础上的，是商品经济发展的客观要求。契约的内容也不完全取决于当事人的主观意愿，而是受到一定的经济关系和交往形式的制约的。就交易和法制的关系而言，"先有交易，后来才由交易发展为法制……这种经过交换和在交换中才产生的实际关系，后来获得契约这样的法的形式。"②

7. 经济平等

马克思指出，"流通中发展起来的交换价值过程，不但尊重自由和平等，而且自由和平等是它的产物。它是自由和平等的现实基础。作为纯粹观念，自由和平等是交换价值的各种要素的一种理想化的表现；作为法律的、政治的和社会的关系上发展了的东西，自由和平等不过是另一次方上的再生产物而已。这种情况也已为历史所证实。建立在这一基础上的所有权、自由和平等的"三位一体"，不仅在理论上首先是由 17 世纪和 18 世纪的意大利的、英国的和法国的经济学家们加以论述的。而且这种"三位一体"也只是在现代的资产阶级社会中才得到实现。古代世界不是以交换价值为生产的基础，相反的是由于交换价值的发展而毁灭，它产生了具有完全相反的和主要是地方性内容的自由和平等。"③

（三）法律个别

法本来是阶级社会的现象，正如马克思在"《政治经济学批判》序言"中指出的那样："人们在自己生活的社会生产中发生一定的、必然的、不以他们的意志为转移的关系，即同他们的物质生产力的一定发展阶段相适合的生产关系。这些生产关系的总和构成社会的经济结构，即有法律的和政治的上层建筑竖立其上并有一定的社会意识形式与之相适应的现实基础。物质生活的生产方式制约着整个社会生活、政治生活和精神生活的过程。不是人们

① 《马克思恩格斯全集》第 25 卷，人民出版社 1974 年版，第 874~875 页。
② 《马克思恩格斯全集》第 19 卷，人民出版社 1965 年版，第 23 页。
③ 《马克思恩格斯全集》第 46 卷下，人民出版社 1980 年版，第 477~478 页。

的意识决定人们的存在，相反，是人们的社会存在决定人们的意识。社会的物质生产力发展到一定阶段，便同它们一直在其中运动的现存生产关系或财产关系（这只是生产关系的法律用语）发生矛盾。于是这些关系便由生产力的发展形式变成生产力的桎梏。那时，社会革命的时代就到来了。随着经济基础的变更，全部庞大的上层建筑也或慢或快地发生变革。"① 社会主义初级阶段，阶级还存在，因此依然需要用法制维护社会主义的生产关系。

1. 资本主义法

马克思指出，资产阶级人权是由自由、平等、安全和财产所构成的。"自由就是从事一切对别人没有害处的事情的权利。"私有财产这一人权是自由这一人权的"实际应用"。所谓平等，是指"每个人都同样被看作孤独的单子"，它建立在私有财产的基础上，是以形式上的平等的面貌出现的。所谓安全，是指"整个社会的存在都只是为了保证它的每个成员的人身、权利和财产不受侵犯。"②

概言之，在资本主义社会中，"任何一种所谓人权都没有超出利己主义的人，没有超出作为市民社会成员的人，即作为封闭于自身、私人利益、私人任性、同时脱离社会整体的个人的人。在这些权利中，人绝不是类存在物，相反地，类生活本身即社会却是个人的外部局限，却是他们原有的独立性的限制。把人和社会连接起来的唯一纽带是天然必然性，是需要和私人利益，是对他们财产和利己主义个人的保护。""在这个自私自利的世界，人的最高关系也是法律规定的关系，是人和法律的关系，这些法律之所以对人有效，并不是因为它们是人本身的意志和本质的法律，而是因为它们居于统治地位，违反它们就会受到惩罚。"③

资本主义社会的基础是"纯粹的私有制"，即"抛弃了共同体的一切外观并消除了国家对财产发展的任何影响"的私有制。资产阶级国家是与由大工业和普遍竞争所产生的现代资本相适应的政治组织形式，"是资产者为了在国内外相互保障自己的财产和利益所必然要求采取的一种组织形式。"④资产阶级国家俨然以全社会的组织者和调节者的姿态出现在公众面前，为了

① 《马克思恩格斯选集》第2卷，人民出版社1972年版，第32~33页。
② 《马克思恩格斯全集》第1卷，人民出版社1962年版，第438~439页。
③ 同上，第439页、449页。
④ 《马克思恩格斯全集》第3卷，人民出版社1960年版，第70页。

达到自己的目的，它竭力把自己的利益说成是社会全体成员的共同利益；赋予自己的思想以普遍性的形式，把它描绘成唯一合理的，有普遍意义的思想；它俨然以社会全体群众代表的姿态来组织社会各个领域的活动。因此，这种状况必然在法律领域表现出来，即表现为"权利"、"平等"、"博爱"、"自由"、"天赋人权"。资产者不允许国家干预私人利益。赋予国家权力的多少，只限于保证资产者自身财产安全和维持竞争所必需的范围之内。在资本主义世界里，个人似乎比以前更自由一些，但事实上，却"更加受到物的力量的统治。"①

关于商品交换，尤其是雇佣劳动，马克思认为，"商品交换的性质本身没有给工作日规定任何界限，因而没有给剩余劳动规定任何界限。资本家要坚持他作为买者的权利，他尽量延长工作日，如果可能，他就把一个工作日变成两个工作日。可是另一方面，这个已经卖出的商品的特殊性质给它的买者规定了一个消费的界限，并且工人也要坚持他作为卖者的权利，他要求把工作日限定在一定的正常量内。于是这里出现了二律背反，权利同权利相对抗，而这两种权利都同样是商品交换规律所承认的。在平等的权利之间，力量就起决定作用。所以，在资本主义生产的历史上，工作日正常化过程表现为规定工作日界限的斗争。这是全体资本家阶级和全体工人阶级之间的斗争。"立法体现了阶级力量的对比关系。②

"在平等的地方，没有利益可言。"③ "平等地剥削劳动力，是资本的首要人权。""资本是资产阶级社会的支配一切的经济权力。"④ 在此，资本主义法律有其特殊的整体性和共同性，甚至于用来约束"剥削过火"现象。马克思指出，"工厂法的规定，是社会对其生产过程自发形式的第一次有意识、有计划的反作用。"⑤ 工厂法是工人阶级得到发展和活动余地得到保证的最初条件。工厂法证明了体力劳动同智育和体育相结合的可能性。工人阶级在争取工作立法的斗争中得到了锻炼。

关于资本主义经济的其他方面，马克思指出：（1）"不论地租有什么

---

① 《马克思恩格斯全集》第 3 卷，人民出版社 1960 年版，第 86 页。
② 《马克思恩格斯全集》第 23 卷，人民出版社 1972 年版，第 262 页。
③ 同上，第 180 页、324 页。
④ 《马克思恩格斯全集》第 46 卷上，人民出版社 1979 年版，第 45 页。
⑤ 《马克思恩格斯全集》第 23 卷，人民出版社 1972 年版，第 527 页。

独特的形式，它的一切类型有一个共同点：地租的占有是土地所有权借以实现的经济形势，而地租又是土地所有权，以某些个人对某些地块的所有权为前提。"① （2） 在股份公司当中，"生产资料已经和实际的生产者相分离，生产资料已经作为别人的财产，而与一切在生产中实际进行活动的个人（从经理到最后一个短工）相对立。在股份公司内，职能已经同资本所有权相分离，因而劳动也已经完全同生产资料的所有权和剩余劳动的所有权相分离。"② （3） "现代银行制度，一方面把一切闲置的货币准备金集中起来，并把它投入货币市场，从而剥夺了高利贷的垄断，另一方面又建立信用货币，从而限制了贵金属本身的垄断。"信用是价值运动的特殊形式。信用在客观上似乎具有生产力。③ "中央银行是信用制度的枢纽。而金属准备又是银行的枢纽"，"信用制度以社会生产资料（以资本和土地所有权的形式）在私人手里的垄断为前提，所以，一方面，它本身是资本主义生产方式固有的形式，另一方面，它又是促使资本主义生产方式发展到它所能达到的最高和最后形式的动力。"银行制度扬弃了资本的私人性质。④

2. 法律在向共产主义过渡和社会主义管理中的作用

马克思指出，"工人阶级的解放斗争不是要争取阶级特权和垄断权，而是要争取平等的权利和义务，并消灭任何阶级统治"⑤，"共产主义是私有财产即人的自我异化的积极的扬弃，因而是通过人并且为了人而对人的本质的真正的占有；因此，它是向人自身、向社会的（即人的）人的复归，这种复归是完全的、自觉的而且保留了以往发展的全部财富的。这种共产主义作为完成了的自然主义，等于人道主义，而作为完成了的人道主义，等于自然主义，它是人和自然界之间、人和人之间的矛盾的真正解决，是存在和本质、对象化和自我确证、自由和必然、个体和类之间的斗争的真正的解决。"⑥

"从一个较高级的社会形态的角度看，个别人对土地的私有权，和一个

① 《马克思恩格斯全集》第 25 卷，人民出版社 1974 年版，第 714 页。
② 同上，第 494 页。
③ 同上，第 682 页。
④ 同上，第 648 页、685 页。
⑤ 《马克思恩格斯全集》第 16 卷，人民出版社 1985 年版，第 15 页。
⑥ 《马克思恩格斯全集》第 42 卷，人民出版社 1985 年版，第 120 页。

人对另一个人的私有权一样，是十分荒谬的。甚至整个社会，一个民族，以至一切同时存在的社会加在一起，都不是土地的所有者。他们只是土地的占有者，土地的利用者，并且他们必须像好家长那样，把土地改良后传给后代。"①

总之，马克思的法律思想的主要观点可以概述为：（1）法律不仅是阶级统治的工具，它还具有组织社会生活的功能；（2）法律不仅要维护核心阶级利益，还要遵循客观经济规律；（3）当生产方式发生改变以后，法律也要适时改变；（4）经济法治形成于"市民社会"，是基本财产关系的外在表现形式，经济法权关系是反映着经济关系的意志关系；（5）经济法治同一定的生产力发展阶段相适应，并成为经济生活的交往形式、交易规则和市场秩序，其中契约关系是建立在商品关系必然性的基础上的，作为纯粹的观念，所有权、自由和平等是交换价值各种要素的一种理想化的表现；（6）资本主义的制度基础是私有制，资本主义法律总是竭力把资产阶级的利益说成是社会全体成员的利益，并且不允许国家干预私人利益，但是，即使在资本主义条件下，劳动者还是可以要求平等的权利，并且社会也会对生产过程的自发形式做出有意识、有计划的反作用，甚至在股份制和现代银行制度形式上，社会可以在一定程度上扬弃资本的私人性质；（7）共产主义是对私有财产的积极扬弃，它是向人道主义和自然主义社会的复归。

我们认为，马克思的法律思想突出了经济与法律的互动关系、强调了法律在国家治理中的作用以及产权和契约在商品经济中的基础作用、重视社会利用法律对自发经济关系的调节作用。这些思想，对中国特色社会主义市场经济的法治化建设都具有现实的指导意义。

二、中国特色社会主义市场经济的法制化历程

中国特色社会主义是实践、理论、制度紧密结合的，既把成功的实践上升为理论，又以正确的理论指导新的实践，还把实践中已见成效的方针政策及时上升为党和国家的制度，由此形成了中国特色社会主义道路、理论体

---

① 《马克思恩格斯全集》第25卷，人民出版社1974年版，第875页。

系、制度。习近平总书记指出，中国特色社会主义道路是实现路径，中国特色社会主义理论体系是行动指南，中国特色社会主义制度是根本保障，三者统一于中国特色社会主义伟大实践。① 而全面依法治国，着眼促进国家生活和社会生活的法治化制度化规范化，是实现党和国家长治久安的重要保障。②

我们不妨简要地回顾一下历史。在 1949 年成立之前，中国是一个半殖民地、半封建社会。从经济基础看，中国农村中存在地主经济和自耕农经济，城市中存在工商个体经济、民族私人经济、官僚买办经济和外资帝国主义经济，其国体是"三座大山"（帝国主义、官僚买办资本主义和封建主义），其政体是党国一体的集权政治。新中国成立初期（包括较早前在"解放区"），在农村中实行了土地改革，变地主经济为自耕农经济；在城市中则没收帝国主义经济和官僚买办资本主义经济为国有经济，同时有条件允许民族资本主义经济存在和经营，允许小工商业者采取个体经营的形式。1957年完成"社会主义改造"，实际上是在农村中实行集体经济，在城市中实行集体经济＋国有经济，也就是总体上的公有经济，国家在经济基础上统一为理想的社会主义性质。从宪法的表述上看，统治阶级是工人和农民阶级，包括各种爱国人士，核心是中国共产党。中国共产党作为无产阶级的先锋队，承诺全心全意为人民服务。

社会主义经济制度框架搭建起来了，为什么后来又要予以改革呢？归根到底，是当初形式的生产关系在当前和相当长一段时期不适应生产力状况的缘故。简而言之，异质性很强的农业不适合采取高度集体经营的形式，城市中的公有经济也存在激励和约束等问题。在信息不对称条件下，层层委托—代理关系和治理上的难题，困扰着企业提高效率的努力。

制度经济学认为，经济发展需要一个合法、稳定的秩序以及可以预见的产权与契约。因此，从理论上讲，法制的发展状况应该对改革开放起着很大的促进作用。其实，中国的经济改革一开始中央高层就认识到法律的作用。早期的改革政策主要是关于如何使国有企业经营得更好，因此就没有涉及那些可能会对企业家起鼓励作用的因素。随着改革的深入，经济参与者的成分

---

① 《习近平总书记系列重要讲话读本》，人民出版社 2016 年版，第 25 页。
② 同上，第 46 页。

发生了改变，同时，处于政府监督之外的经济活动的重要性增强，客观上越来越需要一套法律规定和正式机构来规范各种经济参与者之间的关系。只是，由于契合市场经济的法制体系尚在发育之中，因此改革开放初期，不仅是法律，其他诸如稳定的、以发展为目标的政府管理，社会关系，某些习俗、惯例等非正式的制度因素，也在一定程度上构成了对正式机构形成预期和秩序功能的替代机制。值得肯定的是，随着时间的推移，法律的作用也在变化，从开始时作为管理国家部门的工具到为管理独立经济参与者提供法律依据和程序。

随着改革开放的深入，从计划经济到市场经济的转变需要减少政府人为的裁决，具有普适性的实用法规开始占据越来越重要的地位。当时，地方分权加速了这一过程。一方面，中央政府再也不能单靠发布命令来解决具体的经济纠纷。另一方面，私有经济的发展也需要一套普遍的规范，因为私有企业没有一个共同的上层机构可以求助。因此地方政府和民营经济结成了特殊的政治经济关系。当然，在同一时期，全国人民代表大会陆续地通过了大量经济方面的法律。法院的作用也越来越大。不过，中国的计划经济不是一下子就退出历史舞台的，因此在国家部门中，用法律监督取代行政命令的过程非常缓慢。后来，国有企业的经营越来越倾向于法制管理而不是遵循行政规则。与此同时，经济和法律的共同发展在与外商的经济交往中体现得尤为明显。此外，尽管中国法律体制的变化主要在国内，但是允许对外贸易和外来投资的开放政策，对涉及其中的内容与议事程序都有很大的影响，利用国际规则"倒逼"国内改革，有"他山之石，可以攻玉"的效果。

可见，改革开放以来，中国的法律系统有了巨大的发展，而且对经济发展起到了重要的作用。正式的法律体系在给予人们努力应得回报的期望上起到了一定的作用。现实中政治、社会和经济的微妙平衡，也在相当程度上支撑着合同和产权。存在对正式机构和法律制度的某种替代，但随着时间变化，法院在解决纠纷方面起着越来越重要的作用。[1]

由此看来，改革乃是某种"返璞归真"，重新回到历史唯物主义所揭

---

① 转引自［美］劳伦·勃兰特和托马斯·罗斯基：《伟大的中国经济转型》，格致出版社2016年版，第319～362页。

示的生产关系一定要适合生产力的基本原理上来。社会主义经济建设也是一个自然历史过程。在农村中实行联产承包责任制，是一种农业个体经营与公共事务集体组织的结合形式；在城镇中，允许个体和私营经济发展，并且通过"抓大放小"实施国有企业改革。最终在全国范围实现了多种所有制经济并存和共同发展的"大混合经济"的经济基础。作为体现经济关系的国家意志，1999 年 3 月 15 日，全国人大九届二次会议通过《中华人民共和国宪法修正案》，将"以公有制为主体、多种所有制经济共同发展"确立为社会主义经济制度的基础。并且增加"中华人民共和国实行依法治国，建设社会主义法治国家"为宪法第五条第一款。此时，中华人民共和国的国体，除了继续以工人农民为主体而外，逐渐涵盖各种中产阶层（如果拥有人力资本的人也是其中一种类型的话），由此，社会主义市场经济的法律，一要巩固多种经济共同发展的格局，二要维护工人农民和中产阶层的利益。这是一个经济决定法律，经济变化决定法律修订的过程；也是在新形势下遵守、维护和完善法律，促进经济和谐和可持续发展的过程。

中国特色社会主义市场经济法律体系，可以说，主要是从法律的功能作用的角度来实施立法规划的：一是规范市场主体的法律。用法律来明确和保障市场主体的权利和义务，确保它们能够自主经营、独立核算、自负盈亏、自我发展。一般需要制定并实施公司法、合伙企业法、独资企业法、股份合作企业法等。二是规范交易行为，维护公平竞争秩序的法律。市场行为和交换关系，必须遵循自愿、公平、等价有偿、诚实信用的原则。相应地，需要制定并实施反不正当竞争法、反垄断法、消费者权益保护法、证券法、票据法、信托法、经纪人法、广告法、担保法、期货交易法、商会法等。三是规范宏观调控，促进经济、社会协调发展的法律。市场经济有其自身的内在弱点和消极方面，必须改善和加强宏观经济调控。相应地，就要制定并实施预算法、税法、中央银行法、外汇管理法、国有资产管理法、对外贸易法、审计法、价格法等。四是规范劳动、社会保障制度等方面的法律。对于市场竞争所造成的破产、失业等问题，必须以法律的形式帮助加以解决，以维系社会的稳定和协调发展。相应地，需要制定并实施劳动法、劳动合同法、社会保障法等。此外，还需要制定并实施规范基础产业发展、保护和改善环境，以及规范程序和资格方面的法律，如乡镇企业法、电力法、节约能源法；商事仲裁法、破产法、拍卖法、律师法、会计师法、公证法等等。非常有意思的是：如果对比政治经济学对中国特色社会主义市场经济制度基本框架的描述，以及中国特色社会主义市场经济法治经济学的论述，那么，可以发现，二者基本上是互相契合的。

总之，改革开放以来中国的法律与经济的发展，是一种双向的共同演化过程。改革开放以来，在每一个经济领域相关法律法规的出台，都标志着经济体制改革的进一步深入，也是完整的社会主义市场经济法律体系的形成。经济法治化需要经济稳定为前提，离开了法制的约束与制衡，社会主义基本经济制度的特征就难以长期维持。生产关系适合生产力，也是通过立法、司法、执法和守法的方式来实现的。大众拥护和遵守法律，会充分降低交易成本，减少制度损耗，释放"制度红利"。法律仅对违法者予以强制，让各种资源起生产性的作用，也可以保护财富创造、税基增长，可以形成一种"制度生产力"。"市场经济在一定意义上讲就是法治经济"这句话的意思是：经济主体在法制面前地位平等，经济活动遵循法律规范进行；经济生活有法可依，经济关系通过法律来调节，经济利益和经济发展得到法律的保障，违法必究，消除人治和任性。

三、社会主义政治经济学与社会主义法治经济学的关系

社会主义政治经济学要解释社会主义市场经济制度的合理性。社会主义法治经济学则要从经济和法律的互动关系，说明社会主义市场经济法治化的基本要求和实现条件。此外，中国社会主义市场经济与一般市场经济是个性与共性的关系，由此决定了与之相适应的经济法治与一般经济法治也是个性与共性的关系。

简单对比下，马克思主义法治经济学重视法律作为阶级统治和国家公共事务的组织功能，强调经济与法律的相互作用；西方法经济学则重视法权的优化配置，强调法律从制定到落实再到修订完善要从所处的经济条件，考虑相应的成本和收益，努力提高法律本身的效率。相对而言，马克思主义法治经济思想将法律置于更大的社会制度体系之中，而西方法经济学则聚焦于经济法律本身。但是，对于法律制度的长期演化和阶段性优化而言，两种经济法治思想可以说是互补的。

有中国特色的社会主义政治经济学，总结了社会主义市场经济制度的基本内容：第一，以公有制为主体，多种所有制共同发展；第二，充分发挥市场在资源配置中的主导作用；第三，按劳分配与按要素分配相结合；第四，独立自主与扩大开放、参与世界经济全球化相结合……这些基本制度元素，不仅是社会主义市场经济体制的支柱，是社会主义市场经济规律的客观要求，或者说，是保证社会主义市场经济正常运行的制度条件，应该提升为国家意志，形成社会主义市场经济的法律体系。就是说，市场经济同时作为法治经济，在市场经济条件下依法治国，就是把社会主义市场经济的正常运行条件论证为社会主义政治经济学，确立为社会主义市场经济法律体系。而有中国特色的社会主义政治经济学必然包含有中国特色的社会主义法治经济学。

简短地回顾起来，1992 年，是社会主义法治经济思想形成的关键时间节点。此前，对社会主义初级阶段姓"资"姓"社"、生产资料所有制姓"公"姓"私"以及资源配置依靠计划还是市场的问题，存在模糊的认识和巨大的争议。法律为改革开放服务，更多地体现为法制为工具，没有上升到依法行政、依法治国的高度。邓小平"南方谈话"，奠定了社会主义市场经济作为改革目标模式的基础。从此，市场经济就是法治经济的理论和政策开始形成，而党和国家的领导人，在不同时期对社会主义经济法治思想都做出了杰出贡献。

邓小平的民主与法制思想主要包括①：（1）市场在一定意义上讲就是法制经济；（2）社会主义民主和社会主义法制是不可分的；（3）一手抓建设，一手抓法制；（4）经济关系要用法律来规制和调整；（5）要用法律来克服旧社会遗毒和克服腐败；（6）用法律处理人民内部矛盾；（7）要重视立法，并且把立法工作与党纪党规建设结合起来；（8）加强执法队伍建设，加强执法力度；（9）加强法制重要的是进行教育；（10）党干预太多，不利于在全体人民中树立法制观念。

江泽民的依法治国思想主要有②：（1）依法治国的主体是广大人民群众；（2）各项工作要依法进行，领导人也受法律约束；（3）依法治国是

① 参考张德霖：《法与市场经济》，山东人民出版社 1998 年版，第 81～93 页。
② 缪愫生：《简述江泽民同志的依法治国思想》，载《法学》1999 年第 6 期。

市场经济的客观需要，是社会文明的重要标志，是长治久安的重要保障；（4）法治国家的基本目标是国家政治生活、经济生活、文化生活的法制化、规范化；（5）依法治国是一个长期过程，要加强立法、保证贯彻和守法、提高全民法律素质；（6）党要善于把坚持党的领导、人民当家做主和依法治国统一起来；（7）依法治国要与以德治国相结合。

胡锦涛的依法治国思想主要有①：（1）依法治国要写入宪法，依法治国首先是依宪治国、依宪执政；（2）依法治国是党和政府治理国家的基本方略；（3）依法治国前提是有法可依，基础是提高全民法律意识和法制观念，关键是依法执政、依法行政、依法办事、严格司法；（4）树立以人为本的法制观，民主和法治是和谐社会的内在要求；（5）权利平等是社会主义法治的重要原则，要形成社会主义法律体系，建设法治政府。

习近平总书记认为②，在未来的经济发展实践中，我们要始终坚持中国特色社会主义政治经济学的重大原则，包括：（1）解放和发展社会生产力原则；（2）共同富裕原则；（3）发展社会主义市场经济原则；（4）公有制为主体、多种所有制经济共同发展原则；（5）社会主义分配原则；（6）独立自主同扩大开放、参与经济全球化相结合原则；（7）改革、发展、稳定三统一原则。这些原则就是社会主义市场经济的基本原则，也是社会主义法制经济的基本原则。

党的十八大以来，习近平总书记把马克思主义政治经济学的基本原理同中国特色社会主义的实践相结合，发展了马克思主义政治经济学，提出一系列新思想新论断，创新并丰富了中国特色社会主义政治经济学理论，主要包括：（1）经济新常态的理论；（2）关于发展理念的新论断；（3）关于市场与政府关系的新论断；（4）关于基本经济制度的新论断；（5）关于经济体制改革的新论断；（6）关于开放发展的新论断。这些论断为社会主义法治经济指明了理论创新的方向。

关于中国特色社会主义法治经济建设，党的十八以来，有两个重要的文件均与法治经济建设有关。一是十八届三中全会审议通过的《中共中央关于全面深化改革若干重大问题的决定》，以"完善和发展中国特

① 段凡：《胡锦涛法律思想初探》，载《武汉理工大学学报》（社会科学版）2009 年第 1 期、第 2 期。
② 《习近平总书记系列重要讲话读本》，人民出版社 2016 年版，第 85～100 页。

色社会主义制度，推进国家治理体系和治理能力现代化"作为全面深化改革的总目标，此举被誉为继之前的"工业现代化、农业现代化、国防现代化和科学技术现代化"之后的"第五个现代化"。"第五个现代化"是以习近平同志为核心的第五代中央领导集体做出的治国理政决策和对国家发展的创造性贡献。紧接着，十八届四中全会又审议通过了《中共中央关于全面推进依法治国若干重大问题的决定》（以下简称《决定》），提出"全面推进依法治国，总目标是建设中国特色社会主义法治体系，建设社会主义法治国家"。具体来说，就是"在中国共产党领导下，坚持中国特色社会主义制度，贯彻中国特色社会主义法治理论，形成完备的法律规范体系、高效的法治实施体系、严密的法治监督体系、有力的法治保障体系，形成完善的党内法规体系。坚持依法治国、依法执政、依法行政共同推进，坚持法治国家、法治政府、法治社会一体建设，实现科学立法、严格执法、公正司法、全民守法，促进国家治理体系和治理能力现代化"。这个《决定》奠定了中国依法治国的总纲。上述两个重要文件是衔接的。法治是国家治理体系和治理能力现代化的最重要内涵和根本基石，也是国家治理能力现代化的重要手段。依法治国是实现国家治理体系和治理能力现代化的重要保证。《决定》从立法、执法、司法和守法四个方面阐释了依法治国的基本路径，做到"科学立法、严格执法、公正司法、全民守法"。

法律是国家制定或认可并以强制力保证执行的行为规范。法律也是按照客观的规律和思维的逻辑制定的社会规范。法律是阶级统治的工具，也是组织社会生活的工具。法律确定和调整人们之间的权利和义务的关系，构成对人们行为的一种激励和约束机制。

社会主义经济法治或社会主义经济制度与以往法治的根本区别，在于它是以生产资料公有制为主导、多种所有制共同发展为基础的，体现了工人阶级领导下的广大人民群众的意志和利益，既追求公平，也促进效率。社会主义经济法治的根本任务是维护广大人民群众的利益，促进和保障社会主义现代化建设和市场经济的发展，协调人民群众在社会主义市场经济条件下的各种经济活动中的各种经济关系。法律并不创造利益，而是承认、确定、帮助实现和保障利益。制定法律要了解经济规律，实现经济利益也要遵循法律规范。

四、结语

改革开放以来，中国特色的社会主义市场法治经济建设的基本方向是正确的，中国特色的社会主义市场法治经济基本形成，并且体现了以人为本、兼顾公平与效率、循序渐进等特色。当前，正向着全面依法治国的目标前进。社会主义法治经济学涉及有中国特色的社会主义市场经济的方方面面，需要在唯物史观和马克思法治经济学思想的指导下，坚持党的十八大以来社会主义政治经济学的创新方向，认真总结有中国特色的社会主义市场经济的法治历程，科学评价有中国特色的社会主义市场经济法治实践，为建立有中国特色的社会主义政治经济学理论体系做出贡献。

附录：中国改革开放以来法治经济建设大事记

1978年12月，中共十一届三中全会，正式摒弃以阶级斗争为纲，将工作的重点转到经济建设上。改革开放开始。

1979～1984年，对国有企业进行合理化改革，努力完善计划经济，个体经济定位为国有、集体经济的"必要的补充"。

1979年7月1日，通过《中外合资经营企业法》。主要具有政策宣示意义。

1981年12月30日，通过《经济合同法》。旨在调节国有企业间的合同关系。

1982年8月23日，通过《商标法》。

1982年12月4日，通过《宪法》。宣布中国经济体制的基础是社会主义公有制，国有企业占主导地位，个体经济为"补充"，社会主义财产不可侵犯。

1984年3月12日，通过《专利法》。

1985～1989年，经济改革第二阶段，引入市场的概念。同时，私有企业也被看作是公有制经济的补充。

1985年3月21日，通过《涉外经济合同法》。旨在为对外经济关系单独立法。

1986年4月12日，通过《外资企业法》。并没有允许国内投资者参与。

1986年4月12日，通过《民法通则》。旨在为市场经济条件下经济主体的行为提供基本的法律原则。但在合同、民事侵权行为和产权等方面，没有列出详细规则。

1986年12月12日，通过《企业破产法》。"国有企业关闭法"，政府有权决定关闭亏损企业或重新开张。

1987 年 8 月 5 日，通过《城乡小型企业和个体户管理暂行条例》。颁发证件。

1987 年 10 月，中共十三大承认私有经济是公有经济的必要补充。

1988 年 4 月 13 日，通过《中外合作经营企业法》。增加灵活性。

1988 年 4 月 13 日，通过《全民所有制工业企业法》。旨在为国有企业管理提供规范。

1988 年 4 月 12 日，宪法修正案承认私有经济是社会主义公有制经济的"补充"，允许其在法律规定的范围内发展。保证国家有"指导、监督、控制"私有企业的权力。宪法修正案也允许租借土地，允许各级政府从土地租借中取得收入。

1988 年 6 月 25 日，通过《私营企业暂行条例》。涉及非正常的经济活动。

1989 年 4 月 4 日，通过《行政诉讼法》。涉及法规执行，未涉及法规制定。

1989 ~ 1992 年，大裁减。重新实施中央集权，加强计划经济。

1990 年 5 月 19 日，通过《城镇国有土地使用权出让和转让暂行条例》。长期达 70 年。

1990 年 9 月 7 日，通过《著作权法》。

1992 ~ 2001 年，经济改革将市场完全纳入体系中。

1992 年 1 月，邓小平"南方谈话"，坚定地推进经济改革。

1992 年 5 月 15 日，通过股份公司成立的规范和标准。国家体改委文件。

1992 年 10 月，中共十四大把建立"社会主义市场经济"确立为改革目标。

1993 年 3 月 29 日，宪法修正案限制计划经济，推进市场经济。

1993 年 4 月 22 日，通过《股票发行与交易暂行管理条例》。

1993 年 9 月 2 日，通过《反不正当竞争法》。

1993 年 9 月 2 日，经济合同法修正案，把个体户间签订的合同纳入管理范围。

1993 年 12 月 29 日，通过《公司法》。1994 年生效，使有限公司和股份公司正规化。

1994 年 5 月 12 日，通过《对外贸易法》。制定了"缺席规则"，以及反倾销和反补贴税的规定。

1995 年 5 月 10 日，通过《票据法》。

1995 年 6 月 30 日，通过《担保法》。

1997 年 2 月 23 日，通过《合伙企业法》。

1997 年 3 月 25 日，通过《反倾销和反补贴条例》。2001 年年底废止。

1997 年 9 月，中共十五大承认私有经济是国民经济的重要组成部分。

1997 年 12 月 29 日，通过《价格法》。仍然保留了预防措施。

1998 年 12 月 29 日，通过《证券法》。

1999 年 3 月 15 日，宪法第五条修正案规定："中华人民共和国实行依法治国，建设社会主义法治国家"。提高了法律的地位。

1999 年 3 月 15 日，宪法第六条修正案描述了国家的经济体制。确定了非公有制经济和非劳动收入的合法地位。

1999 年 3 月 15 日，通过《合同法》。替代了原有的《经济合同法》、《涉外经济合同法》和《技术合同法》。

1999 年 8 月 30 日，通过《个人独资企业法》。是《合伙企业法》的补充。

2000～2001 年，通过旨在规范立法程序的法律法规，包括《立法治》（2000）；《行政法规制定条例》（2001）和《规章制定程序条例》。

2001 年 4 月 28 日，通过《信托法》。

2001 年 7 月 1 日，宣布民营企业家可以加入中国共产党。

2001 年 11 月 26 日，通过《反倾销反补贴法规》。迎合世界贸易组织的要求。

2001 年 12 月 11 日，中国加入世界贸易组织。

2003 年 8 月 27 日，通过《行政许可法》。

2004 年 3 月 14 日，宪法修正案规定征收土地和其他财产必须支付赔偿金，而且声明不仅允许非国有企业存在，而且鼓励其发展，也声明私有财产应该得到保护。

2006 年 8 月 27 日，通过《中华人民共和国企业破产法》。

2007 年 3 月 16 日，通过《中华人民共和国物权法》。

2007 年 3 月 16 日，通过《中华人民共和国企业所得税法》。

2007 年 6 月 29 日，通过《中华人民共和国劳动合同法》。

2007 年 8 月 30 日，通过《中华人民共和国反垄断法》。

2007 年 8 月 30 日，通过《中华人民共和国就业促进法》。

2007 年 12 月 29 日，通过《中华人民共和国劳动争议调解仲裁法》。

2008 年 10 月 28 日，通过《中华人民共和国企业国有资产法》。

2009 年 6 月 27 日，通过《中华人民共和国农村土地承包经营纠纷调解仲裁法》。

2009 年 12 月 26 日，通过《中华人民共和国侵权责任法》。

2010 年 10 月 28 日，通过《中华人民共和国社会保险法》。

2014 年 4 月 24 日，修订通过《中华人民共和国环境保护法》。

新中国成立以来中国共产党的法治思想

提 要

　　新中国的民主法制，是马克思主义法制观与中国法治化进程相结合的产物。以毛泽东同志为核心的党的第一代中央领导集体，在新中国成立初期提出一系列重要的法律思想和原则，为中国社会主义民主法制建设指明了方向。党的十一届三中全会后，以邓小平同志为核心的党的第二代中央领导集体在深刻总结历史经验教训的基础上，高度重视社会主义民主法制建设，开创了中国民主法制建设的新时期。经过以江泽民、胡锦涛、习近平等为代表的三代中央领导集体的丰富和发展，初步形成了中国特色社会主义法治理论体系。历史经验表明，中国的民主法制建设，必须坚持党的领导、人民当家做主和依法治国的有机统一，必须坚持从中国实际出发，走中国特色社会主义法治道路。

　　新中国的民主法制，是马克思主义法制观与中国法治化进程相结合的产物。早在新民主主义革命时期，中国共产党就积累了法制建设的宝贵经验。新中国的成立，为中国社会主义民主法制建设奠定了根本的政权基础。以毛泽东同志为核心的党的第一代中央领导集体，迅速着手包括宪法在内的诸多法律法规的创制工作，提出了一系列重要的法律思想和原则，为中国社会主义民主法制建设指明了方向。但新中国成立初期的民主法制建设也有挫折，也有失误。党的十一届三中全会后，以邓小平同志为核心的党的第二代中央领导集体在深刻总结历史经验教训的基础上，高度重视社会主义民主法制建设，确立法律的崇高地位和权威，开创了中国民主法制建设的新时期。[①] 经过以江泽民、胡锦涛、习近平

---

① 曹康泰：《新中国 60 年法治建设的探索与发展》，载《求是》2009 年第 14 期。

等为代表的三代中央领导集体的丰富和发展，初步形成了中国特色社会主义法治理论体系。系统梳理新中国成立以来中国共产党法治思想的发展历程，细察过往，以鉴来者，对于全面推进依法治国的新实践，无疑具有重要意义。

本文将新中国成立以来中国共产党的法治思想发展划分为三个阶段：第一阶段从新中国成立后到改革开放前（1949～1978 年），第二阶段从改革开放后到党的十八大召开（1978～2012 年），第三阶段为党的十八大以来（2012 年至今）。值得一提的是，"法治"概念是十五大后才正式进入党的文件的，为尊重历史文献的表述，概括第一、二代中央领导人的著述时，我们采用"法制思想"一词，概括第三代中央领导人以来的著述时，则采用"法治思想"一词。

一、新中国成立后至改革开放前（1949～1978 年）

新中国成立后，当务之急是在新的历史条件下尽快构建符合中国国情的法律制度。以毛泽东同志为核心的党的第一代领导集体在新民主主义法律体系的基础上，紧密联系中国社会主义革命和建设的实际，对社会主义民主法制建设做了积极的探索。这一阶段党的法制思想以毛泽东、刘少奇和董必武的著述为代表。

（一）毛泽东的法制思想与主要理论贡献

毛泽东同志是中国共产党、中国人民解放军和中华人民共和国的主要缔造者和领导人，马克思主义者，伟大的无产阶级革命家、战略家和理论家，党的第一代中央领导集体核心，他对马克思列宁主义的发展、军事理论的贡献以及对共产党的理论贡献被称为毛泽东思想，他的一生对新中国的政治、经济、文化产生过巨大而深远的影响。

1. 毛泽东法制思想的来源

（1）两个重要来源。

毛泽东的法制思想是毛泽东思想的重要组成部分，其核心是"以民为本"。这一思想有两个重要来源，一是中国传统文化的法理精神，二是马克思主义法制理论。①

自小就受过儒学正统教育的毛泽东，受孔孟"民为邦本"思想的深刻影响。1936年，他与斯诺（Edgar Snow）交谈时说："我八岁那年开始在本地小学读书，一直在那里读到十三岁。清早和晚上我在地里劳动。白天我读儒家的《论语》等四书。"② 在长沙第一师范求学时，毛泽东在后来成为其岳父的杨昌济先生引导下，研读"孔、孟、周、程、张、朱、陆、王及王船山之学说"，"亦间取之"。③ 所以，在对待历史遗产问题上，毛泽东的态度是批判地继承。正如1938年10月他在党的六届六中全会上指出的："从孔夫子到孙中山，我们应当给以总结，承继这一份珍贵的遗产。"④ 在1954年的中华人民共和国宪法草案制定过程中，这一精神得以贯彻（详见后文）。不过，新中国成立初期在"一边倒"学习苏联的影响下，中国的法制建设也存在脱离实际的教条主义倾向，在批判资产阶级法律的同时，也割裂了与近百年来中国法制近现代化的历史联系和成果，从而对新中国的民主法制建设产生了消极影响。⑤

"五四运动"后，马克思主义开始在中国广泛传播，毛泽东阅读了许多马克思主义著作，正式确立了马克思主义世界观和民本法制思想，且以后"一直没有动摇过"。⑥ 此外，他还广泛研读《法意》、《天演论》、《社会通诠》、《论法的精神》，进一步丰富法律知识。马克思主义认为，一定法律的性质和内容决定于并服务于一定社会的经济政治条件，经济是基础，政治是经济的集中表现。毛泽东坚持和发展了马克思主义国家与法的理论，他创立的人民民主专政理论，将人民民主专政确立为新中国的国体，将人民代表大会制确立为新中国的政体，为无产阶级专政和中国社会主义民主法制建设提供了科学的世界观和方法论，并从理论和实践上奠定了人民民主法制的政治基础。可以说，他的"以民为本"思想构成了新法制的价值目标。

---

① 贺全胜：《毛泽东民本法制思想论略》，载《毛泽东思想研究》2008年第5期。
② 吴黎平整理：《毛泽东一九三六年同斯诺的谈话：关于自己的革命经历和红军长征等问题》，人民出版社1979年版，第5页。
③ 杨昌济：《达化斋日记》，湖南人民出版社1981年版，第197页。
④ 《毛泽东选集》第2卷，人民出版社1991年版，第534页。
⑤ 张晋藩：《法治的脚步：回顾新中国法制60年》，载《上海师范大学学报》（哲社版）2009年第6期。
⑥ 吴黎平整理：《毛泽东一九三六年同斯诺的谈话：关于自己的革命经历和红军长征等问题》，人民出版社1979年版，第131页。

（2）"破"与"立"。

基于民主法制思想，毛泽东认为国民党的法律和法官是保护地方与买办官僚资产阶级反动统治的工具，是镇压与束缚广大人民群众的武器。[①] 1945年，在《论联合政府》的报告中，他表示将"取消一切镇压人民的言论、出版、集会、结社、思想、信仰和身体等项自由的反动法令"。[②] 1949年2月22日，中共中央根据毛泽东的指示，宣布将国民党的"六法全书"全部废除，[③] 此为"破"。同年3月5日，毛泽东在党的七大第二次全体会议上，曾满怀豪情地宣告："我们不但善于破坏一个旧世界，我们还将善于建设一个新世界。"[④] 摒弃了旧法统后，中国共产党要确立新世界的秩序，客观上要求中国共产党尽快建立有关的宪法和法律，此为"立"。

新中国成立前夜，毛泽东主持制定了《中国人民政治协商会议共同纲领》（以下简称《共同纲领》），发挥临时宪法作用。《共同纲领》制定前，毛泽东提出的许多思想和理论为其奠定了坚实的理论基础和政策基础。1947年12月25日他在陕北杨家沟召集的会议上提出的"发展生产、繁荣经济、公私兼顾、劳资两利"的经济方针，[⑤] 以及1949年3月5日在七届二中全会的报告中阐述的"五种经济成分"的理论，[⑥] 构成了《共同纲领》中经济政策的基本内容。由于在领导制宪方面有丰富的理论与实践经验，他当之无愧地担当了中华人民共和国第一部宪法的总设计师，亲自参与1954年宪法草案的制定。

1954年9月宪法颁布后，针对当时存在许多法律空白的现实问题，毛泽东强调"不仅刑法要，民法也需要，现在是无法无天。没有法律不行，刑法、民法一定要搞。不仅要制定法律，还要编案例"。[⑦] 在他的亲自指导下，各有关部门积极开展立法活动，掀起新中国第一次立法高潮。

---

① 张培田：《新中国法制研究史料通鉴》第 11 卷，中国政法大学出版社 2003 年版，第 12369 页。
② 《毛泽东选集》第 3 卷，人民出版社 1991 年版，第 1063 页。
③ 六法，指国民党统治时期的六个门类的法律法规汇编。目前学界比较主流的看法是指宪法、民法、刑法、民事诉讼法、刑事诉讼法、行政法。
④ 《毛泽东选集》第 4 卷，人民出版社 1991 年版，第 1438 ~ 1439 页。
⑤ 同上，第 1255 页。
⑥ 同上，第 1432 ~ 1433 页。
⑦ 赵苍璧：《在法制建设问题座谈会上的讲话》，载《人民日报》1978 年 10 月 29 日。

2. 关于立法、执法、司法等具体方面的论述

（1）立法思想。

毛泽东曾提出"搞宪法是搞科学"的重要命题，① 强调全面而系统地制定法律，这是毛泽东民主法制思想中首要和核心的内容。他提出制定法律或法典应遵循的几个原则，至今仍具有重要意义。②

第一，民主原则与社会主义原则。在长期的革命斗争和建设实践中，毛泽东形成了影响其一生的群众观或人民观。他关于民主法制的全部理论和实践，均以"人民"为终极目的，以人民主体和人民主权为出发点和落脚点。③ 在《关于中华人民共和国宪法草案》中，他指出："我们的宪法草案……原则上基本是两个：民主原则与社会主义原则。"④ 也就是说，在制定法律时，必须坚持人民民主专政的国家制度或法律，必须坚持社会主义方向。在立法过程中，要贯彻"从群众中来，到群众中去"的原则，使社会主义法律更具民主性。以共同纲领为例，毛泽东和中央领导人在制定之前广泛征询各民主党派和人民团体的意见，从初稿提出至通过，除各党派在组织内讨论外，先后还经过了七次反复讨论。

第二，实事求是原则。毛泽东指出："马克思主义叫我们看问题不要从抽象的定义出发，而要从客观存在的事实出发，从分析这些事实中找出方针、政策办法来。"⑤ 实事求是是毛泽东思想活的灵魂之一，毛泽东将这一唯物主义的认识观运用到立法工作的实践中，在宪法条文的起草中，他强调必须一切从实际出发，"以事实为根据，不能凭空臆造"，⑥ "现在能实行的就写，不能实行的就不写。"⑦ "文化大革命"中这一原则遭到破坏，直到党的十一届三中全会后才得以恢复。

第三，"三结合"原则。在立法实践上，毛泽东提出了"三结合"的方法论：一是领导与群众相结合。他认为，1954 年的宪法草案之所以得人心，是因为"这个宪法草案，结合了不少领导者的意见和八千多人的意见，公

---

① 《毛泽东文集》第 6 卷，人民出版社 1999 年版，第 330 页。
② 刘亚玲：《毛泽东的法制思想及其当代价值》，《毛泽东思想研究》2007 年第 1 期。
③ 黄南珊：《论毛泽东关于法制建设的探索思路》，载《江汉论坛》2001 年第 11 期。
④ 《毛泽东文集》第 6 卷，人民出版社 1999 年版，第 326 页。
⑤ 《毛泽东选集》第 3 卷，人民出版社 1991 年版，第 853 页。
⑥ 逄先知等主编：《毛泽东传（1949—1976）》（上），中央文献出版社 2003 年版，第 320 页。
⑦ 《毛泽东文集》第 6 卷，人民出版社 1999 年版，第 327 页。

布以后，还要由全国人民讨论，使中央的意见和全国人民的意见相结合。这就是领导与群体结合，领导和广大积极分子相结合的方法"。二是原则性与灵活性相结合。谈及 1954 年宪法草案时他说过，"我们的宪法草案，结合了原则性和灵活性"。① 1956 年，在《论十大关系》中谈到中央和地方的关系时，他又说："我们的宪法规定，立法权集中在中央。但是在不违背中央方针的条件下，按照情况和工作需要，地方可以搞章程、条例、办法，宪法并没有约束。我们要统一，也要特殊。"② 这实际上也是原则性与灵活性相结合的体现。三是立足国情与借鉴经验相结合。建立社会主义新法制不是否定一切法律文化、思想和制度，而应该坚持"古为今用，洋为中用"，批判地继承，借鉴其中有益的经验。从清末的"十九信条"，③ 到民国元年的《中华民国临时约法》，北洋军阀政府的几个宪法和宪法草案，国民党的《中华民国训政时期约法》和宪法，都在批判借鉴之列。同时，毛泽东还要求中央委员阅读 1918 年苏俄社会主义宪法及当时其他社会主义国家的宪法，1936 年苏联宪法，以及 1946 年法国的宪法。所以，毛泽东在总结 1954 年的宪法草案时说："我们这个宪法草案，主要是总结了我国的革命经验和建设经验，同时它也是本国经验和国际经验的结合。"④

　　法制建设不仅包括立法，也包括执法、司法和守法等环节，这是一个相互联系、相互协调、相互促进的有机整体。毛泽东对执法、司法、守法以及法制教育也作了重要论述。

　　（2）执法与司法思想。

　　毛泽东的执法与司法思想，洋溢着可贵的人文精神。

　　第一，重证据不重口供。早在抗日战争时期，毛泽东就提出："对任何犯人，应坚决废止肉刑，重证据不轻信口供。"⑤ 即使在新中国成立后，为打击敌人的嚣张气焰，党和国家带领全国人民开展大规模的镇压反革命运动，他仍强调重视证据："为了不致弄错，使自己陷于被动，对尚无证据的

---

① 《毛泽东文集》第 6 卷，人民出版社 1999 年版，第 325 页。
② 《毛泽东文集》第 7 卷，人民出版社 1999 年版，第 32 页。
③ 指 1911 年 11 月清政府为对抗武昌起义，保持清王朝封建统治而发布的《重大信条十九条》。其中规定"大清帝国之皇统万世不易"，"皇帝神圣不可侵犯"。
④ 《毛泽东文集》第 6 卷，人民出版社 1999 年版，第 326 页。
⑤ 《毛泽东选集》第 2 卷，人民出版社 1991 年版，第 767 页。

特务和会门头子，应当进行侦察，取得证据，而不要随便捕人杀人。"①

第二，废止肉刑，禁止刑讯逼供。早在抗战时期，毛泽东就明确指出，不准以侮辱、殴打及刑讯逼供或强迫自首等手段逮捕人犯。新中国成立初期，为了打击资产阶级不法分子，纯洁和教育干部队伍，巩固人民民主专政和国营经济地位，他提醒广大干部和工作人员"无论'三反'、'五反'，均不得采用肉刑逼供方法"。②

第三，有错必纠。毛泽东认为，我们要有力争不犯错误和正确对待错误的思想准备，做到实事求是，执法必严，有错必纠。特别在全国性的镇反运动中，难免会出现一些错误，毛泽东本着"有反必肃，有错必纠"的方针予以救济，"发现了错误，一定要改正。无论公安部门、检察部门、司法部门、监狱、劳动改造的管理机关，都应该采取这个态度。"③

第四，罪罚相当，反对株连。毛泽东指出："判死刑者，必须是罪重者，重罪轻判是错误的，轻罪重判也是错误的。"④ 在坚决镇压汉奸分子和反共分子时，他指出，"但是决不可多杀人，决不可牵涉到任何无辜的分子"。⑤ 对于"三反"中被揪出的贪污犯的追赃，也是"凡能追出者必须一律坚决追出，惟不得累及无辜家属"。⑥

第五，慎用死刑。毛泽东不主张废除死刑，"其原则是凡有血债或其他重大罪行非杀不能平民愤者，应坚决杀掉，以平民愤而利生产"。⑦ 但必须慎用死刑，因为"一颗脑袋落地，历史证明是接不起来的，也不像韭菜那样，割了一次还可以长起来，割错了，想改正错误也没有办法"。⑧ 他还提出了死缓政策并明确区分了死刑与死缓的适用范围。⑨

第六，宽严相济，惩罚与教育改造并举。中央苏区期间，苏维埃颁布的法律提出改变犯罪者的行为，教育并改造他们，而不是摧残他们。新中国成立后，这也成为毛泽东的指导思想，他提倡镇压与宽大相结合、惩罚与教育

---

① 《毛泽东文集》第6卷，人民出版社1999年版，第118页。
② 同上，第199页。
③ 《毛泽东文集》第7卷，人民出版社1999年版，第219页。
④ 《毛泽东文集》第6卷，人民出版社1999年版，第120页。
⑤ 《毛泽东选集》第2卷，人民出版社1991年版，第767页。
⑥ 《毛泽东文集》第6卷，人民出版社1999年版，第202页。
⑦ 同上，第121页。
⑧ 《毛泽东文集》第7卷，人民出版社1999年版，第38页。
⑨ 《毛泽东文集》第6卷，人民出版社1999年版，第121~122页。

改造相结合的政策。1956 年，他在《论十大关系》中再次强调："今后社会上的镇反，要少捉少杀。……他们中的多数，要交给农业合作社去管制生产，劳动改造。"①

（3）守法思想。

恩格斯曾说："所有通过革命取得政权的政党和阶级，就其本性说，都要求由革命创造的法制基础得到绝对承认，并奉为神圣的东西。"② 列宁也不止一次强调要严格遵守苏维埃法律，认为"必须遵守极严格的革命秩序，必须恪守苏维埃政权的法令和命令，并监督所有人来执行"。③

1931 年的《中华苏维埃共和国宪法大纲》中就有"公民，在法律面前人人平等"的规定。1937 年延安发生抗日军政大学第六队队长黄克功逼婚不成枪杀陕北公学学员刘茜一案，毛泽东亲自主持党中央和军委会议，批准将黄克功处以极刑，并复信审理此案的审判长雷经天："正因为黄克功不同于一个普通的人，正因为他是一个多年的共产党员，所以……不能不执行比较一般平民更加严格的纪律。"④ 新中国成立后，他坚持把"公民在法律面前一律平等"的原则写进 1954 年的宪法草案。他要求国家机关工作人员特别是领导干部要带头遵守法律，强调宪法"通过以后，全国人民每一个人都要实行，特别是国家机关工作人员要带头实行"。⑤ 同时，国家机关尤其是政法机关是人民民主专政的工具，是执法、司法的主要部门，它们能否做到有法必依、执法必严、违法必究，直接关系到国家法制的权威性问题。为此，他要求司法机关在办案过程中首先自己必须严格遵守法律。

（4）普法教育思想。

法律的权威性要得到全国人民的认可和遵守，还必须全民知法、懂法，因此普法教育工作就显得非常重要。中国有着两千多年的封建专制集权统治，"人治"观念根深蒂固，群众的法制观念淡薄。而中国共产党又是依靠武装斗争夺取政权，在长期的革命中，习惯于依靠行政命令和党的政策行动，因此形成了极强的"路径依赖"。夺得全国的政权后，又彻底摧毁了国

---

① 《毛泽东文集》第 7 卷，人民出版社 1999 年版，第 37 页。
② 《马克思恩格斯全集》第 36 卷，人民出版社 1975 年版，第 236 页。
③ 《列宁全集》第 37 卷，人民出版社 1986 年版，第 148 页。
④ 《毛泽东法制思想论集》，中国检察出版社 1993 年版，第 60 页。
⑤ 《毛泽东文集》第 6 卷，人民出版社 1999 年版，第 328 页。

民党的政权机关和旧法统，仇视旧法制的心理同时也引起了轻视一切法制的心理，群众性的运动又极易助长这种心理。① 对此，毛泽东指出，必须广泛深入地开展法制宣传和教育活动，运用多种宣传工具，采用生动活泼的形式，向人民群众普及法律知识，以期培养全国人民的法律意识，增强其法制观念，并使广大人民群众充分认识到社会主义法制的本质是代表人民利益的，从而从根本上提高人民群众遵守法制的自觉性。

（二）刘少奇的法制思想与主要理论贡献

刘少奇同志是党的第一代中央领导集体核心成员，长期担任党和国家的重要领导职务，是第一任全国人大常委会委员长，伟大的无产阶级革命家、政治家和理论家，党和国家的卓越领导人。如果说毛泽东同志是新中国宪法的总设计师，那么刘少奇同志便是现场总指挥，他是中国社会主义法制建设的奠基人之一。② 刘少奇的理想是把中国建设成一个法理型社会，也就是用法律规则治理国家。③ 在中国共产党领导下，坚持社会主义道路，实现人民民主，保证全体人民行使管理国家的权力，真正当家做主，是刘少奇民主法制思想的核心。④

1. 关于人民代表大会制度的论述

早在民主革命时期，刘少奇就对人民民主政权和制度有过论述，为中国的人大代表大会制度奠定了基础。他根据抗日战争民主政权的性质，认为"政府的组织必须实行民主集中制，实行各级人民政府的委员会制、代表会议制，实行普遍的选举，实行少数服从多数的原则"，在政府人员结构中，实行"三三制"。⑤ 1949 年 3 月，在党的七届二中全会上，他对人民代表会议制度又作了进一步的论述："人民代表会议是人民政权的主要组织制度、组织形式，有整个代表会的系统，由代表会选出各级人民政府委员会。这就是民主的形式，是由上而下与由下而上相结合的、行政命令与群众运动相结

---

① 刘维芳：《毛泽东对新中国法制的历史贡献》，载《中国特色社会主义研究》2006 年第 5 期。
② 王汉斌：《刘少奇同志民主法制思想的重大指导意义》，载《中国法学》1998 年第 6 期。
③ 包雯淑：《刘少奇对新中国法制建设的理想探索》，载《党史文苑》2011 年第 20 期。
④ 张英忠：《刘少奇民主法制思想永放光芒——纪念敬爱的刘少奇同志诞辰一百周年》，载《中国法学》1998 年第 5 期。
⑤ "三三制"即共产党员、非党进步分子与中间分子各占三分之一。《刘少奇选集》上卷，人民出版社 1982 年版，第 174 页。

合的一种主要的经济普遍运用的形式。"①

　　社会主义的本质是人民当家做主，国家的一切权力属于人民。而人民行使自己的权力，正是通过人民代表大会这一制度得以保障的。新中国成立前夕出台的《共同纲领》，是刘少奇受中共中央委托，与周恩来一起主持领导起草的。1954 年 9 月 15 日，在《关于中华人民共和国宪法草案的报告》中，刘少奇把人民代表大会制度称为"国家的根本政治制度"。在他看来，人民代表大会制度具有巨大的优越性："新民主主义的人民代表会议与人民代表大会的国家制度，已经证明，在将来的历史上还会要证明，它是比任何旧民主主义的议会制度要无比优越的，对人民来讲，它比旧民主主义的议会制度要民主一万倍。"② 原因在于，人民代表大会制度便于人民行使权力，可以充分发挥人民群众的积极性和创造性，参与国家管理。同时，它也是法制建设的基础和根本。通过宪法，中国从立法上确立了由全国人民代表大会统一和集中行使最高的国家权力，包括立法权和国家重大问题上的决策权。而国家行政机关，从国务院到地方各级人民委员会，都由全国人民代表大会和地方各级人民代表大会这样的国家权力机关产生，受它们监督，并可以由它们罢免。不论常务委员会或中华人民共和国主席，都没有超越全国人民代表大会的权力。国家一切重大问题都由全国人民代表大会讨论和决定，并监督其实施。③ 因此，刘少奇称其为"人民民主政权的最好的基本的组织形式"。④ 而正是在人民代表大会制度思想的深厚基础上，刘少奇形成了比较完整的社会主义法制思想理论体系。

　　既然人民代表大会是国家权力机关，那么如何处理党与人民代表大会之间的关系？对此，刘少奇认为，党的领导不能违反人民民主制度："我们党是国家的领导党，但是，不论何时何地，都不应该用党的组织代替人民代表大会和群众组织，使它们徒有其名，无其实。"⑤ 他坚决反对党组织包办代替人大工作，指出"以党的代表大会代替人民代表大会，党的委员会代替

----

① 《刘少奇选集》上卷，人民出版社 1982 年版，第 424～425 页。
② 《刘少奇选集》下卷，人民出版社 1985 年版，第 57 页。
③ 同上，第 156～157 页。
④ 同上，第 56～57 页。
⑤ 同上，第 402～403 页。

人民委员会，党委代替一切，在党内也代替了党代表大会，这是个大错误"。① 刘少奇为在全国范围内自上而下系统地建立和完善人民代表大会制度，发挥这一制度在国家政治生活中的重大作用，做出了历史性的贡献。②

2. 关于政权、法制与经济建设关系的论述

中国共产党夺取政权后，面临的是如何巩固政权和发展经济。解放战争即将结束时，刘少奇就已敏锐地预见到，"今后的中心问题，是如何恢复发展中国的经济"。③ 1951 年 2 月 28 日，他在北京市第三届人民代表会议的讲话又指出，"经济建设现已成为我们国家和人民的中心任务，但是新民主主义的经济建设必须有新民主主义的政权来领导和保障"。④

刘少奇从国民经济的五种构成成分——国营经济、合作社经济、国家资本主义经济、私人资本主义经济、小商品经济和半自然经济的并存，推断出经济主体之间的矛盾和斗争，认为它们"就是社会主义的因素和趋势与资本主义的因素与趋势之间的斗争，就是无产阶级与资产阶级的斗争"，并且断定它们为"新中国内部的基本矛盾"。⑤ 1956 年，公私合营后，刘少奇指出，"现在人民内部的矛盾已成为主要矛盾"，而且"大量地表现在人民群众同领导者之间的矛盾问题上。更确切地说，是表现在领导上的官僚主义与人民群众的矛盾这个问题上"，"还特别表现在分配问题上面"。⑥ 刘少奇的这些观点，在党的八大上被确立为党的指导思想。可惜党的八大后，毛泽东对国内主要矛盾的判断出现重大失误，致使党的经济建设、政法工作偏离了正确的路线。

刘少奇还意识到，新民主主义的政权建设、人民民主政权的发展和国家的民主化，同新民主主义的经济建设、人民经济事业的发展和国家的工业化，是不可分离的。因此，他提出了"民主化与工业化"的口号。⑦ 也就是说，刘少奇已初步形成政治民主化与经济工业化从而实现国家现代化的战略

---

① 中共中央文献研究室、中共中央党校编：《刘少奇论党的建设》，中央文献出版社 1991 年版，第 716 页。
② 王汉斌：《刘少奇同志民主法制思想的重大指导意义》，载《中国法学》1998 年第 6 期。
③ 《刘少奇选集》上卷，人民出版社 1982 年版，第 426 页。
④ 《刘少奇选集》下卷，人民出版社 1985 年版，第 60 页。
⑤ 《刘少奇选集》上卷，人民出版社 1982 年版，第 426～427 页。
⑥ 《刘少奇选集》下卷，人民出版社 1985 年版，第 303 页。
⑦ 同上，第 60 页。

思想。而在这一战略构想中，逐步建立和健全法制便具有特别重要的地位。① 为保障经济建设和人民的民主权利，必须依靠法律，创造一个良好有序的环境。包括私营企业中的劳资关系和国营企业中工人与工厂管理机关的关系，也应依国家劳动法令和双方签订的协议、合同纳入法制的轨道。

3. 关于立法、执法、司法等具体方面的论述

（1）立法思想。

新中国成立后，巩固人民民主政权，保卫社会主义建设的秩序，保障人民的民主权利以及惩治反革命分子和其他犯罪分子，都需要依照法律。而革命战争时期和全国解放初期制定的那些临时性法规难以适应形势的需要，于是，刘少奇在党的八大会议所作的政治报告指出："目前在国家工作中的迫切任务之一，是着手系统地制定比较完备的法律，健全国家的法制。"② 周恩来也表述了同样的观点，"为了保卫我们国家建设事业不受破坏……必须加强立法工作和革命的法制"，"随着中华人民共和国宪法的颁布，我们的革命法律要日趋完备"。③ 社会主要矛盾发生变化，社会关系发生变化，斗争方法方式发生变化，这一切都需要完备的法制。刘少奇非常重视宪法的创制，认为"制定中华人民共和国宪法，在我国国家生活中，是一件具有重大历史意义的事情"。④ 史料显示，刘少奇亲自对宪法草案进行过 3 次修改，共加写和改写 44 处，涉及条文 22 处。⑤ 洛厄尔·迪特默（Lowell Dittmer）在《刘少奇》一书中曾评价说："刘少奇似乎是专门用来写作各种规章和法规的，通过这种方法，他有条不紊地把各种制度灌输给别人。"⑥

在立法方面，刘少奇确立了如下原则：

第一，实事求是原则。他说："我们制定的宪法是以事实作根据的。"⑦ 在这一点上，他与毛泽东是一致的。在执法过程中，他也认为必须秉承实事求是的精神，尽量避免冤案、错案。

第二，法律至上原则。法律是国家意志的体现，而宪法在国家法律体系

---

① 刘宝东：《刘少奇与新中国社会主义法制的创构》，载《党的文献》2010 年第 1 期。
② 《刘少奇选集》下卷，人民出版社 1985 年版，第 253 页。
③ 周恩来：《政府工作报告》，载《新华月报》1954 年第 10 期。
④ 《刘少奇选集》下卷，人民出版社 1985 年版，第 132 页。
⑤ 中共中央文献研究室、中央档案馆：《建国以来刘少奇文稿》第 6 册，人民出版社 2008 年版，第 122～127 页。
⑥ ［美］迪特默：《刘少奇》，华夏出版社 1989 年版，第 250 页。
⑦ 《刘少奇选集》下卷，人民出版社 1985 年版，第 133 页。

中居于核心地位，具有最高的权威，人人必须遵守。处于执政地位的中国共产党，也必须在法律的框架下行动，在遵守宪法和保证宪法的实施方面负有更多的责任："党的这种地位，决不应当在国家生活中享有任何特殊的权利，只是使他们必须担负更大的责任。中国共产党的党员必须在遵守宪法和一切其他法律中起模范作用。"① 这是刘少奇有关"党必须在宪法和法律的范围内活动"这一重要思想的最早论述之一。②

第三，民主集中原则。关于宪法草案第二条第二款规定："全国人民代表大会、地方各级人民代表大会和其他国家机关，一律实行民主集中制。"刘少奇作了如下解释："我们这里是把高度的集中和高度的民主结合在一起的。我们的政治制度有高度的集中，但是这种高度的集中是以高度的民主为基础的。"③

第四，权利保障原则。刘少奇始终重视公民的合法权利，同时也重视利用法律来保障公民的权利。刘少奇指出："为了正常的社会生活和社会生产的利益，必须使全国每一个人都明了并且确信，只要他没有违反法律，他的公民权利就是有保障的，他就不会受到任何机关和任何人的侵犯；如果有人非法地侵犯他，国家就必然出来加以干涉。"④

作为新中国成立初期法制工作的主要领导者，刘少奇参与一系列的法律法规创制工作，特别是在宪法草案的酝酿、起草、通过直至施行各个环节做了很多工作，为维护宪法的尊严做过很多努力，为新中国的法制建设做出了重要贡献。除了宪法外，在他的领导主持下，中国先后出台了如《中华人民共和国工会法》、《中华人民共和国婚姻法》、《中华人民共和国土地改革法》等，在经济法制建设方面，先后制定和通过了《一九五六年到一九六七年全国农业发展纲要》、《关于改革工业管理体制的规定》、《关于改进商业管理体制的规定》、《关于改进财政管理体制的规定》、《中华人民共和国农业税条例》等一系列规定、条例，以适应当时经济建设的需要，促进中国经济社会各方面事业的发展。

---

① 《刘少奇选集》下卷，人民出版社 1985 年版，第 168 页。
② 常守风：《刘少奇的法制思想浅析——纪念刘少奇同志诞辰 100 周年》，载《辽宁师范大学学报》（社科版）1998 年第 6 期。
③ 《刘少奇选集》下卷，人民出版社 1985 年版，第 158 页。
④ 同上，第 253 页。

（2）执法与司法思想。

新中国成立初期，中国政法工作存在一些偏差，有的甚至很严重。刘少奇对两类不同性质的矛盾即敌我矛盾和人民内部矛盾作了正确区分，为政法工作指明了方向，促进公、检、法三机关执法人员的观念及时转变。1962年5月，他在同中央政法小组的谈话中指出："这几年的政法工作，就问题方面来说，总的经验教训是混淆两类不同性质的矛盾。主要是误敌为我，打击面过宽。就是说随随便便，马马虎虎，没有把两类不同性质的矛盾清楚地、严格地、细致地区分开来。"① 严格区分两种矛盾后，还要严格区分处理两种不同性质矛盾的两种不同的方法，不能用处理敌我矛盾的方法处理人民内部矛盾。另外，公、检、法三个机关，不仅是对付敌人的专政机关，也要成为处理人民内部矛盾的机关。②

刘少奇从加强政治机关自身建设的角度，对执法和司法问题提出了解决的方法和原则。

一是反对特权的思想。特权是封建专制主义的产物。当时，少数领导干部自以为手中掌握权力，可以凌驾于法律之上，不惜以权代法，以权乱法，成为不受法律约束的特权者。刘少奇给予严厉批评，号召司法机关和司法人员要敢于同特权行为做斗争。他说："我们所有领导人都是为人民服务的，是人民的公仆，是人民的勤务员，没有权利当老爷。"③

二是确保司法独立性的思想。刘少奇主持起草的《中华人民共和国宪法草案》和《中华人民共和国法院组织法》都明确规定"人民法院独立进行审判，只服从法律"。他反对党委和政府干涉法院判案，号召检察院要同一切违法乱纪现象做斗争，不管任何机关任何人。特别地，政法机关不能绝对服从各级党委领导，"如果地方党委的决定同法律、同中央的政策不一致，服从哪一个？在这种情况下，应该服从法律、服从中央的政策"。④ 这些重要论述，正确解决了坚持党委领导与独立审判的关系问题，确保执法和司法公正。

三是提出国家政法机关"互相制衡"的思想。"我们的公安机关、检察

---

① 《刘少奇选集》下卷，人民出版社1985年版，第450页。
② 同上，第451页。
③ 同上，第307页。
④ 同上，第452页。

机关和法院，必须贯彻执行法律方面的分工负责和互相制约的制度"，① "要有对立面，唱对台戏，三机关互相制约也是对立面，也是唱对台戏"，② "现在强调制约，要有一些机关从另外的方面来考虑问题，要找岔子，从反面多考虑些问题，目的是把对敌斗争搞得更正确"。③ 1962 年，中央政法小组根据中央和刘少奇的指示，提出公、检、法遵守国家法律规定，贯彻执行分工负责、互相制约的制度。在当时的情况下，刘少奇能提出这样的主张，实属难能可贵。

（3）守法思想。

作为制定 1954 年宪法草案的组织者，刘少奇指出："宪法是全体人员和一切国家机关都必须遵守的。"他要求党员和国家机关人员要学会用法律规范自己的行为，做守法的模范，即使是同反革命分子和其他犯罪分子的斗争，也"必须严格地遵守法制"。④ 1962 年，他严肃批评一些单位有法不依、违法乱纪的错误行为："有的单位还自己搞拘留、搞劳改，这是非法的。此外，有些党政负责人，随便捕人，根本不要公安局、检察院这一套。甚至有的公社、工厂、工地也随便捕人。这种破坏法制的行为要坚决制止。"⑤

（4）民主监督思想。

正如阿克顿勋爵（Lord J. Acton）所说的，"权力导向腐败，绝对权力导致绝对腐败"。⑥ 不受监督和约束的权力必然导致权力异化，走向腐败。刘少奇始终坚持把完善民主监督制度作为治国安邦的重要内容。他特别强调对干部的监督："好的干部如果没有经常的监督也可能变坏。因此，对一切国家机关人员都应实行监督。"⑦ 他从四个方面论述了如何加强对国家工作的监督：一是必须加强党对国家机关的领导和监督，即党的监督；二是必须加强全国人民代表大会和它的常委会对中央一级政府机关的监督和地方各级人大代表大会对地方各级政府机关的监督，即权力机关监督；三是必须加

---

① 《刘少奇选集》下卷，人民出版社 1985 年版，第 253 页。
② 《刘少奇年谱》下卷，中央文献出版社 1996 年版，第 554 页。
③ 最高人民检察院办公厅汇编：《中央和中央领导同志对检察工作历次指示汇编（1950 ~ 1958）》（内部资料），第 108 页。
④ 《刘少奇选集》下卷，人民出版社 1985 年版，第 168 页、254 页。
⑤ 同上，第 451 页。
⑥ Acton, L. J., *Essays on Freedom and Power*, Boston：The Beacon Press, 1949, P. 364.
⑦ 《刘少奇选集》下卷，人民出版社 1985 年版，第 174 页。

强各级政府机关的由上而下的监督和由下而上的监督，即上下监督；四是必须加强人民群众和机关中的下级工作人员对于国家机关的监督，即群众监督。① 另外还应加强舆论监督和各级监察机关和检察机关的监督。②

（三）董必武的法制思想与主要理论贡献

董必武同志是中国共产党的创始人之一，开国元勋，伟大的马克思主义者、杰出的无产阶级革命家，党和国家的卓越领导人，中国社会主义法制的奠基者之一。他早年留学日本，在东京私立日本大学学习法律，从事过律师职业，是第一代中央领导集体成员中唯一一个真正法学"科班"出身的领导人，因而凸显了比较系统且富有理性法律思维的法制思想。③ 1932 年，他担任中央革命根据地苏维埃共和国最高法院院长。1945 年作为中国代表之一赴美参加联合国创建及《联合国宪章》制定工作。新中国成立后担任政务院副总理兼政法委主任、最高人民法院院长。政法工作是贯穿董必武一生的主线，法、法律、法制思想始终伴随其左右。

1. 关于新中国政权建立后法制"破"与"立"的论述

中国共产党夺取全国政权后，法制方面面临的一个迫切任务是破旧立新。1948 年 10 月 16 日，董必武在人民政权研究会上作了《论新民主主义政权问题》的讲话，指出："建立新的政权，自然要创建法律、法令、规章、制度。我们把旧的东西打碎了，一定要建立新的。否则就是无政府主义。如果没有法律、法令、规章、制度，那新的秩序怎么维持呢？因此新的建立后，就要求按照新的法律规章制度办事。"④ 1949 年 3 月，董必武受中共中央指示，签署了《华北人民政府训令——为废除国民党的六法全书及一切反动法律的训令》。他在训令中说道："反动的法律和人民的法律，没有什么'蝉联交代'可言，而是要彻底地全部废除国民党反动的法律……旧的必须彻底粉碎，新的才能顺利成长"。⑤ 新中国与旧中国有本质的不同，

①　《刘少奇选集》下卷，人民出版社 1985 年版，第 249 页。
②　同上，第 174 页。
③　尤俊意：《试论董必武法制思想及其当代意义——以"依法办事"的"法制观念"为视角》，载《政治与法律》2012 年第 12 期。
④　《董必武选集》，人民出版社 1985 年版，第 218 页。
⑤　《董必武政治法律文集》，法律出版社 1986 年版，第 45 页。

法律也要作相应的改变，不能率由旧章。① 新中国的法律应反映广大人民的意志，保护广大人民的利益。相应地，政法工作是保障人民民主专政和人民利益的手段，是直接用来巩固人民民主专政的。② 当然，废除旧法统是一种"扬弃"，废除旧法是废除旧法的阶级本质，而不是废除旧法律文化和法律意识中的合理成分。

1956 年 9 月 19 日，董必武在党的八大会议上提出了著名的"依法办事，是我们进一步加强人民民主法制的中心环节"的著名观点。他认为"依法办事有两方面的意义"，"其一，必须有法可依"，"其二，有法必依"。③ 有法必依是解决执法和守法问题的前提，只要有明文规定的，必须确切地执行，按照规定办事。"我们反对一切随便不按规定办事的违法行为"，"依法办事就是清除不重视和不遵守国家法制现象的主要方法之一"。④ 邓小平在毛泽东"按照法律办事"（也是"依法办事"的意思）、董必武"依法办事"即"有法可依、有法必依"的基础上，将"依法治国"理念发展成为"有法可依、有法必依、执法必严、违法必究"十六字法治方针，丰富和深化了"依法办事"的内涵。董必武"依法办事"是"依法治国"、建设社会主义法治国家思想的雏形，因此，一些研究者认为，他是新中国法制建设基本方针的奠基者。⑤

董必武把马克思主义国家与法的理论与中国革命和建设的实际相结合，贯彻了毛泽东人民民主专政的思想，总结了民主革命以来的实践经验，提出与阐发了一系列有关中国社会主义民主、法制的理论与司法理论，丰富和发展了马克思主义关于国家与法的学说，这些思想、理论也为邓小平理论提供了思想、文化的前提。⑥

2. 关于党的领导与政权机关、法制工作关系的论述

中国共产党领导全国人民夺取了政权，建立了人民民主政权，成为政权机关的领导党。而从创立根据地的法制开始，我们就始终坚持党的领导，发

---

① 《董必武政治法律文集》，法律出版社 1986 年版，第 89 页。
② 同上，第 16 页。
③ 《董必武选集》，人民出版社 1985 年版，第 418～419 页。
④ 《董必武政治法律文集》，法律出版社 1986 年版，第 488 页。
⑤ 戴和柱：《董必武的法制建设观》，载《求索》2005 年第 12 期。
⑥ 孙国华、方林：《董必武民主法制思想是毛泽东思想的重要组成部分》，载《法学杂志》2011 年第 10 期。

挥党总揽全局、协调各方的领导核心作用。政权机关、法制工作都离不开党的领导，但后者不能直接代替前二者"作业"。对此，刘少奇和董必武的看法是一致的。而在具体操作上，董必武形成了自己独到的见解。

（1）党的领导与政权机关的关系。

董必武认为，党通过党员和政策引导来实现对政权机关的领导，但它不直接管理国家事务，不直接向国家政权机关发号施令。① "党不能因领导政权机关就包办代替政权机关的工作，也不能因领导政权机关而取消党本身组织的职能"。他提出党与政权机关的正确关系是：第一，对政权机关工作的性质和方向应给予确定的指示；第二，通过政权机关及其工作部门实施党的政策，并对它们的活动实施监督；第三，挑选和提拔忠诚而有能力的干部（党与非党的）到政权机关中去工作。② 这三个方面，是对党的领导与政权机关关系的高度概括。

（2）党的领导与法制工作的关系。

董必武以新中国成立初期的法律创制为例，说明党的主张是如何经法定程序上升为国家意志的。中央人民政府颁发的法律命令都是党的创意，许多重要的文告都是由党拟订初稿，然后经过政协全国委员会或它的常委会讨论，再提到中央人民政府委员会或政务院通过，③ 再由人民的政权机关以法律、法规的形式向全国人民公布、施行。董必武总结的这一经验，成为我们党领导立法的基本流程和模式。

3. 关于立法、执法、司法等具体方面的论述

（1）立法思想。

新中国成立后，针对当时对法律建设的意义普遍认识不到位以及法制建设滞后于现实要求的问题，董必武及时提出了"加强人民民主法制"、创建法制文明的号召，提出了"国家没有法制，就不能成为一个国家"的法治国家观。④ 他非常重视立法工作，曾说："为什么把立法摆在前面？因为立法工作特别是保卫经济建设的立法工作，相应落后于客观需要，今后如果要

---

① 《董必武选集》，人民出版社 1985 年版，第 308 页。
② 同上，第 308 ~ 309 页。
③ 同上。
④ 董必武：《论社会主义民主和法制》，人民出版社 1979 年版，第 154 页。

按法制办事，就必须着重搞立法工作。"①

在立法方面，董必武提出了如下原则：

一是逐步完善原则。董必武的目标是"制作出新的较完备的法律来"，②但他深知，"制定完备的法律，诸如刑法、民法和刑、民诉讼法等，是需要长期的工作，不可能一下子搞好，而且也不仅是现有的司法机关和从事司法的这一部分人所能完成的，需要更多方面的创造与努力才有可能"。③他指出，在初创时期，"我们不可能也不应该设想，一下子就能够把国家的一切法制都完备地建立起来。这样想是不实际的"。④"欲速则不达"，创制法律不可能一蹴而就，一劳而逸，在这方面，董必武秉承的是逐步完善、循序渐进的建设步骤观，比较切合实际。

二是实事求是原则。实事求是是毛泽东思想的精髓，董必武在法制建设中，贯彻了这一原则，法律创制一切从中国的实际出发，无论学习借鉴谁的经验，都不应照搬照抄。他意识到，人民民主法制"不能过早过死地主观规定一套，而是必须从实际出发，根据政治经济发展的客观要求，逐步地由简而繁地发展和完备起来"。⑤有的人认为新中国成立初期总结的立法经验"不像样子"，他批评说："我们不怕不像样子，不追求形式……只要我们在实践中不断地总结，不断地修改，就一定能够一步步完善起来。"⑥

三是民主原则。得益于自己长期从事法制理论与实践工作，董必武探索出了制定社会主义法律时应贯彻民主原则的基本步骤：在实际工作中经过调查研究，提出初稿，同民主党派商谈，逐渐形成草案；经过国家机关讨论修改以后，有的仍以草案形式发交地方国家机关、人民团体一直到县乡，发动广泛的群众讨论；有的还经过一定时期的试行，再由国家立法机关审议通过，才成为正式的法律、法令。这是中国共产党领导立法工作的重要原则及经验总结。

（2）执法与司法思想。

一是反对特权的思想。与刘少奇一样，董必武坚决反对特权，早在

---

① 《董必武政治法律文集》，法律出版社1986年版，第302页。
② 同上，第46页。
③ 同上，第101～102页。
④ 《董必武选集》，人民出版社1985年版，第412～413页。
⑤ 同上，第411页。
⑥ 同上，第481页。

1940年8月20日的陕甘宁边区中共县委书记联席会议上，他就提出"党决不容许在社会上有特权阶级"，"政府所颁布的法令，所定的秩序，我们党员应当无条件地服从和遵守"，党员若违反法令，要加等治罪，加重处罚。①"对于那些故意违反法律的人，不管他现在地位多高，过去功劳多大，必须一律追究法律责任"。②

二是司法须遵循程序的思想。法律程序是法律规范的一种类型，具有限制主观恣意、促进实体公正、减少法律实施障碍等功能，有正当程序与非正当程序之别。在现代法治社会，法律程序的意义内含于法律程序本身的正当性之中。③而董必武打比方说，如同"工厂有操作规程"，我们办案子"也有操作规程"，"按照程序办事，可以使工作进行得更好、更合理、更科学，保证案件办得正确、合法、及时"，④"如果不经过一定程序，就把案子判了，那么这个判决就是违法的"。⑤不难看出，他把程序提到了执法正当性的高度。有些法院未认识到程序的意义，仅仅把它看作是形式而不予重视，董必武提出，"这种看法同不重视法院组织法的各项制度一样，必须迅予纠正"。⑥

三是国家政法机关应"互相制衡"的思想。同刘少奇一样，董必武也提出公、检、法分工负责和互相制约的理论观点。他认为，"法院和检察、公安机关的分工负责和互相制约"是"保证正确审判的重要制度"，公、检、法是"整个司法系统统一体的各个环节，好比生产、分配、交换、消费一样，互相有影响"，因此，必须正确处理三者之间的关系，各尽其职，不能越位，更不能"超乎其他机关之上"。⑦

四是司法要有为人民服务的思想。全心全意为人民服务是毛泽东思想的基本精神和活的灵魂，在这种思想指导下，董必武提出人民司法的概念，强调新中国司法工作以人民的利益为目的，密切联系群众。"一切为人民服务这是一个真理，我们应该坚持，司法工作也是为人民服务"，⑧司法为人民

---

① 《董必武选集》，人民出版社1985年版，第58~59页。
② 董必武：《论社会主义民主和法制》，人民出版社1979年版，第137页。
③ 李杰：《刍议正当程序对于法治建设的意义》，载《前沿》2011年第14期。
④ 《董必武政治法律文集》，法律出版社1986年版，第548~549页。
⑤ 《董必武法学文集》，法律出版社2001年版，第384页。
⑥ 同上，第408页。
⑦ 同上，第408页、419页。
⑧ 《董必武政治法律文集》，法律出版社1986年版，第45页。

服务要求司法走群众路线，"我们人民民主法制所以有力量，是由于它实事求是地总结了人民群众的斗争经验和贯彻了群众路线"。① 新中国成立初期确立的人民陪审员制度，就是董必武这一思想主张的具体实践。

（3）守法思想。

1954 年，董必武在总结党领导法制工作的经验时，提到了一个群众法律意识不强的问题，"不重视和不遵守国家法制的现象经常发生"。毛泽东和刘少奇都强调守法，但与他们不同的是，董必武对群众法律意识淡薄的历史根源和社会根源做了深入分析，认为新中国彻底摧毁了旧法统，容易使群众对旧法制充满仇视，进而助长了人们轻视一切法制的心理，而且这种心理"在我们党内和革命群众中有极深厚的基础"。② 据此，他指出提高群众法律意识的重要性："在过去，人民对旧的统治者的反动法律是仇视和不信任的，这种心理继续到革命胜利以后，那就是很不好的一种现象。这就是说，我们的人民民主专政的政权要想办法使人民从不信法、不守法变成为信法、守法，这虽然是比较困难的任务，但是我们必须完成这个任务。过去我们在这一方面做了许多工作，但是做得还很不够，今后还需要在长时期里来解决这个问题。"③

在守法问题上，他强调国家机关工作人员特别是领导必须带头遵守："要使群众守法，首先就要求国家机关工作人员，特别是领导者以身作则。"对于那些目中无法的人，他提出严正的批评："有的国家机关工作人员由于认为自己对革命有贡献，滋长了一种极端危险的骄傲自满情绪，不把法律、法令放在自己的眼里，以为这些只是用来管人民群众的，而自己可以不守法，或不守法也不要紧，这都是极端错误的。"④

另外，他还指出，在夺取和巩固政权的斗争中，"搞群众运动是必要的"，但随着形势和情况的变化，新中国成立后国家的中心任务已由解放生产力变为发展和保护生产力，⑤ 而发展和保护生产力，就必须健全法制，依靠法律，所以不宜再搞"风暴式的革命运动"，因为群众运动是"不完全依

---

① 《董必武选集》，人民出版社 1985 年版，第 411 页。
② 同上，第 416 ~ 417 页。
③ 《董必武政治法律文集》，法律出版社 1986 年版，第 33 页。
④ 同上，第 359 页。
⑤ 《董必武法学文集》，法律出版社 2001 年版，第 380 页。

靠法律的"，"甚至对他们自己创造的表现自己意志的法律有时也不太尊重"。①

（4）法制教育思想。

针对群众、党员甚至高级干部普遍存在法律观念淡薄的现象，董必武提出党"必须注重法制思想教育"，"必须在人民群众中广泛地进行关于法律的宣传教育工作，在社会上培养守法的风尚"。② 而要教育人民群众守法，培养他们的法律意识，就要率先在国家机关工作人员当中普法，使他们首先知法、守法，使"我们自己守法的概念"，"很明显地在我们意识中确定下来"。③

（5）民主监督思想。

为了巩固新生的人民政权，促进国家及公职人员勤政廉洁，董必武非常强调人民对国家权力的监督。他认为政府要真正成为群众的政府，关键在于"使群众敢于批评政府，敢于监督政府，一直到敢于撤换他们不满意的政府工作人员。这样，群众才感到政权是他们自己手中的工具，政府才是他们自己的政府"。④

为此，他提出通过三条路径来实现群众的民主监督：一是"人民政府的一切重要工作都应交人民代表大会讨论并做出决定"，使人民真正有权；二是"提倡与支持人民群众对国家工作人员的批评与监督"，使人民拥有监督的权力；⑤ 三是要求党员和干部须带头遵守宪法和法律，使人民群众监督权力的实施具备坚实的干部基础，从而使人民群众"敢于监督"政府。⑥

（四）小结

以毛泽东同志为核心的党的第一代中央领导集体继承马克思主义经典作家关于法的本质思想，在推进马克思主义中国化的历史进程中，运用马克思主义法律思想指导中国革命和建设的法制实践，不断实现其中国化，并先后

---

① 《董必武政治法律文集》，法律出版社 1986 年版，第 333 页。
② 《董必武选集》，人民出版社 1985 年版，第 420 页。
③ 《董必武政治法律文集》，法律出版社 1986 年版，第 336 页。
④ 《董必武选集》，人民出版社 1985 年版，第 55～56 页。
⑤ 《董必武法学文集》，法律出版社 2001 年版，第 172 页。
⑥ 《董必武政治法律文集》，法律出版社 1986 年版，第 336 页。

探索建立了新民主主义法律体系和社会主义法律体系，① 他们的法律思想为中国特色社会主义法律体系奠定了坚实的基础。而就社会主义民主法制建设的发展历程看，从新中国成立到 1976 年，中国的法制建设呈现曲折发展的轨道。新中国成立后至 1957 年，法制建设顺利发展。据统计，其中仅 1954年至 1957 年"反右运动"前夕，就有 430 多件重要法规被颁布实施。② 逐渐形成了包括宪法、行政法规、刑事法规、婚姻家庭法规、经济法规、劳动法、社会福利法、科教法、军事法和民族法等部门法在内的法律体系。1954年的《宪法》以国家根本大法的形式确立了建立社会主义基本经济制度的原则，如明确规定全民所有制的国营经济是国民经济的领导力量和国家实现社会主义改造的物质基础，要优先发展。1957 年至 1966 年，也就是党的八大后，随着"反右"扩大化，法制建设缓慢，有些方面甚至完全停滞。1966 年至 1976 年"文化大革命"期间，法制建设则遭受彻底破坏，形成法律虚无主义的严重局面。③ 总体上说，计划经济体制自身的特点，法律在社会政治经济生活中的地位并非至高无上的，法律的许多重要功能被忽视，④党在领导全国人民进行社会主义现代化建设时，更多的是依靠政策。因此，即使没有"文革"，法律发挥的作用也会受到制约。另外，这一阶段虽出台了一些与经济领域有关的规定、条例，但法律的位阶相对较低，均带有临时性或过渡性的特征。

二、改革开放后至党的十八大召开（1978～2012 年）

1978 年，党的十一届三中全会的召开开创了改革开放历史新篇章，党和国家的工作重点从"阶级斗争"转移到经济建设上来，国家的治理方式也开始发生根本性的变化，即由之前的依靠政策逐步转向以法律为主。这一时期，民主法制建设工作得以恢复，立法的重点是保障和加强民主。⑤

① 李婧：《中国特色社会主义法律体系的完善和发展研究》，人民出版社 2016 年版，第 108～109 页。
② 中国法学会：《毛泽东思想法学理论论文选》，法律出版社 1985 年版，第 16 页。
③ 吴燕：《毛泽东的法制文化观对中国法制现代化的影响》，载《毛泽东思想研究》2003 年第 1 期。
④ 任舒泽：《毛泽东法制思想及实践探析》，载《探索与争鸣》2003 年第 2 期。
⑤ 李婧：《中国特色社会主义法律体系的完善和发展研究》，人民出版社 2016 年版，第 12 页。

1982 年，党的十二大提出了"建设有中国特色社会主义"这一概念，同年全国人大常委会工作报告提出要按照社会主义法制原则，逐步建立有中国特色的独立的法律体系的立法要求。1987 年，党的十三大进一步明确了以市场为取向的经济体制改革方向，同时提出进行政治体制改革，加强社会主义民主法制建设的要求。党的十四大确立了社会主义市场经济体制的改革目标，十四届三中全会通过的《关于建立社会主义市场经济体制若干问题的决定》，提出社会主义市场经济体制的建立和完善，必须有完备的法制来规范和保障；要高度重视法制建设，做到改革开放与法制建设的统一，学会运用法律手段管理经济；在 20 世纪末初步建立适应社会主义市场经济的法律体系的立法任务。社会主义市场经济体制的确立，使我们党对法律施治的视角发生了重大变化，这一标志就是党的纲领性文件由"法制"的提法变为"法治"一词。由"法制"到"法治"，虽一字之差，但其内涵不可同日而语。随着党对中国特色社会主义理论和实践认识的深化，党的十五大把依法治国、建设社会主义法治国家作为基本方略，明确提出到 2010 年形成有中国特色社会主义法律体系的立法目标。党的十七大又正式提出"中国特色社会主义理论体系"，中国特色社会主义法律体系是其重要组成部分。

从改革开放到十八大召开，邓小平同志、江泽民同志、胡锦涛同志凝聚全党智慧，在第一代中央领导集体提出的法制思想基础上，通过理论创新和实践创新，逐步形成了中国特色的社会主义法治理论体系。

（一）邓小平的法制思想与主要理论贡献

邓小平同志是党的第二代中央领导集体核心，[①] 伟大的马克思主义者，无产阶级革命家、政治家、军事家、外交家，中国共产党、中国人民解放军、中华人民共和国的主要领导人之一，中国改革开放和现代化建设的总设计师，邓小平理论的创立者。邓小平的法制思想是在总结"文革"的经验教训而形成的，为了防止类似的悲剧重演，他从制度上找根源，并寻求解决的途径。他指出："我们过去的一些制度，实际上受了封建主义的影响，包括个人迷信、家长制或家长作风，甚至包括干部职务终身制。我们这个国家有几千年封建社会的历史，缺乏社会主义的民主和社会主义法制。现在我们

---

① 邓小平也是第一代中央领导集体的核心成员之一。

要认真建立社会主义的民主制度和社会主义法制。只有这样，才能解决问题。"① 这一见解是极其深刻的。党的十一届三中全会以来，邓小平把民主法制建设与社会主义紧密联系在一起，对发展社会主义民主、健全社会主义法制作了系统、全面的论述，提出了一整套的方针和原则，为中国社会主义民主法制建设指明了前进的方向。②

1. 关于"人民民主专政"理论的论述

第一，坚持人民民主专政。邓小平否定了毛泽东"无产阶级专政下继续革命"的理论，但坚持了毛泽东关于"人民民主专政"的科学理论，指出"人民民主专政即无产阶级专政"，而"无产阶级专政对人民来说就是社会主义民主"，它"是历史上最广泛的民主"。据此，他提出了"没有民主就没有社会主义，就没有社会主义的现代化"的著名论断。③ 但对于敌视社会主义的势力，必须实行无产阶级专政，因为在社会主义社会，仍有反革命分子，有敌特分子，有各种破坏社会主义秩序的刑事犯罪分子和其他坏分子，有贪污盗窃、投机倒把的新剥削分子，这种现象在短期内不可能完全消灭，对他们的斗争是一种特殊形式的阶级斗争，所以国家的专政职能不会消亡。如果不对上述这些人进行无产阶级专政，就不可能有社会主义民主，不可能保卫从而也不可能建设社会主义建设。④ 不过，专政对象的范围要缩小，而且对敌对分子的专政也要"依法专政"，用法律制裁各种犯罪行为。

第二，人民民主专政要走法制化道路。刘少奇最早提出了党也要在宪法和法律范围内活动的思想。根据邓小平的建议，党的十二大首次将"党必须在宪法和法律范围内活动"的原则写入党章。不仅如此，邓小平还坚决摒弃毛泽东所推崇的那种"大民主"，认为"像'文化大革命'那样的'大民主'不能再搞了，那实际上是无政府主义"，群众"群治"方式是不能代替法治的，"还是要靠法制，搞法制靠得住些"。⑤ 针对"文革"的教训，他指出，"为保障人民民主，必须加强法制。必须使民主制度化、法律化，使这种制度和法律不因领导人的改变而改变，不因领导人的看法和注意

① 《邓小平文选》第 3 卷，人民出版社 1993 年版，第 348 页。
② 李步云、罗静：《"搞法制靠得住些"——学习邓小平关于民主法制建设的思想》，载《求是》2004 年第 16 期。
③ 《邓小平文选》第 2 卷，人民出版社 1994 年版，第 168 页、358 页。
④ 同上，第 169 页。
⑤ 《邓小平文选》第 3 卷，人民出版社 1993 年版，第 242～243 页、379 页。

力的改变而改变。"① 他所说的民主法制化、法律化，有三层含义：一是要形成一个民主政治制度体系，不仅基本制度要好，而且"在各方面形成一整套更加成熟、更加定型"的制度；② 二是民主法制体系必须具有权威性，但不要建立在个人权威之上，"一个国家的命运建立在一两个人的声望上面，是很不健康的，是很有危害的"；③ 三是人民的各种权利要有切实的法律保障，非依法不得剥夺和限制，"坚持宪法和法律所保障的各项自由"。④

第三，坚持人民民主要完善人民代表大会制度。在同西方的民主比较时，邓小平指出，"我们不搞多党选举，不搞三权分立、两院制，我们就实行全国人民代表大会一院制，我们实行中国共产党领导下的人民民主制度，这最符合中国实际"，"如果政策正确，方向正确，这种体制益处大，很有助于国家的兴旺发达，避免很多牵扯"。从总的效率看，"我们的效率是高的，这是我们的优势，保持这种优势，就是保持社会主义的优越性"。⑤ 所以，"在政治体制改革方面一点可以肯定，就是我们要坚持人民代表大会制度，而不是美国式的三权鼎立制度"。⑥

第四，坚持民主集中制。邓小平指出，过去党内讨论重大问题，不少时候发扬民主不够充分，由个人或少数人匆匆做出决定，很少按照少数服从多数的原则实行投票表决，这表明民主集中制还没有成为严格的制度。⑦ 他以1958年的反冒进，1959年的"反右倾"为例，说明一旦破坏了民主集中制的优良传统，党和国家的民主生活就会变得不正常，一言堂、个人决定重大问题、个人崇拜、个人凌驾于组织之上一类家长制现象就会不断滋长。"不彻底消灭这种家长制作风，就根本谈不上党内民主，什么社会主义民主"。⑧ 1992年7月，邓小平在审阅中共十四大报告稿时又再次强调："民主集中制是我们党和国家的根本制度，也是最便利、最合理的制度，永远不能丢。"⑨ 党的十一届三中全会特别是党的十四大以来，民主集中制建设有了明显进

---

① 《邓小平文选》第2卷，人民出版社1994年版，第146页。
② 《邓小平文选》第3卷，人民出版社1993年版，第372页。
③ 同上，第311页。
④ 同上，第145页。
⑤ 同上，第220页、240页。
⑥ 同上，第307页。
⑦ 《邓小平文选》第2卷，人民出版社1994年版，第330页。
⑧ 同上，第331页。
⑨ 中共中央文献研究室：《邓小平思想年编（1975～1997）》，中央文献出版社2011年版，第712页。

步，形成了一系列具体制度，党的领导和党内生活逐步走上制度化、规范化轨道。应该说，这得益于第二代和第三代中央领导集体对民主集中制的始终坚持和不断完善。

2. 关于"两手抓"的论述

"两手论"是邓小平法制思想的一大特色，也是辩证思维在实践中的具体应用。在不同的场合和不同的背景下，他对"两手抓"有过不同的表述，但"法制"或"法律"始终是"两手"中不可或缺的一手。法制被反复强调，是其重要性的充分体现。

一是民主与法制的"两手论"。1979 年 6 月 28 日，邓小平会见日本公明党第八次访华团时指出："民主和法制，这两个方面都要加强，过去我们都不足。要加强民主就要加强法制，没有广泛的民主是不行的，没有健全的法制也是不行的"，"民主要坚持下去，法制要坚持下去，这好像两只手，任何一只手削弱都不行"。① 1987 年 3 月 8 日，他与坦桑尼亚总统姆维尼（Ali Hassan Mwinyi）谈话时又说道："在发扬社会主义民主的同时，还要加强社会主义法制。"② 民主与法制相提并论，说明二者是相辅相成的，社会主义民主必须与社会主义法制紧密结合，才能确保社会主义现代化建设和市场经济有序发展。

二是教育与法律的"两手论"。1985 年 10 月 23 日，邓小平会见美国时代公司组织的美国高级企业家代表团的提问时曾说，针对少数贪污腐化和滥用权力的现象，"我们主要通过两个手段来解决，一个是教育，一个是法律"。③ 虽然他在谈话中未具体展开，但结合他对法制教育的论述（详见下文），教育与法律在社会主义民主法制建设中也是相辅相成的：教育是事前的防范，法律是事后的惩治，所以也要"两手抓，两手硬"。

三是建设与法制的"两手论"。有关经济建设与民主法制关系的论述，最早见于邓小平在 1979 年 10 月 30 日召开的第四次全国文代会上的讲话，他指出："我们要在大幅提高生产力的同时，改革和完善社会主义的经济制度和政治制度，发展高度的社会主义民主和完备的社会主义法制。"④ 在他

① 《邓小平文选》第 2 卷，人民出版社 1994 年版，第 189 页。
② 《邓小平文选》第 3 卷，人民出版社 1993 年版，第 210 页。
③ 同上，第 148 页。
④ 《邓小平文选》第 2 卷，人民出版社 1994 年版，第 208 页。

看来，经济发展与制度建设尤其是民主法制建设应同步推进。1986 年 1 月 17 日，邓小平在中央政治局常委会上的讲话中又指出，"搞四个现代化一定要有两手，只有一手是不行的。所谓两手，一手抓建设，一手抓法制"。显然，加强法制是进行社会主义现代化建设的客观需要。对付那些破坏分子，非用法制来进行"专政"不可，"这个专政可以确保我们的四个现代化建设顺利进行"。[①]

3. 关于立法、执法、司法等具体方面的论述

邓小平在毛泽东、董必武"依法办事"的基础上，提出了"有法可依、有法必依、执法必严、违法必究"的十六字法治方针，并写入了具有历史意义的十一届三中全会公报，对于中国社会主义法制建设具有深远的指导意义。其中，"有法可依"是健全社会主义法制的前提条件，"有法必依"是社会主义法制建设的基本要求，"执法必严、违法必究"是加强社会主义法制的关键环节。[②] 江泽民进一步丰富和发展了邓小平的法制思想，在党的十五大形成了建设社会主义法治国家的新理念、新目标，并确立为建设中国特色社会主义国家的治国方略。邓小平关于发展社会主义民主、健全社会主义法制的一系列重要论述，为依法治国、建设社会主义法治国家的伟大实践奠定了坚实的理论基石。[③]

（1）立法思想。

1980 年 1 月 16 日在中共中央召集的干部会议上，邓小平作了《目前的形势与任务》的报告，指出"文革"之后"我们好多年实际上没有法，没有可遵循的东西"，因此提出要制定一系列的法律，至少制定"成百个法律"的设想。[④] 十一届三中全会后，党和国家的工作重心移到了经济建设上，摆在全国人民面前的主要任务是搞经济建设，解放生产力，发展生产力。把法律作为社会主义经济管理的主要手段，是切合经济建设内在要求的。而"有法可依"是加强社会主义法制建设的前提，"法制完备起来，司法工作完善起来，可以在很大程度上保障整个社会有秩地前进"，[⑤] 因此，

① 《邓小平文选》第 3 卷，人民出版社 1993 年版，第 154 页。
② 郭跃军、张东梅：《从毛泽东、邓小平到江泽民：社会主义法制建设的历史发展》，载《河北法学》2004 年第 4 期。
③ 聂启元：《论邓小平的民主法制思想》，载《毛泽东思想研究》2008 年第 4 期。
④ 《邓小平文选》第 2 卷，人民出版社 1994 年版，第 189 页。
⑤ 同上，第 255 页。

积极稳妥地加快立法步伐是当务之急。邓小平确立的指导思想是：

一是抓重点，加快立法，"应该集中力量制定刑法、民法、诉讼法和其他各方面必要的法律，例如工厂法、人民公社法、森林法、草原法、环境保护法、劳动法、外国人投资法等等"。① 二是由粗而细，逐步完善。加快法律修订工作，单独制定、修订某部法律时，要遵循逐步完善的方法进行，由于"立法的工作量很大，人力很不够，因此，法律条文一开始可以粗一点，逐步完善"，但修改法律成熟一条就修改一条，不能等待"成套设备"。三是采取中央与地方并举，有的法规地方可以先试搞，然后经过总结提高，制定全国通行的法律。② 四是重视经济方面的立法，"国家和企业、企业和企业、企业和个人等之间的关系，也要用法律的形式来确定；它们之间的矛盾，也有不少要通过法律来解决"。总的导向是，由行政手段为主的管理模式逐步转向以法律作为解决经济矛盾的主要手段，不但要有国内经济法，还要从对外开放的需要出发，"大力加强对国际法的研究"。③

（2）执法与司法思想。

一是反特权的思想。特权思想是官僚主义的一种表现，也是封建主义残余尚未肃清的表现。从党和国家的领导制度、干部制度来说，由于权力过分集中，已出现形形色色的特权现象。④ 针对新中国成立后一些领导干部蜕变为特权者，刘少奇和董必武都提出反特权思想。改革开放后，这一问题仍相当突出，因此，在谈到坚持四项基本原则时，邓小平说，"如果领导干部自己不严格要求自己，不遵守党纪国法，违反党的原则，闹派别，搞特殊化"等，"怎么能指望他们改造社会风气呢？"⑤ 他注意到，搞特殊化的不只是部分高级干部，"各级都有，各部门都有，一些干部成了老爷就是"，他们"已形成一种社会风气，成为一个社会问题"，引起群众的强烈不满，"如不坚决改正，势必使我们的干部队伍发生腐化"。⑥ 而"克服特权现象，要解决思想问题，也要解决制度问题"，必须强调"公民在法律和制度面前人人

---

① 《邓小平文选》第 2 卷，人民出版社 1994 年版，第 146 页。
② 同上，第 147 页。
③ 同上。
④ 同上，第 327 页、332 页。
⑤ 同上，第 178～179 页。
⑥ 同上，第 216 页、260 页、332 页。

平等，党员在党章和党纪面前人人平等"，谁也不能犯法。①

二是"执法必严、违法必究"的思想。"执法必严、违法必究"是依法治国的关键和保障，邓小平反复强调执法必严："执行规章制度要严一点。要有一点精神，不要怕挨批判，不要怕犯错误。你不严，规章制度就恢复不起来。"② 与此同时，他又强调违法必究："人人有依法规定的平等的权利和义务，谁也不能占便宜，谁也不能犯法。不管谁犯了法，都要由公安机关依法侦查。"③

三是确保司法独立的思想。邓小平有关司法独立的论述，是与刘少奇一脉相承的。他多次强调，要坚持司法机关独立履行职责，"司法机关依法处理，任何人都不许干扰法律的实施，任何犯了法的人都不能逍遥法外"。④只有做到司法独立，才能彻底解决搞特权和违法乱纪的问题，才能将"执法必严、违法必究"贯彻到位。

（3）法制教育思想。

懂法、守法既是法治国家的一个重要标志，又是法治国家建设的必要前提。早在1980年12月15日召开的中共中央工作会议的讲话中，邓小平就提出，"在党政机关、军队、企业、学校和全体人民中，都必须加强纪律教育和法制教育"。⑤针对改革开放初期不正之风盛行的局面，他认为"法制观念与人们的文化素质有关。现在这么多青年人犯罪，无法无天，没有顾忌，一个原因是文化素质太低。所以，加强法制重要的是要进行教育，根本问题是教育人"。⑥鉴于我们国家缺少执法和守法的传统，为了让全体人民树立法制观念，他提出开展全民法制教育，尤其要从娃娃抓起，中小学和社会都要肩负起教育的责任。只有大力加强社会主义法制教育，提高全民族的文化素质，让广大人民群众学法、知法，才能"真正使人人懂得法律，使越来越多的人不仅不犯法，而且能积极维护法律"。⑦

---

① 《邓小平文选》第2卷，人民出版社1994年版，第332页。
② 同上，第30页。
③ 同上，第332页。
④ 同上。
⑤ 同上，第354页。
⑥ 《邓小平文选》第3卷，人民出版社1993年版，第163页。
⑦ 《邓小平文选》第2卷，人民出版社1994年版，第254页。

（4）权力监督思想。

为防止权力滥用，必须建立权力制衡机制，其中，权力监督是非常重要的一环。邓小平提出三种监督方式：一是群众监督，"要有群众监督制度，让群众监督干部，特别是领导干部。凡是搞特权、特殊化的，经过批评教育而不改的，人民就有权依法进行检举、控告、弹劾、撤换、罢免，……并使他们受到法律、纪律处分"。同时他强调，"为了整顿党风，搞好民风，要从我们高级干部整起"，以消除官僚主义。① 二是党内监督，包括上级党组织和同级党组织的监督，各级党组织要真正成为教育和监督所有党员的组织。② 三是制度监督，对于各级干部的职权范围和政治、生活待遇，"要制定各种条例，最重要的是要有专门的机构进行铁面无私的监督检查"。③ 刘少奇和董必武谈到民主监督时，都未涉及制度监督话题，这应该可以说是邓小平的首创。2010 年 4 月，中央办公厅颁布实施的四项干部监督制度，④ 就是邓小平制度监督思想的具体应用。

（二）江泽民的法治思想与主要理论贡献

江泽民同志曾任中共中央政治局常委、中共中央委员会总书记，中共中央军事委员会主席和国家主席，是"三个代表"重要思想的提出者。以江泽民同志为核心的党的第三代中央领导集体继承和发展了毛泽东、邓小平等人的民主法制思想。在党的十四大报告中，江泽民提出政治体制改革的目标是建设有中国特色的社会主义民主政治，在邓小平"没有民主就没有社会主义"的著名论断上，进一步提出"没有民主和法制就没有社会主义，就没有社会主义现代化"。⑤ 这一论断，突出了法制也是社会主义的本质要求和内在属性。在"三个代表"思想指导下，他提出了"依法治国、建设社会主义法治国家"的目标，这是我们党首次把"依法治国"作为治国方略，明确写进1996 年 3 月第八届全国人大第四次会议通过的《国民经济和社会

---

① 《邓小平文选》第 2 卷，人民出版社 1994 年版，第 219 页。
② 同上，第 340 页。
③ 同上，第 332 页。
④ 四项监督制度即《党政领导干部选拔任用工作责任追究办法（试行）》以及中央组织部同步印发的《党政领导干部选拔任用工作有关事项报告办法（试行）》、《地方党委常委会向全委会报告干部选拔任用工作并接受民主评议办法（试行）》、《市县党委书记履行干部选拔任用工作职责离任检查办法（试行）》。
⑤ 《江泽民文选》第 1 卷，人民出版社 2006 年版，第 235 页。

发展"九五"计划和 2010 年远景目标纲要》，并提出具体的任务和要求。在党的十五大报告中，江泽民又把依法治国确定为治理国家的基本方略，将之前习惯使用的"法制国家"改为"法治国家"，这是党的第三代领导集体在民主法制建设上确立的里程碑。

1. 关于人民代表大会制度的论述

1990 年 3 月 8 日，江泽民在第七届全国人大第三次会议、第七届全国政协第三次会议上的讲话指出，"建设社会主义民主政治，最重要的是坚持和完善人民代表大会这一根本政治制度"。在这次重要讲话中，他对党的执政与人民代表大会之间的关系作了较为全面的论述：我们党的执政地位是通过党对国家政权机关的领导来实现的，如果放弃了这种领导，就谈不上执政地位，但是，党与政权机关性质不同，职能不同，组织形式和工作方式也不同，党不能代替人大行使国家权力；党的政府领导、思想领导和组织领导要通过政治原则、政治方向和重大决策的领导和思想政治工作、向政权机关推荐重要干部等来实现；要善于使党有关国家重大事务的主张经过法定程序成为国家意志。

对于如何在党的领导下进一步完善人民代表大会制度，更好地发挥人大在国家重大事务中的作用，江泽民提出三点建议：①

第一，继续完善人大及其常委会的各项职能，特别是加强立法工作和监督工作。人大及其常委会要以党的基本路线为指导，认真履行宪法赋予的各项职责，把加强社会主义民主法制建设作为自己的中心任务。同时，在国家生活的各种监督中，人大作为国家权力机关的监督是最高层次的监督，监督"一府两院"的工作是人大及其常委会的一项重要职责。② 工作监督应抓住重大问题，如人大通过的政府工作报告、计划和预算、决议以及决定的执行情况，治理整顿和深化改革中的重大事项，突发性事件以及国家机关的廉政建设问题。

第二，进一步密切各级人大同人民群众的联系，更好地发挥人大代表的作用。作为人民代表机关的人大及其常委会，应进一步加强同人民群众的联系，使人大更好地代表人民，并接受人民的监督。要坚持走群众路线，深入

---

① 《江泽民文选》第 1 卷，人民出版社 2006 年版，第 114~116 页。
② "一府"指人民政府，"两院"指人民法院、人民检察院。

调查研究，充分反映各方面的意见，这样才能使制定的法律和做出的决定符合客观实际。

第三，加强人大及其常委会的自身建设。随着中国社会主义现代化建设和改革开放的深入推进，人大及其常委会所担负的任务越来越繁重，这就要求各级人大及其常委会把自身建设放在重要位置上。要完善人大及其常委会和专门委员会的工作制度，使工作进一步程序化、制度化。

2000 年 12 月 4 日，江泽民在全国统战工作会议上再次强调："发展社会主义民主政治，关键在加强社会主义政治制度建设。我们必须坚持并不断完善人民代表大会制度和中国共产党领导的多党合作、政治协商制度以及民族区域自治制度，使广大人民的意志在国家政治和社会生活中得到更充分的体现。"① 他还概括了民主集中制的十六字方针，即"集体领导、民主集中、个别酝酿、会议决定"。正如胡锦涛指出，这四句话，体现了民主集中制原则的基本精神和基本要求，是我们党民主集中制理论和实践的一个新发展。②

2. 关于法治与依法治国的论述

新中国成立以来，我们党有关法制建设的论述，基本上都沿用"法制"而不是"法治"一词。这两个词是有区别的，法制突出的是"制"，指一个国家的成文法或法律制度，而法治突出"治"，强调国家处于一种治理状态。前者着重讲法的一系列规则、原则及与之相关的制度，而后者的内容要丰富得多，它不仅要求国家具备完善而良好的法，而且要求这种法得以普遍而自觉地遵守，同时要建立起正确运用和遵守法的国家权力机构体系，而这种权力机构体系是以权力的互相制约、监督为前提的。③ 简单地说，仅有法制不一定能达到全面治理的效果，要实现"法治"，需要执法、司法、守法齐头并进，这是一个系统工程。

在十五大之前，党和国家领导人的著述以及党的文件基本上用"法制"一词。1958 年 8 月 24 日，毛泽东、刘少奇等领导人在北戴河召开的中共中央政治局扩大会议上，讨论了"人治"与"法治"的问题，毛泽东的看法

---

① 《江泽民文选》第 1 卷，人民出版社 2006 年版，第 140 页。
② 《胡锦涛文选》第 1 卷，人民出版社 2016 年版，第 342 页。
③ 俞良早：《经典作家社会主义民主建设的理论及其当代发展》，载《扬州大学学报》（人文社科版）2011 年第 5 期。

是"要人治，不要法治"，① 刘少奇也认为，"到底是法治还是人治？看来实际靠人，法律只能作为办事的参考"。② 这是新中国成立后文献中仅见的提及"法治"一词，在较长的历史时期，"法治"一直未进入人们的视野。在具体论述时，邓小平也多采用"加强法制"、"健全法制"或"加强社会主义法制"这样的表述，仅有一次提到"法治"，也是与"人治"并举。③ 不过，邓小平的十六字方针中已蕴含着"法治"以及"依法治国"的基本思想。

1996 年春，法学界和理论界有关"社会主义法制国家"与"社会主义法治国家"的争论引起江泽民的注意，于是有关"法治"、"依法治国"及"法治国家"的一系列概念开始进入政治话语系统。在 1996 年 2 月 8 日中共中央举办法制讲座上的讲话中，江泽民论及依法治国的本质和内涵，"加强社会主义法制建设，依法治国，是邓小平建设有中国特色社会主义理论的重要组成部分，是我们党和政府管理国家和社会事务的重要方针"，"实行和坚持依法治国，就是使国家各项工作逐步走上法制化的道路，实现国家政治生活、经济生活、社会生活的法制化、规范化"，"实现社会主义民主的制度化、法律化"。④ 依法治国，其核心内容就是人民群众在党的领导下，依照宪法和法律规定，通过各种途径和形式管理国家事务、管理经济和文化事业，管理社会事务，保证国家的各项工作都依法进行。⑤ 在十五大报告中，他提出"发展民主，健全法制，建设社会主义法治国家"，这是党的文件中首次出现"法治国家"的概念。⑥ 2001 年 4 月，江泽民再次强调，"建设社会主义法治国家"这个目标，要坚定不移地加以落实。⑦

"法治"、"依法治国"及"法治国家"的出现，标志着我们党执政方式和国家治理方式的变革，也充分体现了以江泽民同志为核心的第三代党中

---

① 张憼：《第四届全国司法工作会议的来龙去脉及其严重影响》，《董必武法制思想研究文集》第 4 辑，人民法院出版社 2005 年版，第 427 页。

② 转引自李林、高汉成：《中国共产党为人民民主和法治奋斗的 90 年》，载《政治学研究》2011 年第 4 期。

③ 1989 年 9 月 3 日邓小平会见日本公明党委员长竹入义胜时曾说："要通过改革，处理好法治与人治的关系，处理好党和政府的关系。"这也是文选中唯一一次提到"法治"的字眼。详见《邓小平文选》第 3 卷，人民出版社 1993 年版，第 177 页。

④ 《江泽民文选》第 1 卷，人民出版社 2006 年版，第 511 页。

⑤ 杨绍华：《依法治国与党的领导》，载《高校理论战线》1999 年第 3 期。

⑥ 《江泽民文选》第 2 卷，人民出版社 2006 年版，第 17 页。

⑦ 《江泽民文选》第 3 卷，人民出版社 2006 年版，第 233 页。

央领导集体对法律在中国现代化进程的地位、功能和作用的深刻把握,[①] 为中国法治国家建设注入新思想、新内容。

3. 关于立法、执法、司法等具体方面的论述

(1) 立法思想。

立法是依法治国的首要环节,加强立法工作,提高立法质量,是实施依法治国的前提条件。[②] 随着中国社会主义市场经济体制的确立,对法制有更迫切、更强烈的需要,因为市场经济归根到底是法治经济,市场经济与法制建设密不可分。江泽民对经济社会发展与法律的关系作了比较深入的阐述:"经济的发展,社会的进步,都离不开法制的健全。经济和社会的发展,呼唤着法律的完善;反过来,法制的完善,又会进一步促进经济繁荣和社会进步",[③] "世界经济的实践表明,一个比较成熟的市场经济,必然要求并具有比较完备的法制。"[④] 党的十四届三中全会通过的《中共中央关于建立社会主义市场经济体制若干问题的决定》指出:"社会主义市场经济体制的建立和完善,必须有完备的法制来保证。要高度重视法制建设,做到改革开放和法制建设的统一,学会运用法制手段管理经济。"十五大提出法制建设的目标和任务,即加强立法工作,提高立法质量,到 2010 年形成有中国特色社会主义法律体系。[⑤]

党的第三代中央领导集体在立法方面取得显著的成绩,20 世纪 90 年代后,立法工作步伐大大加快,在政治、经济、文化、社会生活诸多领域制定了一系列重要的法律法规,特别是市场经济法规,如《公司法》、《反不正当竞争法》、《消费者权益保护法》、《劳动法》、《中国人民银行法》、《商业银行法》、《保险法》、《预算法》等,国务院和地方政府也制定了大量的经济法规。[⑥]

(2) 执法与司法思想。

一是反特权的思想。在十五大报告中,江泽民指出,"维护宪法和法律

① 周友苏:《依法治国的理论与务实——论党的第三代领导集体和江泽民同志对邓小平民主法制思想的丰富和发展》,载《社会科学研究》1999 年第 2 期。
② 张叶婷:《论新中国法制思想的历史发展——从毛泽东、邓小平到江泽民》。
③ 《江泽民主席在开幕式上的讲话》,载《人民日报》1995 年 8 月 17 日。
④ 《江泽民在中共中央举行的第三次法制讲座上的讲话》,载《人民日报》1996 年 2 月 9 日。
⑤ 《江泽民文选》第 2 卷,人民出版社 2006 年版,第 30 页。
⑥ 郭跃军、张东梅:《从毛泽东、邓小平到江泽民:社会主义法制建设的历史发展》,载《河北法学》2004 年第 4 期。

尊严，坚持法律面前人人平等，任何人、任何组织都没有超越法律的特权"。①

二是一盘棋行动的思想。江泽民强调，无论是立法、执法还是司法工作，都要始终注意维护国家法制的统一性和严肃性，如果各行其是，对国家法律法规，符合自己利益的就执行，不符合的就不执行，或者打折扣，甚至加以曲解，那就会贻误和损害党和国家的工作，就会干扰正常的经济、政治、社会生活秩序，就可能出乱子。国家法律，是党的主张和人民意志相统一的体现，一经制定并付诸实施，各地区各部门必须一律遵照执行。②

三是依法行政的思想。依法行政是依法治国的关键，其实质是依法治理行政权力，保障公民权利，杜绝政府机关中的滥用职权、违法行政现象。在十五大报告中，江泽民指出："一切行政机关都必须依法行政，切实保障公民权利，实行执法责任制和评议考核制。"十五大关于中国民主法制建设的具体任务中，有很多涉及程序的内容，如在司法机关建立冤案、错案责任追究制度，实现国家机构组织、职能、编制、工作程序的法定化等。

另外，他还特别指出，法制建设中也存在一些突出问题，尤其是执法和司法中出现的地方保护主义、部门保护主义现象，各级领导干部要从自身做起，带头维护国家的法令和法制统一，自觉反对和防止地方保护主义、部门保护主义。③

（3）民主监督思想。

江泽民指出，我们发展社会主义民主，要把人民群众参政议政的各项权利落到实处，必须始终着眼于一切为了群众、一切依靠群众，这就要"扩大基层民主，确保群众参与基层政权和经济、文化、社会事务的民主管理、民主监督"。一切领导干部都是人民的公仆，接受人民和法律的监督。改革开放后，随着国有企业改制，许多企业实行厂长、经理负责制，那么在充分发挥厂长、经理在企业经营管理和生产指挥中的职能的同时，又要重视发挥职工代表大会和职工群众参与民主管理、民主监督的作用。④ 要把党内监督、法律监督、群众监督结合起来，发挥舆论监督作用，加强对各级干部特

---

① 《江泽民文选》第 2 卷，人民出版社 2006 年版，第 30 页。
② 《江泽民文选》第 1 卷，人民出版社 2006 年版，第 644 页。
③ 同上。
④ 同上，第 642 页。

别是领导干部的监督，防止滥用权力，严惩执法犯法、贪赃枉法。[①]

（4）法制教育思想。

江泽民早就注意到，建设一个民主和法治的国家，不能仅仅依靠立法，而要与普法教育等问题紧密结合起来。[②] 他在 1995 年 1 月中共中央举行的第二次法制讲座上的讲话中指出，"搞好法制教育，增强全体公民的法律意识和法制观念是社会主义法制建设的基础工程，也是加强社会主义精神文明建设的重要内容"。[③] 随后，他对法制教育的重要性作了进一步论述："实践的经验也说明，有了比较健全和完善的法律和制度，如果人们的法律意识和法制观念淡薄，思想政治素质低，再好的法律和制度也会因为得不到遵守而不起作用，甚至形同虚设。"[④] 他认为，法制建设包括立法工作、执法工作、司法工作和法制教育工作，这几个方面的工作是相辅相成的，缺一不可。人们的思想道德文化素质如何，对于法制建设的成效是至关重要的，而"人们思想上、道德上存在的问题，要通过深入细致的思想教育、道德教育和文化教育来解决"。[⑤] 普法教育既是法制建设，也是精神文明建设，是依法治国和以德治国相结合的一种有效方式。所以，他提出要把加强社会主义法制建设同加强思想道德文化建设紧密结合起来，两手都必须同时抓，两手都要硬。

学法、懂法、用法，是依法治国、建设社会主义法治国家的关键，为此，江泽民号召："广大干部特别是领导干部一定要带头学好法律知识。这既是我们干部做好工作，提高领导能力和管理水平的需要，也是带领广大人民群众学法、用法和自觉遵守法律的需要。学习法律知识要形成制度。"[⑥] 在中共中央举办的法制讲座上，江泽民亲自主持，认真听课，中央领导班子率先垂范，带头学习法律知识，对推动普法工作的深入开展产生了积极的影响。

（三）胡锦涛的法治理想与主要理论贡献

胡锦涛同志曾任中共中央政治局常委、中共中央委员会总书记，中共中

[①] 《江泽民文选》第 1 卷，人民出版社 2006 年版，第 32 页。
[②] 李琦：《江泽民"以德治国"思想的文献解读》，载《党的文献》2009 年第 1 期。
[③] 《江泽民在中共中央举行第二次法制讲座上的讲话》，载《人民日报》1995 年 1 月 21 日。
[④] 中共中央文献研究室编：《江泽民论有中国特色社会主义（专题摘编）》，中央文献出版社 2002 年版，第 334 页。
[⑤] 《江泽民文选》第 1 卷，人民出版社 2006 年版，第 643 页。
[⑥] 江泽民：《各级领导干部要努力学习法律知识》，载《人大工作通讯》1996 年第 20 期。

央军事委员会主席和国家主席，是"科学发展观"重要思想的提出者。以胡锦涛同志为总书记的党中央在科学发展观的指导下，坚持以发展为第一要义，坚持以人为本的核心立场，坚持全面协调可持续的基本要求，坚持统筹兼顾的基本方法，积极完善和发展中国特色社会主义法律体系，把社会主义民主法制建设推进到一个新阶段。

胡锦涛的法治理念进一步深化了新时期中国特色社会主义法治国家的理论与实践，最终形成了党的领导、人民当家做主和依法治国辩证统一的中国特色社会主义法治理论。2011 年 3 月 10 日，第十一届全国人大第四次会议正式宣布：一个立足中国国情和实际、适应改革开放和社会主义现代化建设需要、集中体现党和人民意志的，以宪法为统帅，以宪法相关法、民商法等多个法律部门的法律为主干，由法律、行政法规、地方性法规等多个层次的法律规范构成的中国特色社会主义法律体系已经形成，国家经济建设、政治建设、文化建设、社会建设以及生态文明建设的各个方面已实现有法可依。

1. 关于人民民主的论述

党的十六大提出，要坚持和完善人民代表大会制度，保证人民代表大会及其常委会依法履行职能，保证立法和决策更好地体现人民意志。党的十七大强调人民民主是社会主义的生命，要以保证人民当家做主为根本，以增强党和国家活力、调动人民积极性为目标，扩大社会主义民主，建设社会主义法治国家，发展社会主义政治文明。在发展取向上，胡锦涛把社会主义民主政治视为法治发展的本质属性，[1] 并从三个方面论述了发展社会主义民主政治的战略思想：[2]

一是发展社会主义民主政治是党始终不渝的奋斗目标，必须高举人民民主旗帜。中国社会主义民主法制建设与扩大人民民主和经济社会发展的要求还不完全适应，社会主义民主政治的体制、机制、程序、规范以及其具体运行上还存在不完善的地方，在保障人民民主权利、发挥人民创造精神方面也还存在一些不足，必须继续加以完善。

二是中国特色社会主义政治发展道路是中国发展社会主义民主政治的正确道路，必须更加坚定不移地走中国特色社会主义政治发展道路。坚持中国

① 吴延溢：《胡锦涛同志法治发展观探析》，载《毛泽东思想研究》2010 年第 1 期。
② 《胡锦涛文选》第 3 卷，人民出版社 2016 年版，第 72 ~ 76 页。

特色社会主义政治发展道路，关键是要坚定不移坚持党的领导、人民当家做主、依法治国三者的有机统一，积极推进社会主义民主政治建设，绝不能放弃中国社会主义政治制度的根本。

三是政治体制改革是社会主义政治制度自我完善和发展，必须深化政治体制改革。（1）坚持发挥党总揽全局、协调各方的领导核心作用，改进和完善党的领导方式和执政方式，提高党科学执政、民主执政、依法执政水平，使党始终成为中国特色社会主义事业的坚强领导核心；（2）切实保证国家一切权力属于人民，扩大人民民主，健全民主制度，丰富民主形式，拓展民主渠道，从各个层次各个领域扩大公民有序政治参与，推进决策科学化、民主化，保证人民依法实行民主选举、民主决策、民主管理、民主监督，保障人民享有更多更切实的民主权利，保障人民知情权、参与权、表达权、监督权；（3）全面落实依法治国基本方略，加快建设社会主义法治国家，树立社会主义法治理念，弘扬法治精神，坚持科学立法、民主立法，完善中国特色社会主义法律体系；（4）充分发挥社会主义政治制度特点和优势，以坚持和完善人民代表大会制度、中国共产党领导的多党合作和政治协商制度、民族区域自治制度以及基层群众自治制度为重点，推进社会主义民主政治制度化、规范化、程序化。

在党的十八大报告中，他还特别提到要健全社会主义协调民主制度和完善基层民主制度。前者是中国人民民主的重要形式，后者是人民依法直接行使民主权利的重要方式。①

2. 关于民主集中制的论述

邓小平说过，"民主集中制是我们党和国家的根本制度"。② 胡锦涛进一步指出，民主集中制是党的组织制度、领导制度、决策制度，也是党内生活和党内监督制度。在建设中国特色社会主义新时期，在改革开放特别是发展社会主义市场经济条件下，更要坚持和健全民主集中制。坚持和执行民主集中制，既要解决民主不够的问题，同时也要解决集中不够的问题。对此，他强调做好四个方面的工作：③

---

① 《胡锦涛文选》第 3 卷，人民出版社 2016 年版，第 633～634 页。
② 中共中央文献研究室编：《邓小平思想年编（1975～1997）》，中央文献出版社 2011 年版，第 712 页。
③ 《胡锦涛文选》第 1 卷，人民出版社 2016 年版，第 342～345 页。

一是要按照民主集中制原则正确处理好中央和地方的关系，坚持维护中央权威，认真贯彻党的路线方针政策，确保政令畅通。正确处理好中央和地方的关系，充分发挥中央和地方两个积极性，是党和国家政治生活以及经济生活中的一个重大原则问题。

二是要健全党委集体领导和个人分工负责相结合的制度。集体领导是党委领导在组织上的最高原则，重大问题由集体讨论决定，是民主集中制原则在党委领导活动中的重要体现。现实中有些领导班子整体功能发挥不好，甚至闹不团结，都与没有很好地贯彻民主集中制有关。

三是地方党委要更好地发挥领导核心作用。地方各级党委肩负着重大领导责任，要敢于领导，善于领导，把方方面面的智慧和力量凝聚起来，正确执行中央路线、方针、政策和上级党委重大决策。要增强民主集中制的自觉性，提高党的领导水平和执政水平。

四是要增强领导班子团结。维护党的团结，首先要加强各级领导班子团结，维护团结就是维护大局。团结是一面旗帜，领导班子团结，才能团结一切可以团结的力量。当然，必须在坚持党的路线、方针、政策和党性原则的基础上加强团结。

3. 关于反腐倡廉的论述

在反腐倡廉上，胡锦涛提出以科学发展观为指导，坚持标本兼治、综合治理、惩防并举、注重预防的方针。具体来说，就是以完善惩治和预防腐败体系为重点，强化权力制约和监督，深化改革和创新体制，拓展从源头上防治腐败工作领域，努力形成拒腐防变教育机制、反腐倡廉制度体系、权力运行监控机制，切实提高反腐倡廉建设成效，为全面建设小康社会提供有力政治保证。他提出要把握和处理好以下四个方面的关系，也即做到四个"结合"：①

一是坚持加强思想道德建设和加强制度建设相结合。通过思想道德建设，目的是提高恪守制度的自觉性；通过制度建设，目的是增强思想道德建设的有效性。党的十七大提出，要建立健全决策权、执行权、监督权既相互制约又相互协调的权力结构和运行机制。这是深化政治体制改革的重要任务，也是通过制度确保权力规范运行的重要任务。

①《胡锦涛文选》第3卷，人民出版社2016年版，第46~54页。

二是严肃查办大案要案和切实解决损害群众切身利益的问题相结合。通过查办大案要案，达到惩前毖后、以儆效尤的目的；通过解决损害群众切身利益的问题，让群众切实感受到反腐倡廉建设的实际成果。如重点解决物价、环境保护、食品药品质量、安全生产、征地拆迁等方面群众反映强烈的问题。

三是坚持廉政建设和勤政建设相结合。廉政建设搞好了，有利于广大干部发扬优良作风，规范从政行为，正确使用权力，为勤政建设创造良好条件；勤政建设搞好了，有利于广大干部形成昂扬向上的精神状态，恪尽职守，转变工作作风，为廉政建设打下坚实基础。

四是加强对干部的监督和发挥干部主观能动性相结合。我们的干部是人民公仆，权力是人民赋予的，必须用来为人民服务，必须受到人民监督，以保证人民赋予的权力真正用来为人民服务。同时，我们的干部又是带领人民全面建设小康社会、发展中国特色社会主义的骨干力量，必须把加强对干部的监督同信任干部、保护干部、激励干部统一起来，充分调动广大干部的积极性、主动性、创造性。

胡锦涛认为，反腐倡廉要抓好教育制度、监督制度、预防制度、惩治制度建设，其中监督是关键。要认真执行和不断完善各项监督制度，积极探索加强监督的有效途径和方式方法，加大监督制度创新力度，逐步完善监督体制，明确监督责任，建立健全决策权、执行权、监督权既相互制约又相互协调的权力结构和运行机制。要加大监督力度，突出监督重点，前移监督关口，加强对领导干部特别是主要领导干部行使权力的监督，加强对制度执行的监督，加强对重点人员、重点岗位、重要职能、重要事项的全方位全过程监督。①

4. 关于对台特别立法的论述

李登辉、陈水扁上台后，"台独"势力日益猖獗，图谋走向"法理台独"。为了维护国家领土主权完整，扼制、制裁"台独"，2004 年 12 月 14 日，2005 年 3 月 3 日，胡锦涛先后两次作了关于制定反分裂国家法的讲话，强调今后各项对台工作都要紧紧围绕反对和遏制"台独"分裂势力及其活动这一首要任务来展开。启动对台特别立法，积极运用法律武器，是对遏制

---

① 《胡锦涛文选》第 3 卷，人民出版社 2016 年版，第 300～301 页。

"台独"分裂势力及其活动、促进祖国和平统一进程的一个重要手段。中央审时度势做出的这一重大决策和战略性部署，既有重大现实作用，又有深远历史意义。一是将我们关于解决问题的大政方针法律化，表达了我们坚持和平统一的明确立场和最大诚意，体现了全国人民坚决反对"台独"、捍卫国家主权和领土完整、实现祖国完全统一的共同意志和坚定决心。二是有利于全国人民增强在解决台湾问题上的共识，激发爱国热情，发挥反"独"促统的积极性。三是体现了在对台工作中贯彻依法治国的基本方略，有利于保持对台方针政策的连续性和稳定性。四是为运用各种手段反对和遏制"台独"分裂势力及其活动提供了更直接具体的法律依据。① 2005 年 3 月 14 日，第十届全国人民代表大会第三次会议通过了《反分裂国家法》。

5. 关于立法、执法、司法等具体方面的论述

（1）立法思想。

正如胡锦涛指出，改革开放以来，"我国根据发展社会主义市场经济体制的要求，依据宪法制定了一大批法律法规，以宪法为核心的中国特色社会主义法律体系已经初步形成"。② "科学立法、民主立法"，成为胡锦涛推进立法工作的重要指导思想。他提出从三方面来完善立法工作：一是要加强党对立法工作的领导，"善于使党的主张通过法定程序成为国家意志，从制度上、法律上保证党的路线方针政策贯彻实施"；③ 二是抓住重点，"着力抓好促进科学发展、深化改革开放、保护资源环境、保障和改善民生、维护社会和谐稳定、加强政府建设等方面所急需法律法规的制定或修改工作"；三是加强宪法和法律实施，以此"作为弘扬社会主义法治精神的基本实践，不断推进科学立法、严格执法、公正司法、全民守法进程"。④ "科学立法、严格执法、公正司法、全民守法"堪称与邓小平"有法可依、有法必依、执法必严、违法必究"相媲美的新十六字方针。

在以胡锦涛同志为总书记的党中央正确领导下，第十届全国人大常委会以改革创新精神，积极探索科学立法、民主立法的有效形式，先后将物权法

---

① 《胡锦涛文选》第 2 卷，人民出版社 2016 年版，第 250~251 页、254 页。

② 同上，第 16 页。

③ 同上，第 463 页。

④ 胡锦涛：《不断推进科学立法、严格执法、公正司法、全民守法》，《东方早报》2011 年 3 月 30 日。

草案、劳动合同法草案、就业促进法草案和水污染防治法修订草案全文向社会公布，广泛听取各方面尤其是基层群众的意见。物权法、企业所得税法等重要法律草案在大会审议前，又组织代表提前审阅和讨论，充分听取代表意见，修改完善法律草案。监督法、行政许可法、劳动合同法、居民身份证法等法律草案都经过4次审议，而物权法草案先后审议了8次，这在中国立法史上是空前的。吴邦国在总结这些经验时说："坚持走群众路线，充分发扬民主、扩大公民对立法工作的有序参与，是做好立法工作、提高立法质量的重要途径。"①

（2）执法与司法思想。

2007年12月25日在全国政法工作会议代表和全国大法官、大检察官座谈会上，胡锦涛作了题为《准确把握政法工作的性质和职责》的讲话，他指出，做好政法工作，事关依法治国基本方略的落实，必须从中国特色社会主义事业发展全局的高度，准确认识和把握政法工作的性质和职责，因此，"要坚持以依法治国、执政为民、公平正义、服务大局、党的领导为主要内容的社会主义法治理念指引政法工作，充分发挥我国社会主义司法制度的优越性，正确履行宪法法律赋予的职能，确保党的路线方针政策和决策部署在政法工作中得到不折不扣贯彻执行"。② 胡锦涛意识到，中国特色社会主义法律体系的形成，解决的是"有法可依"的问题，在这种情况下，有法必依、执法必严、违法必究的问题显得更为突出、更为迫切。对此，他提出三方面的改进意见：③

一是切实保障宪法法律有效实施，各级党组织和全体党员要自觉在宪法法律范围内活动，带头维护宪法法律权威，坚持科学执政、民主执政、依法执政。二是国家行政机关、审判机关、检察机关要忠实履行宪法法律赋予的职责，坚持依法行政，加快建设法治政府，坚持公正司法，依法独立公正行使审判权、检察权，切实做到严格、规范、公正、文明执法，维护社会公平正义，保证把人民赋予的权力真正用来为人民谋利益。三是国家权力机关要依法行使监督权，加强和改革监督工作，确保宪法法律得到正确实施，确保

---

① 吴邦国：《全国人民代表大会常务委员会工作报告——在第十一届全国人民代表大会第一次会议上》，载《经济日报》2008年3月22日。
② 《胡锦涛文选》第3卷，人民出版社2016年版，第27~29页。
③ 同上，第510~511页。

行政权、司法权得到正确行使，确保公民、法人和其他组织合法权益得到尊重和保护。

胡锦涛指出，深化司法体制改革，"必须把社会公平正义作为政法工作的生命线"，"要以满足人民司法需求为根本出发点，从人民不满足的问题入手，以加强权力制约和监督为重点，优化司法职权配置，规范司法行为，推进司法公开，努力建设公正高效权威的社会主义司法制度"。对于各种社会矛盾，胡锦涛基于建立社会主义和谐社会的视角，提出"要以定分止争为目标，实行人民调解、行政调解、司法调解有机结合，更多采用调解方法，调节经济社会关系，化解社会利益矛盾"。①

（3）权力监督思想。

为确保权力正确运行，胡锦涛提出应加强权力监督：

一是党内监督，包括普通党员对党员干部的监督，领导班子成员对一把手的监督和领导班子内部监督。党内监督还要加强四个方面的工作，包括改革和完善党内监督体制、健全权力运行监控机制、完善党内决策监督机制和建立健全党内民主监督机制。② 二是群众监督，要创造条件、拓宽渠道方便群众监督，推进党务公开，让群众全面了解和有序参与党内事务，明确权力界限，规范权力行为，防止权力滥用。三是舆论监督，发挥舆论监督积极作用，教育引导广大党员、干部正确对待舆论监督。③

在党的十八大报告中，除上述三种监督外，他还提出民主监督和法律监督。只有健全权力运行机制和监督体系，让人民监督权力，才能"让权力在阳光下运行"。④

（4）政法队伍建设思想。

邓小平、江泽民都提出要加强政法队伍建设，胡锦涛对此作了进一步的论述。他指出，建设高素质政法队伍，是做好政法工作的组织保证，并认为应从三方面加强：一是按照严格、公正、文明执法要求，全面加强政法队伍建设，不断提高政法队伍思想政治素质和业务工作能力；二是大力加强各级政法机关领导班子建设，把好领导班子成员特别是主要负责人的提名、考

---

① 《胡锦涛文选》第3卷，人民出版社2016年版，第31～32页。
② 同上，第301页。
③ 同上，第581页。
④ 同上，第636页。

察、审批关；三是大力加强政法干部队伍建设，尤其是要加强政法干部选拔、任用、交流、培训、监督等制度建设，改革政法院校招录、教育制度，推进政法干部工作正规化、规范化。①

（5）法制教育思想。

党的几代领导人都非常重视法制宣传教育，胡锦涛也不例外。他指出，要增强全社会法律意识和法治观念，特别是要提高党员领导干部依法办事能力，以形成法律面前人人平等、人人自觉学法守法用法的社会氛围。② 对于党员，他提出要加强道德建设，教育引导广大党员、干部牢固树立正确的世界观、权力观、事业观，同时，还要加强日常教育管理，建立健全教育管理机制。③ 以人为本，是胡锦涛法治发展观的核心内容。他认为，党员、干部能否做到以人为本、执政为民，最根本的是要牢固树立和自觉实践以人为本、执政为民的理念，这就需要加强党的性质和宗旨教育，打牢党员、干部坚持以人为本、执政为民的思想基础。④

胡锦涛的法治发展观，是科学发展观的一般原理与中国社会主义法治国家建设的具体实践的有机统一，进一步丰富了社会主义民主政治理论体系的内容，为推进中国社会主义法治国家的建设向纵深发展提供了科学理念与基本思路。⑤

（四）小结

改革开放以来，在以邓小平同志为核心的党的第二代中央领导集体、以江泽民同志为核心的党的第三代中央领导集体和以胡锦涛同志为总书记的党中央大力推动下，中国的民主法制建设取得巨大的成就，而具有划时代意义的是，"在于实现了从传统的计划经济体制下的人治型法律秩序向现代市场经济体制下的法治型法律秩序的历史性变革与转型"。⑥ 进入 21 世纪后，中国的民主法制建设更是凸显了以人为本、科学发展、社会和谐的立法理念，强化了保障民生、维护民权、促进民本方面的立法。立法内容更加强调经济

---

① 《胡锦涛文选》第 3 卷，人民出版社 2016 年版，第 32 页。
② 同上，第 511 页。
③ 同上，第 579～580 页。
④ 同上，第 477 页。
⑤ 吴延溢：《胡锦涛同志法治发展观探析》，载《毛泽东思想研究》2010 年第 1 期。
⑥ 郭成伟：《新中国法制建设 50 年》，江苏人民出版社 1999 年版，第 1 页。

立法、社会立法、民事立法、刑事立法等全面协调发展，程序性与实体法立法并重，及时修改和完善不符合现实需要的法律法规，有力地促进法律体系的完善。[①]

立足于社会主义市场经济体制改革的要求，全国人大及其常委会加快立法步伐，制定并修改了大量适应社会主义市场经济要求的法律：一是规范市场主体的法律，如公司法、商业银行法、乡镇企业法、外资企业法、中外合资经营法、中外合作经营企业法、全民所有制工业企业法等；二是规范市场主体行为、维护市场秩序的法律，如反不正当竞争法、产品质量法、消费者权益保护法、经济合同法、技术合同法、商标法、专利法等；三是宏观调控方面的法律，如预算法、人民银行法、审计法、个人所得税法等；四是对外开放方面的法律，如台湾同胞投资保护法、对外贸易法等。另外，社会保障方面的法律有劳动法、劳动合同法、社会保险法等。环境与资源保护方面的法律有森林法、草原法、环境保护法、矿产资源法、大气污染防治法、水土保持法。据国务院新闻办公室的统计，截至 2011 年 8 月底，中国已制定现行宪法和有效法律共 240 部、行政法规 706 部、地方性法规 8600 多部，涵盖社会关系各个方面的法律部门已经齐全，各个法律部门中基本的、主要的法律已经制定，相应的行政法规和地方性法规比较完备，法律体系内部总体做到科学和谐统一，中国特色社会主义法律体系已经形成。[②]

三、党的十八大以来（2012 年至今）

2012 年 11 月 8 日党的十八大召开，强调依法治国是领导人民治理国家的基本方略，法治是治国理政的基本方式，要更加注重发挥法治在国家治理和社会管理中的重要作用，全面推进依法治国，加快建设社会主义法治国家；要推进科学立法、严格执法、公正司法、全民守法，坚持法律面前人人平等，保证有法必依、执法必严、违法必究；完善中国特色社会主义法律体系，加强重点领域立法，拓展人民有序参与立法途径；推进依法行政，切实

[①]　李婧：《中国特色社会主义法律体系的完善和发展研究》，人民出版社 2016 年版，第 17~18 页。

[②]　国务院新闻办公室：《中国特色社会主义法律体系》，人民出版社 2011 年版，第 10 页。

做到严格规范公正文明执法。①

习近平同志当选为中共中央政治局常委、中共中央委员会总书记、中共中央军事委员会主席和国家主席后，提出中华民族伟大复兴的"中国梦"和"四个全面"战略思想。② 他围绕改革发展稳定、内政外交国防、治党治国治军发表一系列重要讲话，形成一系列治国理政新理念、新思想、新战略，进一步丰富和发展了党的科学理论，开辟了治国理政新境界，开创了党和国家事业发展新局面。③ 以习近平同志为核心的党中央高度重视法治建设在治国理政中的作用，十八届三中全会通过的《中共中央关于全面深化改革若干重大问题的决定》提出，"全面深化改革的总目标是完善和发展中国特色社会主义制度，推进国家治理体系和治理能力现代化"。"国家治理体系和治理能力现代化"被誉为中国的"第五个现代化"，也是习近平法治思想的核心理念。十八届四中全会通过的《中共中央关于全面推进依法治国若干重大问题的决定》进一步提出，"法律是治国之重器，良法是善治之前提"，"依法治国，是坚持和发展中国特色社会主义的本质要求和重要保障，是实现国家治理体系和治理能力现代化的必然要求"，"全面推进依法治国，建设中国特色社会主义法治体系，必须坚持立法先行，发挥立法的引领和推动作用"。

习近平就全面推进依法治国的基本构想作了重要的论述，确立了法治中国建设的目标，阐明了法治中国建设的布局，明确了法治中国建设的宗旨，理清了法治中国建设的路径，为全面推进依法治国开辟了崭新境界。④ 习近平法治思想是马克思主义法学中国化的重大理论成果，是中国特色社会主义法治理论的最新成果，是全面依法治国、建设法治中国、推进法治强国的理论基础和指导思想。⑤

（一）习近平关于维护宪法权威的论述

1982 年 12 月 4 日第五届全国人大五次会议通过了《中华人民共和国宪

---

① 《胡锦涛文选》第 3 卷，人民出版社 2016 年版，第 634～635 页。

② "四个全面"理论即"全面建成小康社会、全面深化改革、全面依法治国、全面从严治党"。

③ 中共中央宣传部：《习近平总书记系列重要讲话读本》，学习出版社、人民出版社 2016 年版，第 1 页。

④ 王寿林：《关于法治中国建设的几个问题——学习习近平关于法治中国建设重要讲话的几点思考》，载《新视野》2015 年第 1 期。

⑤ 张文显：《习近平法治思想研究（上）》，载《法制与社会发展》2016 年第 2 期。

法》，1988 年、1999 年、2004 年，全国人大分别对宪法个别条款和部分内容作了修正。习近平坚持并发展了以毛泽东、邓小平、江泽民为代表的中国共产党人的宪法观，强调了宪法和法律在国家治理现代化进程中的重要作用，明确了宪法和法律在治国、治党与规范权力运行方面的总体思路，为全面推进依法治国、建设法治中国提供了新的思想来源与理论支撑。①

在纪念现行宪法公布施行 30 周年大会上的讲话中，习近平对中国宪法的发展历程作了全面回顾，指出"我国宪法以其至上的法制地位和强大的法制力量，有力保障了人民当家做主，有力促进了改革开放和社会主义现代化建设，有力推进了社会主义法治国家进程，有力促进了人权事业发展，有力维护了国家统一、民族团结、社会稳定，对我国政治、经济、文化、社会生活产生了极为深刻的影响"。30 年的发展历程充分证明，中国宪法是符合国情、符合实际、符合时代发展要求的好宪法，充分体现人民共同意志、充分保障人民民主权利、充分维护人民根本利益，有效地推动国家发展进步、保证人民创造幸福生活、保障中华民族实现伟大复兴，是沿着中国特色社会主义道路前进的根本法制保证。因此，"维护宪法权威，就是维护党和人民共同意志的权威；捍卫宪法尊严，就是捍卫党和人民共同意志的尊严；保证宪法实施，就是保证人民根本利益的实现。全面贯彻和实施宪法，是建设社会主义法治国家的首要任务和基础性工作"。②

习近平强调，宪法是国家的根本法，具有最高的法律地位、法律权威、法律效力，具有根本性、全局性、稳定性和长期性。宪法的生命和权威在于实施，为此应做到：第一，坚持正确的政治方向，坚定不移走中国特色社会主义政治发展道路；第二，落实依法治国基本方略，加快建设社会主义法治国家；第三，坚持人民主体地位，切实保障公民享有权利和履行义务；第四，坚持党的领导，更加注重改进党的领导方式和执政方式。③

（二）习近平关于建设社会主义法治国家的论述

习近平从坚持和发展中国特色社会主义全局出发，从实现国家治理体系和治理能力现代化的高度提出了全面依法治国这一重大战略部署，对中国特

① 李墨：《论习近平的宪法与法治思想》，载《学习探索》2015 年第 6 期。
② 《习近平谈治国理政》，外文出版社 2014 年版，第 136～137 页。
③ 同上，第 138～141 页。

色社会主义法治道路作了深刻的阐述。全面依法治国是"四个全面"的有机组成部分，它自身也是一个系统工程，是国家治理领域一场广泛而深刻的革命。① 全面推进依法治国，就是要深化法治领域的改革，同时，要在法治的轨道上推进改革，善于以法治思维和法治方法深化改革，以法治凝聚改革共识，以法治引领改革方向，以法治规范改革行为，以法治化解改革风险，以法治确认和发展改革成果。② 十八届四中全会通过的《中共中央关于全面推进依法治国若干重大问题的决定》，全篇都贯穿着开拓中国特色社会主义法治道路这一思想，开启了中国法治新时代。③ 习近平论述了走中国特色社会主义法治道路的五个原则：④

第一，必须坚持中国共产党的领导。党的领导是中国特色社会主义最本质的特征，是社会主义法治最根本的保证。坚持中国特色社会主义法治道路，最根本的是坚持中国共产党的领导。要把党的领导贯彻到依法治国的全过程和各方面，实现党的领导、人民当家做主、依法治国有机统一。正如习近平指出的，坚持党的领导、坚持中国特色社会主义制度、贯彻中国特色社会主义法治理论，"这三个方面实质上是中国特色社会主义法治道路的核心要义，规定和确保了中国特色社会主义法治体系的制度属性和前进方向"。⑤

第二，必须坚持人民主体地位。坚持人民主体地位既是全面推进依法治国的基本原则之一，也是社会主义法治的根本价值。中国社会主义制度保证了人民当家做主的主体地位，也保证了人民在全面推进依法治国中的主体地位。这是我们的制度优势，也是中国特色社会主义法治区别于资本主义法治的根本所在。坚持人民主体地位，就要做到法治为了人民、依靠人民、造福人民、保护人民。

第三，必须坚持法律面前人人平等。平等是社会主义法律的基本属性，是社会主义法治的基本要求。坚持法律面前人人平等，要在立法、执法、司法、守法等各个方面得到贯彻执行。

① 中共中央宣传部：《习近平总书记系列重要讲话读本》，第97页。
② 张文显：《习近平法治思想主要有哪些》，载《凤凰大学问》2015年7月3日。
③ 中共中央文献研究室：《全面依法治国，开启中国法治新时代》，载《党的文献》2015年第3期。
④ 中共中央文献研究室编：《习近平总书记重要讲话文章选编》，中央文献出版社、党建读物出版社2016年版，第207~211页。
⑤ 中共中央文献研究室编：《习近平关于全面依法治国论述摘编》，中央文献出版社2015年版，第23页。

第四，必须坚持依法治国与以德治国相结合。江泽民对依法治国与以德治国有过深入的论述，习近平对二者的科学内涵与实践价值作了进一步的阐述。他认为，法律是外在的刚性约束，是"成文的道德"，道德是内在的柔性约束，是"内心的法律"，二者都具有规范社会行为、维护社会秩序的作用。治理国家、治理社会必须"两手抓"，既重视发挥法律的规范作用，又重视发挥道德的教化作用，二者相辅相成，相得益彰。

第五，必须坚持从中国实际出发。秦代商鞅曾说："为国也，观俗立法则治，察国事本则宜。不观时俗，不察国本，则其法立而民乱，事剧而功寡"（《商君书》）。习近平援引商鞅的话，说明全面推进依法治国必须从中国实际出发，同推进国家治理体系和治理能力现代化相适应，既不能罔顾国情、超越阶段，也不能因循守旧、墨守成规。坚持从中国实际出发，还要突出中国特色、实践特色和时代特色。

以上五个原则，也是如何坚定不移走中国特色社会主义法治道路的纲领性要求，为全面依法治国确立了指南。

（三）习近平关于推进国家治理体系和治理能力现代化的论述

习近平认为，国家治理体系和治理能力是一个国家的制度和制度执行能力的集中体现。推进国家治理体系和治理能力现代化，是完善和发展中国特色社会主义制度的必然要求，为此，要使各方面制度更加科学、更加完善，实现党、国家、社会各项事务治理制度化、规范化、程序化，善于运用制度和法律治理国家，提高党科学执政、民主执政、依法执政水平。这一理念的提出，目的是为了推动中国特色社会主义制度更加成熟、更加定型，为党和国家长治久安提供一整套更完备、更稳定、更管用的制度体系。当然，这是一项宏大的工程，不能靠小修小补，零敲碎打，而必须进行全面的、系统的改革和改进，依靠各领域改革和改进的联动和集成，在国家治理体系和治理能力现代化上形成总体效应、取得总体效果。① 从这个意义上说，法治是国家治理体系的重要组成部分，法治体系是国家治理体系的重要依托，是国家治理体系的制度载体。习近平把建设中国特色社会主义法治体系称为"全面推进依法治国的总抓手"，指出"全面推进依法治国涉及很多方面，在实

---

① 中共中央宣传部：《习近平总书记系列重要讲话读本》，第73~74页。

际工作中必须有一个总揽全局、牵引各方的总抓手,这个总抓手就是建设中国特色社会主义法治体系。依法治国各项工作都要围绕这个总抓手来谋利、来推进"。①

习近平提出,推进国家治理体系和治理能力现代化,必须解决三个重要问题:

第一,制度模式选择问题,这也是一个带有根本性的问题。中国的国家治理体系,是在中国历史传承、文化传统、经济社会发展的基础上长期发展、渐进改进、内生性深化的结果。我们必须走独立自主的道路,才能始终站稳脚跟,形成一套不同于西方国家的成功制度体系。

第二,制度自信问题。在借鉴人类政治文明的有益成果时,绝不照搬西方政治制度模式,绝不放弃中国社会主义政治制度的根本。在人权、选举制度、法治等重大问题上,不能以西方政治制度模式为标准。当然,坚定制度自信,不是故步自封,而是要不断革除体制机制弊端,让中国特色社会主义制度成熟而持久。

第三,价值体系问题。培育和弘扬核心价值体系和核心价值观,有效整合社会意识,是社会系统得以正常运转、社会秩序得以有效维护的重要途径,是国家治理体系和治理能力的重要方面,我们应加快构建充分反映中国特色、民族特性、时代特征的价值体系,努力抢占价值体系的制高点。②

(四)习近平关于立法、执法、司法等具体方面的论述

1. 立法思想

2013年2月23日,中央政治局专门就全面推进依法治国举行集体学习,习近平在讲话中首次强调,实践是法律的基础,法律要随着实践发展而发展。立法机关的立法活动必须遵循国家和社会发展的客观规律,因应司法实践的客观要求,反映人民的普遍意志和根本利益,与时俱进,才能实现科学立法、民主立法。在立法方面,习近平提出如下原则:

一是科学与民主原则。"要完善立法规划,突出立法重点,提高立法科学化、民主化水平,坚持立改废并举","要完善立法工作机制和程序,扩

---

① 习近平:《关于〈中共中央关于全面推进依法治国若干重大问题的决定〉的说明》,载《人民日报》2014年10月29日。
② 中共中央宣传部:《习近平总书记系列重要讲话读本》,第75~76页。

大公众有序参与，充分听取各方面意见，使法律准确反映经济社会发展要求，更好地协调利益关系"。①

二是问题导向原则。2014 年 9 月 5 日，在庆祝全国人民代表大会成立 60 周年大会上，他又谈到加强立法工作："要坚持问题导向，提高立法的针对性、及时性、系统性、可操作性，发挥立法的引领和推动作用。"②

三是提高质量原则。"要抓住提高立法质量这个关键，深入推进科学立法、民主立法，完善立法体制和程序，努力使每一项立法都符合宪法精神、反映人民意愿、得到人民拥护"。③

另外，他在中央全面深化改革领导小组第二次会议上强调："凡属重大改革都要于法有据。在整个改革过程中，都要高度重视运用法治思维和法治方式，发挥法治的引领和推动作用，加强对相关立法工作的协调，确保在法治轨道上推进改革。"④ 其中，运用法治思维和法治方式，无疑是习近平法治思想的"点睛之笔"。⑤

2. 执法与司法思想

习近平丰富和创新了宪法法律实施的理论，认为"法律的生命在于实施，法律的权威在于实施"，⑥"要加强宪法和法律实施，维护社会主义法律的统一、尊严、权威，形成人们不愿违法、不能违法、不敢违法的法治环境，做到有法必依、执法必严、违法必究"。⑦

（1）反特权的思想。

习近平指出，全面推进依法治国，反腐倡廉建设，必须反对特权思想、特权现象。"共产党员永远是劳动人民的普通一员，除了法律和政策规定范围内的个人利益和工作职权以外，所有共产党员都不得谋求任何私利和特

---

① 《习近平谈治国理政》，外文出版社 2014 年版，第 144 页。
② 《习近平在庆祝全国人民代表大会成立 60 周年大会上的讲话》，载《人民日报》2014 年 9 月 6 日。
③ 同上。
④ 《习近平主持召开中央全面深化改革领导小组第二次会议》，新华社 2014 年 2 月 28 日电。
⑤ 褚国建：《改革开放、治理与法治——习近平法治思想初探》，载《中共浙江省委党校学报》2014 年第 6 期。
⑥ 习近平：《关于〈中共中央关于全面推进依法治国若干重大问题的决定〉的说明》，载《人民日报》2014 年 10 月 29 日。
⑦ 《习近平在中共中央政治局第四次集体学习时强调依法治国、依法执政、依法行政、共同推进法治国家、法治政府、法治社会一体建设》，载《人民日报》2013 年 2 月 25 日。

权"。他认为，"这个问题不仅是党风廉政建设的重要内容，而且是涉及党和国家能不能永葆生机活力的大问题。要采取得力措施，坚决反对和克服特权思想、特权现象"。① 在十八届四中全会第二次全体会议的讲话中，他又再度强调，"任何组织和个人都必须尊重宪法法律权威，都必须在宪法法律范围内活动，都必须依照宪法法律行使权力或权利、履行职责或义务，都不得有超越宪法法律的特权"。"不管什么人，不管涉及谁，只要违反法律就要依法追究责任，绝不允许出现执法和司法的'空挡'"。② 在习近平治国理政思想指导下，十八大以来，党在反腐上不设禁区，不设上限，没有不能查处的"铁帽子王"，充分彰显了反腐的决心。

（2）执法为民的思想。

"法令行则国治，法令弛则国乱"，加强宪法和法律实施，维护社会主义法制的统一、尊严、权威，关键在于做到有法必依、执法必严、违法必究。习近平指出，执法者必须忠于法律，坚守职业良知，执法为民，要信仰法治、坚守法治，做知法、懂法、守法、护法的执法者，铁面无私，秉公执法。③ 在中国的法律体系中，80% 以上的法律法规是由行政机关执行的，"行政机关是实施法律法规的重要主体，要带头严格执法，维护公共利益、人民利益和社会秩序。各级领导机关和领导干部要提高运用法治思维和法治方式的能力，努力以法治凝聚改革共识、规范发展行为、促进矛盾化解、保障社会和谐"。同时，"要靠制度来保障，在执法办案各个环节都设置隔离墙、通上高压线，谁违反制度就要给予最严厉的处罚，构成犯罪的要依法追究刑事责任"，"要加强对执法活动的监督，坚决排除对执法活动的非法干预，坚决防止和克服地方保护主义和部门保护主义，坚决惩治腐败现象，做到有权必有责、有权受监督、违法必追究"。④

现实中，地方保护主义和部门保护主义仍在一定程度上存在，不少地方为了"顾全大局"而牺牲了法律效果，牺牲了社会公平正义。备受关注的聂树斌故意杀人、强奸案，最高人民法院指令山东高院异地复查，这是打破

① 《习近平谈治国理政》，外文出版社 2014 年版，第 388 页。
② 中共中央文献研究室编：《习近平总书记重要讲话文章选编》，中央文献出版社、党建读物出版社 2016 年版，第 209 页。
③ 《习近平谈治国理政》，外文出版社 2014 年版，第 149 页。
④ 同上，第 145 页、149 页。

地方保护主义的有力手段，终使这件跨越了 22 年的冤案得以昭雪，也使聂树斌案成为法治中国的一个标志性案件。

（3）司法要实现公平正义的思想。

习近平提出，"促进社会公平正义是政法工作的核心价值追求"，"公平正义是政法工作的生命线，司法机关是维护社会公平正义的最后一道防线"。①把"公平正义"作为中国社会主义法治的核心价值，完善了中国法治的价值体系。为实现这一价值目标，司法工作要做到：第一，要让人民群众在每一个司法案件中都感受到公平正义，所有司法机关都要紧紧围绕这个目标来改进工作，重点解决影响司法公正和制约司法能力的深层次问题；第二，要坚持司法为民，改进司法工作作风，切实解决好老百姓打官司难问题，特别是要加大对困难群众维护合法权益的法律援助；第三，司法工作者要密切联系群众，规范司法行为，加大司法公开力度，回应人民群众对司法公正公开的关注和期待；第四，要确保审判机关、检察机关依法独立公正行使审判权、检察权。②

另外，他还指出，推进公正司法，要以优化司法职权配置为重点，健全司法权力分工负责、相互配合、相互制约的制度安排。司法人员要刚正不阿，勇于担当，敢于依法排除来自司法机关内部和外部的干扰，坚守公正司法的底线。③随着经济社会的发展，国家和社会治理面临着各种不和谐因素，"上有政策，下有对策"的机会主义执法与守法模式对社会治理的法治化提出严重挑战，司法权的作用日益凸显。④习近平提出以提高司法公信力为根本尺度推进司法改革，提出以审判为中心的诉讼制度等新命题。

3. 守法思想

在党的十八届四中全会的讲话中，习近平曾直言不讳地批评那些轻视法律的思想："一些党员、干部仍然存在人治思想和长官意识，认为依法办事条条框框多、束缚手脚，凡事都要自己说了算，根本不知道有法律存在，大

---

① 《习近平谈治国理政》，外文出版社 2014 年版，第 148 页。
② 同上，第 145 页。
③ 中共中央文献研究室编：《习近平总书记重要讲话文章选编》，中央文献出版社、党建读物出版社 2016 年版，第 215 页。
④ 曹士兵：《习近平法治思想在中国特色社会主义司法权建设中的重要意义》，载《法律适用》2014 年第 3 期。

搞以言代法、以权压法。这种现象不改变，依法治国就难以真正落实。"①
他从人类文明和现代化的视野深刻分析了人治与法治的关系，夯实了推进法
治的理论基础。把依法治国落到实处，就要坚持依法执政，"任何组织和个
人都必须尊重宪法法律权威，都必须在宪法法律范围内活动"，特别是"必
须抓住领导干部这个'关键少数'"。② 俗话说，"上梁不正下梁歪"，各级
领导干部对法律应怀有敬畏之心，带头依法办事，带头遵守法律，牢固确立
法律红线不能触碰、法律底线不能逾越的观念，才能依法行使人民赋予自己
的权力。为了防止权力滥用，对以言代法、以权压法、徇私枉法的行为就要
严加追究，要建立健全违反法定程序、干预司法的登记备案通报制度和责任
追究制度。③

人民权益要靠法律保障，同样，"法律权威也要靠人民维护"，"全体人
民都要成为社会主义法治的忠实崇尚者、自觉遵守者、坚定捍卫者，使尊
法、信法、守法、用法、护法成为全体人民的共同追求"。④

4. 法律教育思想

习近平认为，推进全民守法，就要着力增强全民的法治观念，做守法的
好公民。为此，"要坚持把全民普法和守法作为依法治国的长期基础性工
作，采取有力措施加强法制宣传教育，把法治教育纳入国民教育体系和精神
文明建设内容"。⑤ 具体做法是：在全社会弘扬社会主义法治精神，引导全
体人民遵守法律、有问题依靠法律解决，形成守法光荣、违法可耻的良好氛
围；坚持法制教育与法治实践相结合，广泛开展法治实践活动，提高社会管
理法治化水平。同时，法制教育也要注重同道德教化相结合，大力弘扬社会
主义核心价值观，弘扬中华传统美德，培育社会公德，提高全民族思想道德
水平，为依法治国创造良好的人文环境。⑥

---

① 习近平：《加快建设社会主义法治国家》，载《求是》2015年第1期。
② 中共中央文献研究室编：《习近平总书记重要讲话文章选编》，中央文献出版社、党建读物
出版社2016年版，第208~209页。
③ 《习近平谈治国理政》，外文出版社2014年版，第149页。
④ 中共中央文献研究室编：《习近平总书记重要讲话文章选编》，中央文献出版社、党建读物
出版社2016年版，第208页。
⑤ 同上，第215页。
⑥ 同上，第210页。

5. 权力监督思想

习近平指出，"没有监督的权力必然导致腐败，这是一条铁律"，① 因此，"反腐败必须强化监督、管住权力。把权力关进制度的笼子，首先要建好笼子。笼子太松了，或者笼子很好但门没有关住，进出自由，那是起不了作用的"。② 显然，法治的重心是限制公权力，而法治化权力监督体系是筑好"制度笼子"的关键所在。"把权力关进制度的笼子"，就是依法设定权力、规范权力、制约权力、监督权力。习近平提出重点从三个方面加强权力监督：一是制度监督。全面加强惩治和预防腐败体系建设，加强反腐倡廉教育和廉政文化建设，健全权力运行制约和监督体系，加强反腐败国家立法，加强反腐倡廉党内法规制度建设，深化腐败问题多发领域和环节的改革，确保国家机关按照法定权限和程序行使权力。特别要加强对"一把手"的监督，认真执行民主集中制，健全行政行为公开制度，保证领导干部做到位高不擅权、权重不谋私。二是机制监督。加强对权力运行的制约和监督，把权力关进制度的笼子里，形成不敢腐的惩戒机制、不能腐的防范机制、不易腐的保障机制。三是人民监督。各级领导干部，任何人都没有法律之外的绝对权力，任何人行使权力都必须为人民服务、对人民负责并自觉接受人民的监督。③

党的十八届四中全会把形成完善的党内法规体系纳入全面推进依法治国的总目标，注重党内法规同国家法律的衔接和协调，构建以党章为根本、若干配套党内法规为支撑的党内法规制度体系，为全面从严治党提供了制度保障。目前，以规范和约束公权力为重点，中国已形成科学有效的权力运行制约和监督体系，加大监督力度，加强党内监督、人大监督、民主监督、行政监督、司法监督、审计监督、社会监督、舆论监督。④

四、结语

历史经验表明，世界社会主义运动兴衰成败的原因固然很多，但其中最

---

① 中共中央宣传部：《习近平总书记系列重要讲话读本》，第 92 页。
② 中共中央文献研究室编：《习近平关于全面深化改革论述摘编》，中央文献出版社 2014 年版，第 79 页。
③ 《习近平谈治国理政》，外文出版社 2014 年版，第 388 页。
④ 中共中央宣传部：《习近平总书记系列重要讲话读本》，第 93 页。

重要的一条规律是：重民主法制者兴，轻民主法制者衰，否民主法制者亡。[①] 国家和社会的和谐稳定、公平正义，均离不开"良法"和"善治"。经历过"文革"的浩劫，以邓小平同志为核心的第二代中央领导集体迫切地感受到建设社会主义民主法治国家的重要性，法制建设不仅得以恢复，而且呈现了根本性的转机。随着社会主义市场经济体制的确立，党的十五大把法治建设提到治国方略的高度，确立了依法治国、建设社会主义法治国家的目标。党的十八大以来，经过习近平同志为核心的新一届中央领导集体的接力，终于形成了"中国特色社会主义法治道路"的概念和理论，为"四个全面"战略布局的顺利实施和推进，为实现"两个百年"奋斗目标和中华民族伟大复兴的"中国梦"奠定了更加坚实的基础。

新中国成立以来，党的几代领导集体孜孜不倦地探寻切合中国实际的法治道路，他们的法治思想是建设中国特色社会主义法治理论体系的宝贵财富。值得一提的是，党的几代领导集体在发展社会主义民主政治、全面落实依法治国基本方略、加快建设社会主义法治国家时，一直贯穿着一条主线，这条主线就是坚持把党的领导、人民当家做主和依法治国有机统一起来。党的领导是人民当家做主和依法治国的根本保证，人民当家做主是社会主义民主政治的本质要求，依法治国是党领导人民治理国家的基本方略。坚持三者的有机统一，是加强中国特色社会主义民主法治建设必须遵循的基本方针。

纵观六十多年中国的民主法制建设，其发展脉络大致为：废除旧法—创制新法—法制毁坏—恢复法制—完善法制—依法治国—全面推进。[②] 中国共产党在治国理念、治国方略、科学立法和民主立法、依法行政、司法改革、法制教育等方面均取得举世瞩目的成就。同时，党在法治思想建设方面也积累了相当丰富的经验。比如始终坚持党对政法工作的领导，始终坚持走中国特色社会主义民主法治发展道路，始终高度重视法治在整个国家现代化建设中的战略地位和作用，始终坚持法治与经济社会协调发展，始终坚持以人为本，尊重保障人权，等等。[③] 中国用短短六十多年的时间就完成了西方发达国家在现代化进程中几百年才完成的法治积累，创造了一种不同于西方的全

---

① 李龙：《依法治国——邓小平法制思想研究》，江西人民出版社 1998 年版，第 14 页。
② 张晋藩：《法治的脚步：回顾新中国法制 60 年》，载《上海师范大学学报》（哲社版）2009年第 6 期。
③ 李林主编：《中国法治建设 60 周年》，中国社会科学出版社 2010 年版，第 41～43 页。

新的法治模式。[①] 中国近现代的语境与路径决定了中国法治的特质，也决定了全面推进依法治国必须从中国实际出发，走中国特色社会主义法治道路。这条道路的形成经历了一个由自发到自觉的过程。[②] 这个过程，正是中国法治现代化自主性发展的充分体现。

---

① 本书编写组：《完善中国特色社会主义法律体系问题研究》，中国民主法制出版社 2015 年版，第 46 页。
② 刘小妹：《习近平法治思想道路探析》，载《法学杂志》2016 年第 5 期。

中篇

中国特色社会主义

法治经济实践历程

国企改革的路径分析
与相关制度演进

提要

综观改革开放至今，国有企业改革的演进路径可分为六个阶段，这六个阶段又以 1992 年为界限，1992 年之前是管理与经营改革阶段，1992 年之后是产权与机制改革阶段。1992 年确立社会主义市场经济后，国企改革明显就从经营与管理方面的改革转向产权与机制方面的改革，特别是提出构建现代企业制度改革，这是与之前的改革有巨大区别的改变。国企制度演进路径呈现出由外在制度到内在制度、一般制度到宪法制度的依次递变状态。从国企改革到国资改革的逻辑说明，产权改革是国企改革的核心，就企业论企业是解决不了问题的，国企改革必须从更大视野和更大层面去推动。在制度变革中，只有通过不断的总结和学习，人类理性才有真正发挥的空间。

一、计划体制下国有企业发展束缚与困惑

从计划体制的所有制结构来看，由于公有制主体的自利性与差异性的存在，每个企业主体都希望社会的资源配置能使自己的效用最大化，也就是希望按自己的目标来影响中央的计划目标，这样必然造成中央计划目标与企业目标的偏离。从计划体制的运行动力来看，按劳分配作为国有企业一种"激励兼容"的体制是社会主义计划经济体制的主要动力因素。但由于计划体制经济中的按劳分配对信息有着严格的要求，而从计划体制运行实际来看这些信息条件是中央计划体制无法满足的，这必然决定按劳分配的动力机制在计划体制中是起不到作用的，实际实行的是按职务和级别分配，这也进一

步说明了计划体制的低效率。另外，由于中央计划体制的层次多、结构复杂，使得国企决策是上传下达的非现场决策，因而决策效率低是一种普遍现象。计划是建立在中央计划部门的理性之上，而中央计划部门的理性决策又是建立在对各地信息了解的基础上。由于信息的收集具有不完全、偏差和滞后的特点，再加上计划体制与市场体制相比信息传输的环节多、链条长，以及计划执行期间的实施时滞等因素的影响，这都使得中央计划部门的决策与企业实际情况出现偏差，计划体制所设想的国有企业有计划按比例发展是不可能达到的。①

毛寿龙认为："建立计划体制下国有企业的起因是想节约市场体制的交易成本，把私人劳动和社会劳动直接统一起来，从而提高劳动者的积极性。但是，由于在可分配资源非常有限的情况下，按劳分配在技术上很难实现，因而在实践中按劳分配制变成了简单易行的固定工资制。这就制约了劳动者的积极性。于是，为了保证计划体制的经济效率，计划体制建立了系统的行政监督制度。实践表明，行政监督不可能以较低的成本来改善计划经济的效率，而思想政治工作也不可能做到这一点，于是低效率就成了计划体制中普遍存在的老大难问题。"②

"由于传统计划体制下的财政体制在运行过程中高度地依赖于政府强制与政治动员等非经济因素的集中控制，而导致了普遍的财政资源配置的低效率，才使财政体制改革（变迁）被迫作为经济体制改革的启动器而凸显出来。"③ 郭灿鹏还认为，在计划体制国家，政府通过价格管制的分配效应来实现财政资源的占有和配置的结果，一定会使得政府压低农产品和原材料价格，通过价格"剪刀差"把农业等部门的剩余资金转移到工业部门，并以此作为强制性积累机制，这必然造成价格和结构的扭曲。④ 林毅夫等也认为，计划体制的赶超结构和重、化工业的发展战略也必然会造成工业结构的

---

① 周冰：《不可企及的目标——经典计划经济理论剖析》，长春出版社 1996 年版，第 40 ~ 105 页。
② 毛寿龙：《计划体制低效率问题再思考》（1995），摘自 2004 年 3 月 5 日《制度分析与公共政策》网站（Website in Institutional Analysis and Public Policy），http：//www. wiapp. com webmaster@ wiapp. org。
③ 郭灿鹏：《中国财政体制（1949 ~ 1979）变迁的效率》，载《改革》2001 年第 2 期。
④ 同上。

扭曲和弊端。[1]

由于计划体制的种种弊端，从 1978 年十一届三中全会以后，中国就拉开了国有企业改革的序幕，当然这个过程中也是逐渐探索、逐渐明确的。虽然改革已经走过了 30 多年，且在 1992 年正式确立社会主义市场经济地位，但就中国目前市场经济的完善程度而言，这个过程仍没有结束。[2] 僵化的计划经济体制的弊端所造成经济绩效的下降是同这种体制的本质属性联系在一起的，由于计划体制所实行有计划按比例生产规律与市场规律、价值规律存在冲突，从经济的长期发展来看，造成经济运行的低效是不可避免的。

社会主义高度集中的计划经济体制曾被认为是唯一的社会主义经济体制，并先后被几乎所有社会主义国家所采用，这并不是社会主义国家执政党的一时冲动，而是一种历史的产物。如何对待计划体制的实施和人们当时对计划体制所抱有的热情和必胜的信念，也必须从历史和社会发展的角度来看待。社会主义计划经济体制的形成有其特定的历史原因和条件。社会主义计划经济体制是在马克思主义理论指导下建立起来的，这种理论在思想和行动上已完全控制和制约了人们的思维。这种理论的基本内容包括两方面：一是按比例分配社会劳动，其经济意义在于提高劳动资源配置的效率，节约劳动时间；二是对资本主义私有制经济的否定。由于私有制直接产生了商品、货币和市场，长期以来在人们的思维中已经形成了资本主义私有制是万恶之源的错觉。所以，社会主义国家的人民要在较短时间内同传统的马克思主义理论和"优越的"计划体制实施"最彻底的决裂"是不可能的。

实行计划经济模式是实现赶超式经济发展战略的需要。社会主义公有制是在落后的经济基础上建立起来的，而实行计划经济模式，运用指令性计划和直接的行政调节，由国家直接控制积累和消费的比例，并通过非均衡的价格结构获取实现工业化所必需的积累资金，可以在短期内建立起比较完整的工业体系和国民经济体系，从而有助于实现赶超式的经济发展战略目标。而单纯地依靠市场的自发调节，虽然也能逐步实现工业化，却需要一个较长的

---

① 林毅夫：《再论制度、技术与中国林业发展》，北京大学出版社 2000 年版，第 125 页。林毅夫、蔡昉、李周：《中国的奇迹：发展战略与经济改革》，格致出版社、上海三联书店、上海人民出版社 2002 年版，第 87 页。

② 靳涛、张建辉、褚敏：《从中国 60 年两次制度变迁再反思计划经济与市场经济的迥异》，载《江苏社会科学》2011 年第 1 期。

过程。在社会主义计划体制建立的初期，它确实取得了巨大的效果，并在当时几乎被世界一致地认为计划体制确实是优越于市场体制的。所以，当社会主义计划体制在经济发展中遭受挫折时，要人们的思维在短时间内发生转变，完全否定计划体制是不现实的，也是不符合历史发展过程的。在当时，人们抱着对计划体制修补和完善的角度是完全正常和合乎逻辑的。随着社会主义建设的开展，当社会主义工业化过程基本实现以后，外延型或粗放型扩大再生产转变为内涵型或集约型扩大再生产的矛盾更加明显和尖锐；另外，劳动者的个人利益得到改善的要求也愈加强烈，人们对现有社会主义计划体制下的生产制度和分配制度的不满意也逐步强烈。此时，由于人们在对原有体制的改良过程中没有取得预期的效果，才会重新对计划体制进行深思和反省，在这种情况下，人们才逐步萌发用市场来替代计划的想法。

在 1956 年中共八大上，中国共产党就指出，"社会主义的生产关系总体上是与社会主义生产力相适应的，但也有不适应的地方。这实际上就是社会主义改革思想的萌芽。但 1957 年夏天以后，中国共产党的指导方针越来越偏离正确的方向，'左'的错误日益发展，直至发生十年'文化大革命'。"① 十一届三中全会以来，中国在改革的总设计师邓小平同志的领导下开始了对社会主义经典计划体制的改革道路。中国改革的最大特点就是按照总设计师的格言"摸着石头过河"和"不管黑猫、白猫，抓住耗子就是好猫"的原则展开的。林毅夫等也认为，"中国的改革并没有一个事先设计好的所谓'一揽子的改革方案'，已出台的改革措施及其改革强度是针对经济运行中出现的主要问题和社会承受能力确定的，……虽然中国的经济改革也不断出现起伏跌宕，但改革的基本线索十分清晰，改革目标也愈益明确。这就是从改进微观经营机制的放权让利入手，提高对企业和劳动者的激励，促进新增资源创造；借助于资源配置制度改革使这部分资源配置于在传统经济体制下受压抑的部门，达到加速经济增长和产业结构调整的初步目标。"②

从表 1 可以看出，在建立起以公有制为基础的计划体制后，中国经济获得了快速的发展，但从经济增长速度的变化来看，在排除一些特殊因素如

① 华东师范大学当代中国马克思主义研究中心：《社会主义发展的历史进程研究》，上海人民出版社 2001 年版，第 176～177 页。

② 林毅夫、蔡昉、李周：《中国的奇迹：发展战略与经济改革》，格致出版社、上海三联书店、上海人民出版社 2002 年版，第 173 页。

3 年自然困难等因素的影响外，可以看出中国经济增长的变化趋势是与其他社会主义国家的发展趋势相同的，也就是经济增长指标的增长速度随着时间的推移而呈明显下降趋势。

表 1　　　　　　　　　1952～1978 年中国经济增长指标　　　　单位：%

时间段	社会总产值	工农业总产值	国内生产总值	国民收入	积累率
"一五"	11.3	10.9	9.1	8.9	24.2
"二五"	-0.4	0.6	-2.2	-3.1	30.8
1963～1965 年	15.5	15.7	14.9	14.7	22.7
"三五"	9.3	9.6	6.9	8.3	26.3
"四五"	7.3	7.8	5.5	5.5	33.0
1976～1978 年	8.1	8.0	5.8	5.6	33.5
1953～1978 年	7.9	8.2	6.0	6.0	29.5

注：增长速度按可比价格计算，积累率按现价计算。

资料来源：国家统计局国民经济平衡统计司编：《国民收入统计资料汇编（1949－1985）》，中国统计出版社 1987 年版，第 2 页、4～46 页。

通过有关资料的比较和分析，我们可以初步得出结论，社会主义计划体制是一种可以在短时间内建立起的促使经济高速增长的经济体制，但这种体制所带来的经济高速增长并不能持久。传统经济体制尽管有可能在一段时间内会带来较高的经济增长，但其内在制度结构造成的劳动激励不足、资源配置效率低下和经济结构扭曲等弊端是不可避免的。社会主义国家建立的传统计划体制在强调分析阶级斗争的同时却假定阶级内部的同质性，没有对阶级内部的责任与义务、收入与付出、激励与约束的制度安排予以足够重视。由于社会主义社会内部也存在着资源的稀缺性与人的私欲之间的矛盾，社会主义内部也是不同质的，社会主义内部产权结构也在某些方面严重制约生产力的发展，这就导致社会生产率低下，人们工作积极性不高，人民生活相对贫困。另外，随着精神激励的递减效应，其对经济的影响能力也会日益下降。在上述种种因素影响下，国家经济增长速度的趋缓或下降，就成为不可避免的事情。

二、国企改革的路径分析

党的十一届三中全会后，中国进入了改革开放的新时代。市场取向的渐进式改革不断给高度集中的计划经济体制注入市场血液，而作为国民经济细胞的国有企业也进入了持续改革和构建现代企业制度的演进路径中，至今已有 38 个年头。国有企业改革的演进路径可以分为以下六个阶段：

（一）国企改革的六个阶段

1. 1978～1983 年，放松管制、物化刺激阶段

1979 年 7 月，国务院颁发了《关于扩大国营工业企业经营管理自主权的若干规定》和《关于国营企业实行利润留成的规定》，内容主要是：下放财政和物资分配权，通过增加工资、发放奖金、实行利润留成等方式，刺激地方政府、企业员工和经营者的生产经营积极性。放松管制调动了企业的生产经营积极性，企业管理人员和工人积极性得到提高，工作效率明显改善。在深化国企放权让利的改革中，人们也开始争论"全民所有制不等于国有制"、"国有企业不等于国营企业"的命题，这也为下一阶段市场机制改革奠定了基础。

2. 1983～1986 年，理顺关系、放权让利阶段

1983 年 4 月，国务院批复了《关于全国利改税工作会议的报告》和《关于国营企业利改税试行办法》，实际上这是进一步理顺国有企业与国家利益关系的改革，明确划清政府财政收入与企业可支配收入的界限。1984年 9 月又开始实施第二步利改税方案，即实行单一的征税制度，税后利润全部留给企业，由企业自负盈亏，从 1985 年 1 月 1 日起征。1984 年 10 月召开的党的十二届三中全会通过了《中共中央关于经济体制改革的决定》。这一决定在宏观上确立了社会主义经济"是在公有制基础上的有计划的商品经济"，经济体制改革的目标是建立有计划的商品经济新体制，在微观上提出了生产资料所有权与经营权分离的改革思路（即两权分离），确立了增强企业活力是经济体制改革的中心环节。

3. 1986～1992 年，增强活力、承包经营阶段

1986 年 12 月国务院发布了《关于深化企业改革，增强企业活力的若干

规定》，在规定中提到要推行多种形式的经营承包责任制，给经营者以充分的经营自主权。1986 年后，承包制在先试点后推广的节奏中普遍推广，使得企业领导人积极性和市场意识大幅提升，这对推动国有企业市场化改革起了积极的效果。但也必须看到，承包制下的国企如何定位，企业领导人与企业发展之间的关系如何维系，这都没有说清楚，这必然使国企承包人与政府主管部门存在多方位的复杂利益关系。此外，企业法人权的模糊也会使承包人行为存在短期效益和预算软约束等问题，这不仅不能使企业可持续发展，也必然给企业发展带来困惑。

4. 1992～2003 年，抓大放小、企业改制阶段

1992 年邓小平同志"南方谈话"之后，打破了思想上的禁忌。十四届三中全会通过的《中共中央关于建立社会主义市场经济体制若干问题的决定》，为这一阶段的国有企业改革提供了理论基础。十四届三中全会，中央提出建立社会主义市场经济体制，国企改革进入第二阶段，朱镕基总理明确提出国有企业要推进"抓大放小"及"建立现代企业制度"等国企改革战略。从十四届三中全会后的十年里，国企改革坚持"抓大放小"，特别是推动中小国有企业改制，让国有中小企业完全走向市场。十四届三中全会明确了国有企业改革的方向是建立"产权清晰、权责明确、政企分开、管理科学"的现代企业制度。而党的十五大提出，要把国有企业改革同改组、改造、加强管理结合起来。希望通过转变企业经营机制，建立现代企业制度，来提升企业竞争力，减轻国家负担。这一阶段，在宏观上确立了"社会主义经济是市场经济"的命题并建立与完善了社会主义市场经济理论，在微观上提出了现代企业制度是社会主义市场经济的微观基础，这是国企改革中非常大的进步和提升。但国企的改革并不是一件容易的事情，改革中如何做到鼓励兼并、规范破产、下岗分流、减员增效和再就业工程，形成企业优胜劣汰的竞争机制并不是一蹴而就的事情。

5. 2003～2013 年，国资改革、规范治理阶段

这个阶段以党的十六大为起点。十六大提出深化国有资产管理体制改革的重大任务，明确提出：国家要制定法律法规，建立中央政府和地方政府分别代表国家履行出资人职责，享有所有者权益，权利、义务和责任相统一，管资产和管人、管事相结合的国有资产管理体制。

从党的十六届三中全到党的十八届三中全会，也经历了十年，这个阶段

总的来看是以国有资产管理体制改革推动国有企业改革的发展阶段。在这个时期，中央、省、市（地）三级国有资产监管机构相继组建，《企业国有资产监督管理暂行条例》、《企业国有资产法》等法规规章相继出台，各级国资部门针对国有企业也明确了针对企业负责人经营业绩考核指标，使得国有企业改革又更上一层楼。但要看到，即便推出了以国资部门作为国有资产管理的实施监督部门，但理论上并没有完全解决国有企业的产权问题，国资部门的监管仍存在问题和漏洞，这表现在国有资本被侵吞、国企竞争力不足和国企内部人控制等问题仍没有根本改善。

6. 2013 年至今，分类改革、完善监管阶段

党的十八届三中全会决定明确提出，完善国有资产管理体制，以管资本为主加强国有资产监管，改革国有资本授权经营体制，组建若干国有资本运营公司，支持有条件的国有企业改组为国有资本投资公司。《关于 2014 年深化经济体制改革重点任务的意见》中提出"加快发展混合所有制经济，推进国有企业改革"。2015 年 8 月 24 日，《中共中央、国务院关于深化国有企业改革的指导意见》（以下简称《意见》）出台。该《意见》根据国有资本的战略定位和发展目标，结合不同国有企业在经济社会发展中的作用、现状和发展需要，将国有企业分为商业类和公益类。《意见》还提出以管资本为主推进国有资产监管机构职能转变。国有资产监管机构要准确把握依法履行出资人职责的定位，科学界定国有资产出资人监管的边界，建立监管权力清单和责任清单，实现以管企业为主向以管资本为主的转变。

从这一时期的国企改革来看，进一步分类管理国有企业，改变传统的国有资产管理方式，以"管资产为主"，这是有别于前一阶段的改革深化，这将有利于国有企业提升竞争力，提高国有资产运营效率。

实际上，从十一届三中全会到十八届三中全会的改革历程也能很好地归纳我国国有企业发展改革的演进历程：

1978～1984 年 十一届三中全会 承包经营与放权让利

1985～1992 年 十二届三中全会 政企分开与两权分离

1993～2002 年 十四届三中全会 现代企业制度与抓大放小

2003～2012 年 十六届三中全会 股份制与深化国资管理体制改革

2013 年至今 十八届三中全会 发展混合所有制与完善国资管理改革

（二）路径分析

1. 两阶段路径

（1）管理与经营改革阶段。

从 1979 年开始，国务院接连发布了扩大国营工业企业经营管理自主权、实行利润留成、开征固定资产税、提高折旧率和改进折旧费使用办法、实行流动资金全额信贷等文件，在京、津、沪等地进行了扩权让利试点。1981 年 12 月和 1982 年 11 月，国务院又分别批转了国家经贸委等单位拟订的《关于实行工业企业经济责任制若干问题的意见》和《关于当前完善工业经济责任制问题的通知》等文件，以加强国营企业内部经济责任制，提高经济效益。在此基础上，1983 年 4 月，国务院又批转了《关于国营企业利改税试行办法的通知》，并实行了两步利改税，希望通过税收杠杆的作用，增强国营企业的活力和动力。1986 年以后，国有企业改革则主要围绕着增强企业活力这个主题展开。主要实行的措施包括：简政放权、改革税制和实行厂长（经理）负责制。1987 年开始，国有企业改革进一步深化。这一时期的改革主要是重建企业经营机制，其具体措施是建立各种形式的企业经营责任制，例如企业承包制、小企业租赁制和股份制等。从 1987 年到 1991 年，主要采用的是承包制。

（2）产权与机制改革阶段。

1992 年以破"三铁"为中心的转换经营机制的改革；1993～1994 年开始的建立现代企业制度试点改革；1995 年以建立现代企业制度为中心的"三改一加强"、"分类指导，分批搞活"、"优化资本结构"、"减员增效"等改革；1996～1997 年出台的"抓大放小"、"资产重组"、"下岗分流"和"再就业工程"等改革措施。通过这一阶段的改革，搞活了一批国有企业，增加了企业的实力。2001 年 12 月出台《国有资产评估管理办法》（国务院令第 91 号）、《国有资产评估管理若干问题的规定》（财政部令第 14 号）等有关规定进行资产评估；评估结果出来后要按照规定核准或备案，作为确定国有产权出售、转让的定价依据。2002 年 3 月 11 日国家计委、国家经贸委和外贸部发布了《外商投资产业指导目录》，随后又出台的《关于规范国有企业改制工作的意见》、《企业国有产权转让管理暂行办法》中涉及企业国有产权转让的内容，也对外资并购、重组国企具有指导和规范作用。

2002 年 11 月 1 日又出台了《关于向外商转让上市公司国有股和法人股有关问题》。紧接着，2002 年 11 月 8 日出台了《利用外资改组国有企业暂行规定》。2003 年 1 月 3 日颁布了《关于审理与企业改制相关民事纠纷案件若干问题的规定》，内容涉及向有关部门提请批准改制方案、操作实施改制方案、召开新公司的创立大会或首次股东会议、完成企业法人登记手续和税务登记、完善有关权属登记等。2008 年 10 月通过的《中华人民共和国企业国有资产法》，于 2009 年 5 月开始实施。《中央企业境外国有资产监督管理暂行办法》经国务院国有资产监督管理委员会第 102 次主任办公会议审议通过，自 2011 年 7 月 1 日起施行。2014 年 8 月 18 日，国企改革领导小组第四次会议提到央企负责人薪酬改革；2015 年 6 月 5 日，第十三次会议提到党管国企、防止国有资产流失；2015 年 8 月 18 日提到在国企改革领域推出"力度大"的改革方案。2015 年 8 月 24 日《中共中央、国务院关于深化国有企业改革的指导意见》出台。

2. 渐变与突变

总的来看，为了提高企业活力，1978 年至 1992 年的国企改革试图在国有国营的前提下，调整政府与企业的关系，通过下放权力，使各类企业在产、供、销和人、财、物等方面拥有一定的经营自主权，成为相对独立的经济实体。中国的国有企业改革以调整国家和企业的利益关系为主线——通过赋予国有企业经营自主权——建立适应市场经济机制的企业制度。在这期间主要实施了两项改革：一是政府逐步减少了经营中指令性计划的比例，例如，纳入指令性计划的产品已由 1979 年的 120 多种减少到 1990 年的 58 种；二是国家颁布了一系列关于扩大企业自主权的行政法规，这些法规主要包括产品销售权、定价权、要素选购权、自有资金管理权等。在税收制度上，政府还实行"利改税"，主要目的是划清政府财政收入和企业可支配收入的界限，并形成国家财政收入与税收挂钩，企业收入与利润挂钩的制度。1992 年以后，股份制成为国有企业改革进一步深化的具体措施。建立现代企业制度的核心和关键是产权问题，但是产权问题不是建立现代企业制度的全部。改革的根本缺陷，在于试图绕过产权制度改革，直接在政府与企业之间实行所有权和经营权的分离，而缺少法人所有权做基础，这样的两权分离必然导致政企分而不开和企业负盈不负亏，发生国有资产的流失也就在所难免。国有资产立法从 1993 年开始启动至今，我们的国有资产立法虽然在国有资产基础管理与经营的法律规制上取得了一些进展，也草拟了一个国有资产法的初稿，但是，国有资产立法的一些根本性的战略性的重大问题并未触及与解决。第十届全国人大成立后，高度重视国有资产的立法工作，将国有资产立法列入五年立法规划，并成立了阵容强大的国有资产立法起草小组，已着手任务繁重的立法工作。目前看来，国有资产立法应明确以下重大思路：国有资产立法牵涉面广，涉及的问题多，对中国改革实践的影响面大。国有资产的立法进程既是一个启蒙全体国民权利意识的过程，又是一个解决中国具体实践问题的过程。

中国国有企业改革总的来看是一个渐变的过程，但在一些特殊的时间点又表现出突变，如在1992年确立社会主义市场经济后，国企改革明显就从经营与管理方面的改革转向产权与机制方面的改革，特别是提出构建现代企业制度改革，这是与之前的改革有巨大区别的改变。这一变化说明，国企改革是经济体制改革的一部分，国企改革的前进步伐受到经济体制改革的制约和束缚，没有经济体制改革的巨变不可能推动国企改革的巨变。2013年11月，党的十八届三中全会明确全面深化改革的总目标。自2013年年底以来，全面深化国企改革的"顶层设计"一直在有序制定和推进过程中，新一轮的国企改革更应看做是国资的改革，这实际上也是一个巨大的变化。目前，党的十八大提出突出市场经济的主导地位，因为本轮改革的核心不仅包括国企内部的改革，更重要的是改革国有资产管理体制。本轮国企改革面临的问题比以往更复杂，但市场也最为期待。一方面，目前国有企业政企不分、效率低下、债务高企的问题愈发突出，只有改革才能找到出路。另一方面，目前改革的顶层设计和协调能力比以往更强，后续改革的力度和广度都值得期待。

三、国有企业改革的制度演进特征与启示

（一）制度演进

（1）国企改革制度演进呈现由外到内、由表及里的渐进过程，但在关键时期也呈现质变特征。渐进式转型理论认为转型应该是逐步推进和分阶段展开的，因为各个国家的现实国情不同，人们的理性也不可能构建出一个符合本国实际的市场体制来实施，并且在转型过程中，人们的思想和工作方式

以及政府的功能定位和回归都需要一定时间的调整和适应，任何急功近利和拔苗助长的方式和热情都是极其有害的。

中国、越南与俄罗斯和波兰等东欧国家不同，采取了渐进的改革方式，或可以称为一种经济增长和经济转型相辅相成的增量式改革。就像邓小平所说的"摸着石头过河"那样，边试验边推进，先选择改革成本和阻力较小的部门和领域，然后再向其他领域和部门推广。由于这种改革可以在不触动既得利益者（未改革领域）的情况下，使改革领域内大多数人的福利获得改善，从而赢得更多的人支持和响应改革，实现从易到难、由浅入深，使得转型不断深化和向前推进，并最大限度地保证经济的平稳增长和国家的相对安定。

当中国刚选择渐进式转型路径的时候，大多数学者并不看好，他们大多更青睐激进式改革，认为改革还是应当一步到位和急风骤雨，而不能拖拖拉拉，走一步退半步。不过，随着转型的不断深入，采取不同转型方式的国家获得了令人瞩目的成果，支持渐进式转型的学者也与日俱增。就目前来看，主要有以下学者支持和倾向渐进式改革，他们是：罗兰（Gerard Roland）、麦金农（Ronald Mckinnon）、诺顿（Barry Naughton）、布兰查德（Divier Jean Bianchard）、缪瑞尔（Peter Murrell）、钱颖一（Yingyi Qian）、斯维纳（Jan Svejnar）、科勒德克（Grzegorz W，Kolodko）、麦克米伦（John Mcmillan）、阿吉翁（Philippe Aghion）、魏尚进（Shangjin Wei）、林毅夫（Justin Yifu Lin）等。而中国国内的学者也大都支持渐进式改革道路。

张军在《中国过渡经济导论》中阐述到，"80年代末，西方许多经济学家大多感到，中国所走的局部改革道路似乎已经走进了一种半途而废的尴尬境地：产权改革严重滞后、制度创新严重短缺，中国的经济体制被改成了一种既非社会主义也非资本主义的'四不像'体制。可是中国的经济不仅没有在1989年以后走向停滞，而且在这种改革方式下获得了自1976年以来最有活力和最好的增长期。这似乎难以用西方主流经济学的理论学说加以说明，这种不一致的局面最近被英国剑桥大学的彼得·诺兰（Peter Nolan）称为'中国之谜'。"①

布坎南（James M. Buchanan）也批评说，市场制度是自由交易的制度，

---

① 张军：《中国过渡经济导论》，立信会计出版社1996年版，第17页。

这种制度的有效运转依赖于能促进自由交易的制度结构和能适应并按照市场理念行动的个人，而这些制度结构和具有市场理念的个人又是长期历史发展的产物，认为市场经济可以在没有历史、没有制度结构和没有市场理念的条件下形成并发挥作用的想法，是一种天真的想法。① 科尔奈对向市场体制转型总结性地说道，"宏观稳定不是一次战役，而是一场无止境的战争。稳定性不能通过突然袭击方式获得。制度变革只能通过一系列大大小小的改革来逐步完成。我现在认识到了这一点，我很后悔当初在《路》② 中没有重点提出。"③

（2）国企制度演进呈现由外在制度到内在制度、一般制度到宪法制度的依次递变状态。马克思关于社会经济制度演化的逻辑思维中贯穿着两条主线，一个是关于人类社会生活的结构方面的理论；另一个是关于人类历史发展过程的理论。关于结构方面，生产力和生产关系、经济基础与上层建筑是马克思在分析社会结构方面最基本的概念范畴。马克思主义认为，在人类社会发展历史上，生产力决定生产关系，有什么样的生产力，就什么样的生产关系或经济制度与之相对应。在马克思看来，完整的社会制度是由经济基础和上层建筑这两个相互联系的层次组成的。马克思对由生产力决定的唯物史观做过如下表述："人们在自己生活的社会生产中发生的一定的、必然的、不以他们的意志为转移的关系，即同他们的物质生产力的一定发展阶段相适合的生产关系。这些生产关系的总和构成社会的经济结构，即有法律和政治的上层建筑竖立其上并有一定的社会意识形式与之相适应的现实基础。物质生活的生产方式制约着整个社会生活、政治生活和精神生活的过程。不是人们的意识决定人们的存在，相反，是人们的社会存在决定人们的意志。社会的物质生产发展到一定阶段，便同它们一直在其中活动的现存生产关系或财产关系发生矛盾。于是，这些关系便由生产力的发展形式变成生产力的桎梏，那时，社会革命的时代就到来了。随着经济基础的变更，全部庞大的上层建筑也或慢或快发生变革。"④ 马克思认为在人类社会制度演化的过程

---

① 布坎南：《自由市场与国家》，北京经济学院出版社 1988 年版。转引自张宇：《过渡政治经济学导论》，经济科学出版社 2001 年版，第 44 页。
② 是指作者 1990 年出版的《通向自由经济之路：从社会主义体制转型——以匈牙利为例》。
③ 科尔奈：《后社会主义转轨的思索》，吉林人民出版社 2003 年版，第 19 页。
④ 《马克思恩格斯选集》第 2 卷，人民出版社 1995 年版，第 32～33 页。

中，人们为了生存而进行的物质生产劳动是人类生存的第一个前提和首要基础，这也是"一切历史的第一个前提"。① 在此基础上随着科学技术的发展和新的生产形式的出现，又会引起生产组织的变化，而生产组织的变化又会引致社会生产关系发生变化，最终引起政治和法律等上层建筑的变化。在历史唯物主义和社会发展理论中，马克思清晰地表述和阐明了在生产力发展中经济基础和上层建筑的关系，马克思也清晰表述了社会发展的基本规律和秩序，那就是随着生产力的发展，先改变与之不适应的生产关系，然后才会逐步变化到上层建筑方面。从许多国家发展和改革的历程及实践中也清晰表明了马克思的理论和学说是非常正确和经得起历史检验的。

改革和转型的根本目标是发展生产力和提高人们的社会福利水平。任何为了转型而推动转型的想法和任何不切合实际的拔苗助长的想法，都是错误和有害的。关于社会转型，科尔奈曾说过一句很经典的话："社会的转轨不是赛马，成功的主要标志不是谁最先冲过了终点线。"②

（3）国企改革涉及多方面的问题，相关制度变迁呈现交叉性、多元性和复合性。首先，社会主义与市场并不矛盾，这是国企改革的基本原则。人们在对社会主义的理解中出现偏差，才造成社会主义和市场体制水火不容的表象。社会主义正如其早期人们理解的那样，它只是相对于个人主义的一种观念，并不是指政治上特定社会的组织方式。所以，可以认为公有制、计划体制、按劳分配等社会主义制度下的传统制度模式与社会主义思想并不一定存在本质的关联。哈贝马斯（Jurgen Habermas）就认为，在经济领域本身，指导原则是盈利、效率和成功，而正义、团结、关怀等通行于生活世界的原则和价值，只能通过福利国家的事后调节来体现。③ 所以，我们可以在看待社会主义与市场的结合时，把市场原则和社会主义伦理道德结合起来才是社会主义市场经济的真正精髓。其次，市场原则就是把经济合理性的原则限制在市场发生作用的经济领域④，而在其他领域加强社会主义道德和观念的建

---

① 《马克思恩格斯选集》第 1 卷，人民出版社 1995 年版，第 32 页。

② 科尔奈：《后社会主义转轨的思索》，吉林人民出版社 2003 年版，第 20 页。

③ Habermas, J., Autonomy and Solidarity, Peter Dews（ed.）, New Left Books, London, pp. 91 - 92. 转引自华东师范大学当代中国马克思主义研究中心：《社会主义发展的历史进程研究》，上海人民出版社 2001 年版，第 320 页。

④ Habermas, J., "What does Socialism Mean Today?" P. 9. 转引自华东师范大学当代中国马克思主义研究中心：《社会主义发展的历史进程研究》，上海人民出版社 2001 年版，第 320 页。

设，如强调社会公平、社会福利最大化和道德伦理等方面。在市场体制下，由于每个经济主体的决策是自我为主的分散决策，他们在决策中不需要了解和掌握整个国民经济中每个部分的信息和数据，只需了解与自己有关方面的信息就可以很快地做出决策，这样在市场体制下信息问题可以很好解决。从激励方面来看，由于在市场体制下每个经营者和决策者是自负盈亏、独立核算的生产单位和经济个体，个人和单位在市场关系中的收益取决于自己的努力程度。所以，在市场体制下激励问题也可以很好解决。从机制设计理论的分析可以看出，市场体制是一个可以自发调节经济运行和持续发展的有效机制。这说明市场体制在组织和调节资源配置和社会生产方面确实比计划体制是有效率的。①

经济系统主要是在自发演化的基础上逐渐形成和发展的，长期形成的习俗、习惯、惯例和社会文化及传统礼仪道德都成为市场惯例的一部分。在计划体制形成以前，在这些国家不发达的市场经济中，这些非正式的市场惯例在节约交易成本和维护市场行为方面都起到了重要作用。并且这些非正式市场惯例也是各个国家的经济系统在长期发展演化过程中形成和起作用的。但从计划体制的构建和形成来看，可以说从不发达的市场经济转型到计划体制经济是一次非连续的转型过程，因为计划体制不是在以前经济系统自发演化的基础上形成的，恰恰相反，它抑制和严格制约非正式市场惯例的自发作用。所以，从经济系统的演化规律来看，计划体制的建立是人类经济系统自发演化过程的一次"逆向运动"，也是人类历史上关于人类理性作用的一次最伟大的试验。

南开大学的学者张仁德等人在世界各国普遍采用的要素综合分类的基础上，将经济体制大致分为市场经济体制和计划体制两大类；然后，按两种体制实际所呈现出的历史特征，分别将其归类为古典体制、现代体制、传统体制和改良体制；最后，再根据经济体制的构成要素某方向最为突出的特征，将现代体制分为有调节的市场经济和不发达的市场经济体制，将改良体制分为自治社会契约经济和行政分权计划经济等（见图1）。②

---

① 靳涛：《经济体制转型中的演进与理性》，厦门大学出版社2005年版，第120~135页。
② 张仁德：《比较经济体制学》，陕西人民出版社1998年版，第83页。

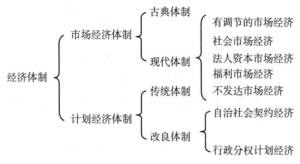

图1　经济体制分类图

从图1看，中国和苏联、东欧等转型国家目前都应该属于市场经济体制大类中的现代体制亚类中，当然，它们可能在更具体的小类中存在差异。

（4）国企改革与中国经济转型高度相关，其演进秩序呈现不规则性和反复性。在探究制度变迁的动因时，我们必须考虑一个问题，那就是国企改革和经济转型的关系是什么？其实，国企改革是经济转型的一部分和重要支点，没有国企的改革就不可能顺利实现中国的经济转型。从这个逻辑来看，国企改革和中国经济转型是一脉相承的。从经济学的角度说，国企改革和经济转型的目的都是为了经济的发展和人民福利水平的提高。改革和转型的目的是为了"提高发展能力，而发展政策应当能充分利用现有制度的优越性。……改革还应当被看成是长期发展政策的一个工具，而不应将其本身视为一个孤立的目标。只有当生产率增长、竞争力与效率提高，从而生活水准——包括消费、社会资本质量和自然环境方面——必然也提高时，才能说正在发生的变化是合理的。"① 可以认为，通过国企改革和转型来提高社会福利水平，提高人们在新制度下能享受到的更多的预期目标，是人们支持和推动转型和制度变迁的直接原因。

（5）国企改革是一个系统工程，它不仅涉及国有资本运行效率问题，同时也涉及国家安全等多方面问题，此外，国企本身也呈现多样性。从改革的实践看，仅凭单一的产权改革或者经营机制改革都很难全面解决问题，必须要多方面、多维度、多层次地推动改革才能取得较好的效果。

其实社会经济系统本身是一复杂的开放系统，系统内各要素之间，内部

---

① 格泽戈尔兹·W·科勒德克：《从休克到治疗：后社会主义转轨的政治经济》，上海远东出版社2000年版，第6页。

要素与外部环境之间存在着复杂的相互联系和相互影响。社会经济系统的演化从本质上来说是属于非线性系统运动，也就是说经济系统之间，以及它们与外部环境之间存在的关系是非线性的。它们之间的关系可用正反馈、负反馈和正反馈、负反馈复合的反馈环来表示。国企改革是经济体制的转换，从复杂系统来理解转型就是系统组织力的转换。就一般的复杂系统来看，它是不存在系统组织力转换的，如生命的生长、生物的进化是属于自组织演化过程，这一过程一般不可能变为他组织的控制过程；而机器的运转、房屋的建造是属于他组织控制的，它也不可能转化为自组织演化过程。而从人类社会所处的社会经济系统来看，它却是一个既可以在自组织下演化又可以在他组织下控制的特殊复杂系统。

中国的改革之路也是这样，是传统意识观念与思想理论新探索之间冲突与斗争的过程，从计划与市场的讨论，到姓"资"姓"社"的争论，还有按劳分配与按要素分配的探讨，都反映了两种力量的冲突和斗争。而从有计划的市场体制，以计划体制为主、市场体制为辅到建立社会主义市场经济体制的复杂曲折过程无不是这两种力量博弈和冲突的结果，而改革的路径也反映出了两种力量的对比变化。

（二）主要启示

（1）制度的演进是一种长期过程，国有企业作为计划经济的微观主体，其改变绝非短时间内可以完成，任何幻想通过"毕其功于一役"来解决国企问题是不现实的。在制度变迁和改革过程中，会有两种结果伴随着改革结果，一种是有效和报酬递增的自增强路径，另一种是被锁定的某种低效率制度的自我维系之中。第一种路径可以在经济系统自增强的作用下达到自己所要达到的目标，而另一种路径则会使得社会矛盾越积越深，很难走出和达到预期的改革目标。十一届三中全会以后，中国在改革开放总设计师邓小平同志的领导下开始了社会主义经典计划体制的改革道路。但中国改革的最大特点就是按照总设计师的格言"摸着石头过河"和"不管黑猫、白猫，抓住耗子就是好猫"的原则展开的。林毅夫等也认为："中国的改革并没有一个事先设计好的所谓'一揽子的改革方案'，已出台的改革措施及其改革强度是针对经济运行中出现的主要问题和社会承受能力确定的……虽然中国的经济改革也不断出现起伏跌宕，但改革的基本线索十分清晰，改革目标也愈益明确。这就是从改进微观经营机制的放权让利入手，提高对企业和劳动者的激励，促进新增资源创造；借助于资源配置制度改革使这部分资源配置于在传统经济体制下受压抑的部门，达到加速经济增长和产业结构调整的初步目标。"①

从计划体制向市场体制的转型中，大多数有效的策略都是微观主体在不断试验和不断创新的基础上取得的，因为每个国家都会面临不同的转型问题，所以，没有人能够预见到底什么转型策略是有效的。任何主观建构和照抄照搬国外的模式往往都是行不通的。在这种条件下，政府通过给微观主体留足尝试制度创新的试验空间，并在政策和财力方面多给予支持可以获得较好的效果。

（2）法制的完善，产权的明确也是一个博弈和演进的过程，其演进过程呈现从外围到核心、从外在制度到内在制度、从一般法规到宪法秩序渐变的过程。在市场体制形成过程中，企业家和各种市场组织的成长和发育都是一个循序渐进的过程，在这个过程中，政府通过保护私有产权、取消管制和放松市场进入等举措都可以对市场主体的不断壮大起到重要促进作用。另外，市场体制的运行是建立在一套完善的法律法规基础上的，只有通过法律、法规的配套，市场体制才能发挥出其配置资源、协调生产和消费的潜能。

（3）从国企改革到国资改革的逻辑说明，产权改革是国企改革的核心，就企业论企业是解决不了问题的，国企改革必须从更大视野和更大层面去推动，没有国资的改革仅靠国企改革是解决不了本质问题的。

产权不仅可以解决激励和效益问题，其本身也可以改善资源配置水平和效率。从渐进式道路来看，国企改革的渐进性一方面削弱计划体制的影响，另一方面逐步建立市场体制，并不断培育和发展市场要素（自组织结构），其实这对产权的明晰是不利的。由于计划体制的消除是渐进的，私有化也是渐进的，产权的模糊性必然是存在的，而不断放开价格和加强各行业的竞争，又会使市场体制的自组织结构区形成交易的规则和框架。产权的不明确，必然会导致寻租和腐败的产生。在渐进式转型的国家存在一个大的问

---

① 林毅夫、蔡昉、李周：《中国的奇迹：发展战略与经济改革》，格致出版社、上海三联书店、上海人民出版社2002年版，第173页。

题，就是双轨制长期并存的问题，双轨制的存在会带来一些如寻租、腐败等负面问题；另外，就是市场体制的自组织结构可能会受到一定的影响和变形。所以，渐进式国家在时机成熟以后，要尽快消除双轨制，尽快建立完全的市场体制并明晰产权。

就目前来看，国企改革的核心已进入国资的改革，为什么新加坡淡马锡控股作为100%的新加坡国有企业能有如此高的效率？实际上，淡马锡控股的经验就是明晰企业的责权利，新加坡国资运行的高回报就是市场改革和明晰产权的结果，淡马锡的经验也告诉我们企业就是要在竞争力上发展和壮大。

（4）法制的构建需要整个宏观环境的改变，国企法律法规的完善需要不同层面的法律法规的配套完善，而这与整个国家和社会的法制环境有关。这说明制度是耦合和互相联系的，任何单一制度的改善必须要有其他配套制度的改善才有效果，否则可能就不会产生有效的结果。

四、结语

中国的国企改革之路是传统意识观念与思想理论新探索之间冲突与斗争的过程，从计划与市场的讨论，到姓"资"姓"社"的争论，还有按劳分配与按要素分配的探讨都反映了两种力量的冲突和斗争。而从有计划的市场体制，以计划体制为主、市场体制为辅到建立社会主义市场经济体制的复杂曲折过程无不是这两种力量博弈和冲突的结果，而改革的路径也反映出了两种力量的对比变化。但不可否认，无论是苏联、东欧国家还是中国、越南的转型方式在这两种力量的博弈过程中，它们最后选择的转型目标和方向都是市场体制，这也说明不同的斗争方式和不同的博弈模式在长期和重复博弈的框架下博弈结果也会是趋近的。这也说明转型的过程必定与人类社会发展历程是一致的，这个过程既是传统意识形态与思想理论新探索冲突、斗争的过程，也是人类社会向前发展和进步的过程。

由于人类理性是有限的，在国企的改革与演进中，人们不可能构建出一个清晰的转型目标然后去实施，人类只能在实践理性的启发下才会逐步找到有效的路径和合理的方式。当然，这种实践理性也可以看做是人类的"批判性"和"反思性"理性。总之，在制度变革中，只有通过不断的总结和学习，人类理性才真正有发挥的空间。

附录：国企改革路线图：寻找市场与法制的契合点

1978 年，中共十一届三中全会召开。

1979 年，国务院发布《扩大企业自主权，并实行拨改贷》。

1980 年，国务院批转《国有企业利润留成试行办法》。

1981 年，国务院实行《工业生产经济责任制的暂行规定》。

1982 年，国务院批转《关于国有企业全面整顿的决定》。

1983 年，国务院批转《国有企业利改税试行办法》。

1984 年，国务院批准第二部利改税，实行"以税代利"；国务院发布《关于进一步扩大国营工业企业自主权的暂行规定》。

1985 年，国务院批转《进一步扩大企业自主权规定》；《企业破产法》草案通过试行。

1986 年，实行承包经营责任制试点草案。

1987 年，石家庄造纸厂厂长马胜利成为承包第一人。

1991 年，山东诸城开始试点国有企业产权改革，推行股份制试点，国企资产卖给个人。

1992 年，十四届三中全会提出《建立社会主义市场经济体制》；国务院发布《全民所有制工业企业转换经营机制条件》。

1993 年，开始实施现代企业制度试点。

1994 年，国务院实施《分税制改革》；国企预算软约束受到制约；《公司法》正式颁布。

1996 年，国家经贸委宣布"抓大放小"。

1997 年，十五大提出中国社会主义初级阶段的基本经济制度。

1998 年，实施建立现代企业制度和国企战略性改组。

1999 年，十五届四中全会通过《中共中央关于国有企业改革和发展若干重大问题的决定》。

2002 年，完善股份制和建立现代产权制度；十六大提出"改善国有经济布局和结构，改革国有资产管理体制"，指出"继续调整国有经济的布局和结构，改革国有资产管理体制，是深化经济体制改革的重大任务"；十届人大一次会议通过了国务院政府机构改革方案，决定设立特设机构——国务院国有资产监督管理委员会。

2003 年，国务院颁布实施《企业国有资产监督管理暂行条例》；国务院国有资产监督管理委员会挂牌成立；国资委和中组部一起先后拿出 141 个中央企业高管职位面向全球公开招聘。

2004年，国资委选择宝钢等7家国有独资的中央企业进行董事会试点工作。

2006年，国资委加大中央企业兼并重组力度。

2007年，国务院确定了中央企业按照企业合并报表净利润8%的综合比例上缴国有资本收益，央企首次开始上缴利润。

2008年，《企业国有资产法》通过人大评议；国资委发布《关于中央企业履行社会责任的指导意见》。

2009年，《企业国有资产法》施行。

2011年，推动具备条件的国有大型企业实现整体上市，不具备整体上市条件的国有大型企业要加快股权多元化改革；"十二五"规划纲要提出"探索实行公益性和竞争性国有企业分类管理"。

2012年，国务院国资委发布《关于国有企业改制重组中积极引入民间投资的指导意见》。

2013年，国务院国资委召开专题会议响应十八届三中全会作出的总部署；国务院国资委提出从五个方面完善国有资产管理体制；国资委召开2014年中央企业、地方国资委负责人会议，对深化国资国企改革作出部署；十八届三中全会提出"积极发展混合所有制经济，完善国有资产管理体制"。

2014年，国资委启动"四项改革"试点工作，中粮等六家央企入选首试点名单；中共中央政治局8月29日审议通过了《中央管理企业负责人薪酬制度改革方案》；国务院国有企业改革领导小组成立；中央经济工作会议提出，推进国企改革要奔着问题去，以增强企业活力、提高效率为中心，提高国企核心竞争力，建立产权清晰、权责明确、政企分开、管理科学的现代企业制度。

2015年，国资委全面深化改革领导小组召开第二十次全体会议，审议并原则通过了《国资委全面深化改革领导小组2015年工作要点》及相关文件；全国"两会"政府工作报告提出，加快国有资本投资公司、运营公司试点，打造市场化运作平台，提高国有资本运营效率；全国经济体制改革工作会议，将深化国企国资、重点行业、非公经济等改革议题放在突出位置；国家发改委出台《关于2015年深化经济体制改革重点工作的意见》，首次明确了深化国企国资改革的"1+N"方案；国务院国资委发布《2015年度指导监督地方国资工作计划》，对地方国企改革做进一步规范和指导；审议通过了《关于在深化国有企业改革中坚持党的领导加强党的建设的若干意见》，《关于加强和改进企业国有资产监督，防止国有资产流失的意见》；国务院《关于深化国有企业改革的指导意见》正式发布。

中国土地制度（农村）演进与转型评析

提要

　　本章主要对新中国成立后中国农村土地制度的变迁做了一个逻辑的梳理和历史的回顾，并在此基础上结合中国农村土地制度演进的趋势作了一些评论和推断。在制度变迁和改革过程中，伴随着改革结果将出现两种结果，一种是有效和报酬递增的自我增强路径，另一种是被锁定的某种低效率制度的自我维系机制的存在。从中国农村土地使用制度的转型过程来看，转型需要一个渐进和连续的演化过程，因为完善和适合本国实际的市场体制（自组织结构的完善）不是短时间内可以完成的。向市场体制转型过程一般经过变迁的准备阶段、转型的开始阶段、转型的全面推进阶段和转型的后期整合阶段。土地制度转型的过程很多时期并不是在提出一个明确的目标后付诸实施的简单过程，而是一个逐步摸索和逐步清晰的过程，是通过在转型期的磨合和演化中逐步达到目标的。

　　中国是一个具有五千多年历史的农业大国，中国的土地制度经历了原始公社的氏族共有制、奴隶制时期的"井田制"、封建社会地主私有制与小农私有制并存、社会主义社会公有制等不同形态。原始社会实行氏族公社土地公有制度，夏商周时期实行土地国有制——井田制，而春秋时期，井田制开始瓦解，在战国时期，井田制被废除，此后，封建土地所有制确立，一直延续了两千多年。不难看出，中国地主土地私有制从秦汉时的不完全、不自由状态，到唐宋时的相对完全、相对自由，再到明清时的土地市场发达和土地买卖交易活跃，中小地主和土地私有制在宽松环境中得到充分发展。均田制是中国古代一项重要的土地制度，产生于北魏，继之后的北齐、北周以及隋唐都承袭了这一制度。随着地主经济的发展壮大，土地兼并也随之日益严重。均田制形同虚设，到了唐代中叶，均田制终于退出历史舞台，有宋以降，租佃制开始流行。总的来看，我国古代土地制度主要有三种：即原始社会的土地氏族聚落所有制、奴隶社会的土地国有制（井田制）和封建社会的土地私有制（包括爰田制、屯田制、占田制、均田制和租佃制等）。

对传统农业社会的中国来说，由于土地是最重要的生产要素，土地是农业发展的基础，中国农村社会经济发展历程，实际上就是一部农村土地制度变迁的历史。冯友兰在《中国哲学简史》中提到："在一个农业国家里，财富的首要基础是土地。因此，在中国历史上，一切社会、经济思想以至政府的政策措施都以土地的分配和利用为中心。"

一、新中国成立前土地制度演革

我国历史上土地制度经历了三个阶段，一是原始社会的土地公有制，二是奴隶社会的土地国有制，三是封建社会的土地私有制。原始公社的氏族公有制不用多讲，我国奴隶社会的土地制度实行的是井田制，就是把土地化成方块状，呈井字排列。中间核心为公田，周围八块为私田。私田是分给农民，农民不仅要种私田还要种公田，这就是所谓的井田制。在数千年的封建社会，中国土地制度是封建主占有大多数土地，农民没有或者只有少量土地。中国封建社会的土地制度，主要是租佃制。总的来看，我国封建社会的土地所有制可归为三种形式：即封建国家土地所有制、地主土地私有制和自耕农土地小私有制。当然，地主土地私有制是封建土地所有制的主体形式。我国封建社会的土地经营使用制度又可细分为租佃经营、雇工经营、地主庄园经营、屯田经营、自耕农经营等多种形式。太平天国时期土地制度是第一次否定封建地主土地所有制，实行《天朝田亩制度》，即把每亩土地按每年产量的多少，分为上、中、下三级九等，然后好田坏田互相搭配，好坏各一半，按人口平均分配。民国时期的土地制度还是延续封建土地制度的基础，土地所有制有四种形式，即国家土地、私人土地、公共团体土地和土司土地；地主土地和国家土地以及公共团体土地主要以出租方式经营，自耕农和佃农主要是以家庭式的小农方式经营其土地，土司土地的经营方式大多采取农奴制；佃农耕种的土地收获物的一部分作为地租交与地主，另一部分作为自己的生活生产资料；自耕农的土地收获物一部分和地主地租的一部分作为赋税交与政府，另一部分作为自己的生活生产资料。新中国成立前中国工地制度变迁格局如表1所示。

表1 　　　　　　　　　　新中国成立前中国土地制度变迁格局

朝代	土地制度特征
夏王朝建立之前	原始群时期和氏族制度时代，实行原始群土地公有制。
西周	西周实行井田制，它是奴隶社会的经济基础，是一种土地国有制（一切土地周王所有），这个时期土地制度从原始社会的氏族公有制变为奴隶社会的土地国有制。
春秋	春秋时期，齐国的"相地而衰征"指根据土地多少和田质好坏征收赋税；鲁国的"初税亩"实行按亩收税，它们不再区分公田、私田，都促使土地由国有制向私有制转化。
战国	战国时秦国的商鞅变法，重农抑商，奖励耕织；废除井田制，以法律形式确立土地私有。
秦	秦朝开始实行土地私有制，按亩纳税；当时土地兼并严重，农民承担的徭役繁重、赋税沉重。
汉	西汉实行编户制度，正式编入政府户籍的百姓（编户齐民）依据资产多少承担赋税、徭役、兵役。
三国	曹魏时期实行的是屯田制，西晋推行占田制和课田制。
隋	实行均田制（按人口分配国家掌握的土地），隋和唐朝前期实行租庸调制。隋朝农民年满五十，可纳绢代役。
唐	中前期实行均田制，后期由于土地兼并盛行，均田制无法推行，租庸调制无法维持，国家财政收入大为减少。唐德宗时实行两税法，即两种征税标准（资产、田亩）和两个交税时间（夏、秋两季）。
宋、元	北宋初在各路设转运使，规定地方赋税大部分转运中央，消除了地方割据的物质基础；中央设三司使管理财政收入。北宋时期"不抑兼并"，土地兼并严重。
明	明初，地方设布政司，统管地方民政和财政。明神宗时推行"一条鞭法"：多税合一，折成银两，役银分摊，人田分担。
清	清初，康熙帝实行"更名田"并固定人丁数，雍正帝推行"摊丁入亩"，征收统一的地丁银。
太平天国	《天朝田亩制度》在土地方面，根据"凡天下田，天下人同耕"和"无处不均匀"的原则，以户为单位，按人口和年龄平均分配土地。
资产阶级民主革命时期	同盟会政治纲领（三民主义）中包含"平均地权"（民生主义）规定现有地价归原主，增涨地价归国家。
抗战及国共战争时期	抗战及国共战争时期，中国共产党在革命根据地实施了土地改革政策。这条路线是：依靠贫雇农，联合中农，限制富农，保护中小工商业者，消灭地主阶级，给地主个人以生活出路。分配土地的办法是：以乡为单位，按人口平均分配，在原有耕地基础上，抽多补少，抽肥补瘦。这条路线调动了广大人民群众革命和生产的积极性，使农村革命根据地得以巩固和发展。

1947 年 7 ~ 9 月，中国共产党在河北省平山县召开了全国土地会议，制定和通过了彻底实行土地改革的《中国土地法大纲》，明确规定废除封建性及半封建性剥削的土地制度，实现"耕者有其田"的土地制度。在这个大纲的指引下，土地改革运动在解放区广大农村迅速掀起。经过土地改革运动，解放区广大农民实现了梦寐以求的"耕者有其田"的愿望，广大农民从封建的生产关系中解放出来，生产积极性空前提高，解放区农村的经济面貌得到明显改观；大批青壮年农民踊跃参军，配合解放军作战，人民解放战争有了巩固的后方和最基本的人力和物力保证。

从中国长期的封建体制来看，租佃制是封建社会土地制度的核心，而在地租形式方面，实物地租仍占绝对优势，货币地租不发达，这说明中国的封建社会的土地租佃制还是与不发达的市场经济捆绑在一起的。近代中国虽然资本主义经济已有所发展，但是农村土地制度这种实物地租形式一直没变，这也说明我国农村生产力发展水平低，农业生产水平不高。

中国共产党在土地革命斗争的实践中，逐渐形成了一条完整的土地革命路线。1927 年"八七会议"规定了没收大地主、中地主及一切族祠庙宇等土地，分给佃农和无地的农民，以及对小地主实行减租等政策。1937 年8 月，洛川会议规定把"没收地主阶级土地"的政策改为"减租减息"。1946 年 5 月 4 日，《五四指示》规定土地改革开始向没收地主土地的政策转变。1947 年 7 ~ 9 月，中共中央在西柏坡通过的《中国土地法大纲》明确规定，按乡村全部人口，不分男女老幼，统一平分土地，土地划并归个人所有。这为新中国成立后土地制度改革奠定了基础。

二、新中国成立后土地制度演变

（一）三次相反方向的制度变迁

新中国成立前，1947 年在西柏坡通过的《中国土地法大纲》，是指导中国农村土地制度的纲领性文件。《大纲》确立了土改的基本思路，也奠定了此后农民土地私有制度改革的基础。1950 年颁布实施的《土地改革法》进一步从法律层面对土地制度进行了规范和细化，并进一步保障了农民的所有权。但从 1951 年后实际上中国土地改革还有了另一方面的思考，以 1951 年

12 月中共中央颁发的《关于农业生产互助合作的决议（草案）》为标志，全国各地开始普遍发展互助组和试办初级农业生产合作社。在 1953 年，中共中央发布《关于发展农业生产互助合作的决议》，实际上从这个文件开始，中国土地制度就又进入了另一方向的改革，即加快农业生产合作社建设的改革与实践方面，虽然一开始这种互助合作仍然维持土地的农民所有制，但以 1956 年通过的《高级农业生产合作社示范章程》为标志，确立了由土地的农民所有制向集体所有制的转变，这也标志着合作化运动完成了从初级形式向高级形式的彻底转变。从 1958 年 3 月中共中央通过《关于把小型的农业合作社适当地合并为大社的意见》开始，就意味着农村土地制度快步进入了人民公社化的轨道。1953 年 8 月，中共中央通过了《关于在农村建立人民公社问题的决议》，同年 12 月，中共中央通过的《关于人民公社若干问题的决议》，则对人民公社实施规范作了基本界定。在 1962 年 9 月通过的《农村人民公社工作条例（修正草案）》（俗称"农业六十条"），对人民公社体制进行了适度纠正和调整，进一步明确了"以队为基础"的核算管理模式。

在 1978 年 12 月，中国共产党十一届三中全会提出的"解放思想、实事求是"的大讨论，使得各地对农村经济体制进行思考，是不是可以把集体土地在一定期限内按社区人口平均承包给农民家庭耕种就成为当时一个有争议的话题。1979 年 9 月，党的十一届四中全会通过的《关于加快农业发展若干问题的决定》开了一个小口子，允许山区单门独户搞"包产到户"。真正为"包产到户"正名的是 1982 年 1 月中共中央发布的《全国农村工作会议纪要》。1984 年 1 月，中共中央发布了《关于一九八四年农村工作的通知》，提出延长土地承包期，指出"土地承包期一般应在十五年以上"。1993 年 11 月，中共中央、国务院发布了《关于当前农业和农村经济发展的若干政策与措施》，指出"在原定的耕地承包期到期之后，再延长三十年不变"。1997 年 6 月，中共中央办公厅、国务院办公厅发布了《关于进一步稳定和完善农村土地承包关系的通知》并指出，"开展延长土地承包期工作，要使绝大多数农户原有的承包土地继续保持稳定。"从体现为土地承包经营权物权化的法制化过程来看，在原先中共中央和国务院关于土地政策改变的基础上，1986 年 4 月颁布的《中华人民共和国民法通则》从司法角度对土地使用权进行了规范。1986 年 6 月，全国人大常委会通过了《中华人民共和国土地管理法》，以立法形式对土地所有权和承包经营权进行立法保护，这是新中国成立以来第一部土地管理法。

（二）土地制度变迁的主要路径

1. 土地改革时期（1949 年 10 月～1952 年 12 月）

这个时期的土地改革，主要是在《中国土地法大纲》基础上继续完成土地改革，实行耕者有其田。继续贯彻《大纲》确立的均分化农民私有制，即实施第三条（土地"所有权归农户所有"）和第六条规定（"乡村中一切地主的土地及公地，连同乡村中其他一切土地，按乡村全部人口，不分男女老幼，统一平均分配"）。1950 年 6 月颁布的《中华人民共和国土地改革法》，明确规定和阐述了土地改革的路线、方针和政策，指导全国开展土地改革。这是本阶段的标志性法规，主要内容是废除封建剥削的地主阶级土地所有制，实行农民的土地所有制。土改运动使 3 亿多无地或少地的农民分到了土地，这是我国新民主主义革命的主要任务和目标之一。土改完成后，3 亿多无地或少地的农民得到了 7 亿多亩土地，他们成为小块土地的所有者，从而实现了封建地主土地私有制向个体农民土地所有制的过渡。到 1952 年冬，除新疆、西藏、台湾等地区外，全国基本完成了土改，封建土地所有制被彻底摧毁，农民拥有了完整和独立的土地产权。土地改革促进了农民的经济和政治解放，极大地提高了他们的革命积极性，从而为获取解放战争的全面胜利并恢复和发展国民经济奠定了坚实的基础。

2. 合作化过渡时期（1953 年 1 月～1958 年 3 月）

为了摆脱基础薄弱、国际封锁、农业生产水平低的现实，也为了克服土地改革后农村出现新的贫富两极分化现象，从 1953 年起中国开始了一场从上到下的政府引导的农村合作化运动，这场运动由互助组、初级合作社的试点和推广开始，很快发展成一场来势迅猛的农村土地产权制度变革，逐步建立农业生产资料包括土地的公有制，到 1958 年全国农村普遍建立了人民公社制度。互助组和初级社没有改变土地所有的性质，而高级社则明确提出将土地归合作社所有，从而奠定了土地的集体所有制。为了满足分散农户互助劳动和交流生产资料的需要，中央决定引导农民走合作化道路。实际上从 1951 年年底起，全国开始组建各种形式的互助组和合作社，即在保留农民土地所有制的基础上，农户按照自愿互利原则相互提供帮助，以便解决缺乏必要生产资料、无法应用先进生产技术和无力抵御自然灾害侵袭的难题。1953 年，中共中央发布《关于发展农业生产互助合作的决议》，加快农业生产合作社建设步伐，农民将除小块自留地之外的土地交由合作社统一经营。这种互助合作仍然维持土地的农民所有制。以 1956 年通过的《高级农业生产合作社示范章程》为标志，合作化运动完成了从初级形式向高级形式的彻底转变，也完成了由土地的农民所有制向集体所有制的转变。1958 年 3 月，中共中央通过了《关于把小型的农业合作社适当地合并为大社的意见》，这是人民公社化的前奏。同年 8 月，中共中央通过了《关于在农村建立人民公社问题的决议》。

3. 人民公社体制时期（1958 年 12 月～1978 年 11 月）

1958 年 12 月，中共中央通过了《关于人民公社若干问题的决议》，指出 "人民公社是我国社会主义社会结构的工农商学兵相结合的基层单位，同时又是社会主义政权组织的基层单位"，人民公社的基本特征是 "一大二公三拉平"，政社合一的人民公社成为农业生产的组织和经营单位。1962 年 2 月 13 日，中共中央发布《关于改变农村人民公社基本核算单位问题的指示》，最终将土地、劳力、牲畜、农具 "四固定" 到生产队，分配核算也以生产队为单位，形成分别以生产大队和生产队为基本单位的社区性全员共同所有、共同经营的农村经济管理格局。1962 年 9 月，中共中央正式通过了《农村人民公社工作条例（修正草案）》（俗称 "农业六十条"），对人民公社体制进行了适度纠正和调整。其最核心的内容是下放基本核算单位，明确 "以队为基础" 的核算管理模式，由此强化和奠定了生产队作为土地 "集体所有制" 所有权人的政策基础。这一规定也奠定了日后中国农村土地所有制的基础，也是追溯当前土地权属的重要历史文件依据。

4. 家庭联产承包责任制时期（1978 年 12 月～1998 年 10 月）

中共十一届三中全会重新确立了解放思想、实事求是的思想路线，工作重心开始转向现代化建设。1978 年 11 月，安徽凤阳小岗村 18 位农民签下 "生死状"，将村内土地分开承包，开创了家庭联产承包责任制的先河，最高决策者则在确认和扩散这一制度的过程中扮演了至关重要的角色。1979 年 9 月，党的十一届四中全会通过的《关于加快农业发展若干问题的决定》开了一个小口子，允许山区单门独户搞 "包产到户"。1979 年年末，农村家庭联产承包责任制在安徽试行，后经逐渐推广，到 1982 年，家庭联产承包责任制基本上在全国得到普遍的推行。1980 年 5 月 31 日，改革开放总设计师邓小平在《关于农村政策问题》的讲话中公开肯定了小岗村"大包干"的做法。1980 年，中央《关于进一步加强和完善农业生产责任制的几个问题》初步肯定了包产到户；1982 年中央一号文件《全国农村工作会议纪要》突破了传统的"三级所有，队为基础"的体制框架，正式肯定了"双包"（包产到户、包干到户）制；1983 年一号文件《当前农村经济政策的若干问题》完成了政府对农业生产责任制的理论总结；1983 年 1 月，中共中央发布的《当前农村经济政策的若干问题》正式确立了家庭联产承包责任制；1984 年一号文件《关于 1984 年农村工作的通知》，中央明确土地承包期限一般应在 15 年以上，并在 1993 年又提出再延长承包 30 年，实现了政策的长期化和稳定化；1985 年，人民公社政社分开、建立乡政府的工作全部完成，标志着人民公社体制的正式终结；1985 年一号文件《关于进一步活跃农村经济的十项政策》，家庭承包责任制进一步系统化；1986 年 4 月颁布的《中华人民共和国民法通则》从司法角度对土地使用权进行了规范；1986 年 6 月全国人大常委会通过了《中华人民共和国土地管理法》，以立法形式对土地所有权和承包经营权进行立法保护；1993 年 11 月，中共中央、国务院发布了《关于当前农业和农村经济发展的若干政策与措施》，指出"在原定的耕地承包期到期之后，再延长 30 年不变"；1997 年 6 月，中共中央办公厅、国务院办公厅发布了《关于进一步稳定和完善农村土地承包关系的通知》强调指出，"开展延长土地承包期工作，要使绝大多数农户原有的承包土地继续保持稳定。"

5. 以统分结合的双层体制深化承包责任制（1998 年 11 月 ~ 2013 年 10 月）

中共十五届三中全会通过的《中共中央关于农业和农村工作若干重大问题的决定》再次指出："要坚定不移地贯彻土地承包期再延长 30 年的政策，同时抓紧制定确保农村承包关系长期稳定的法律法规，赋予农民长期而有保障的土地使用权。"决定将家庭承包经营为基础、统分结合的双层经营体制，确定为我国农业和农村跨世纪发展的重要方针之一。统分结合的双层经营体制是指一方面，在坚持基本生产资料集体所有的前提下农户与集体签订合同，承包一定的土地或生产任务，并根据劳动成果取得劳动收入；另一方面把集体统一经营和分散经营结合起来，宜统则统，宜分则分，统分结合。2008 年 10 月 20 日，十七届三中全会部分承认农民的土地物权中的流转权，农民可以部分获得流转权收益。此后，关于如何保障农民流转收益各地都做了不少探究和实验。到了十八届三中全会以前，大家基本达成共识，就是要以更明确的方式确立和保护在农村集体土地制度不动摇前提下的农民土地流转和收益权。

6. 以"三权分置"完善承包责任制（2013 年 11 月至今）

2013 年 11 月 9 日，十八届三中全会发布的《中共中央关于全面深化改革若干重大问题的决定》提出，赋予农民更多财产权利，要求建立农村产权流转交易市场，推动农村产权流转交易公开、公正、规范运行。2016 年 10 月底，中共中央办公厅、国务院办公厅发布了《关于完善农村土地所有权、承包权、经营权分置办法的意见》（以下简称《意见》）等多个文件。《意见》提出，深化农村土地制度改革，"实行"所有权、承包权、经营权"三权分置"，放活土地经营权。会议同时强调，农村土地农民集体所有必须牢牢坚持。实际上早在 2014 年 11 月 20 日中共中央办公厅、国务院办公厅印发的《关于引导农村土地经营权有序流转、发展农业适度规模经营的意见》中便曾提到，坚持农村土地集体所有，"实现"所有权、承包权、经营权"三权分置"。这次《意见》又进一步提到，加强对土地经营权的保护，要引导土地经营权流向种田能手和新型经营主体。还要进一步支持新型经营主体提升地力、改善农业生产条件、依法依规开展土地经营权抵押融资。积极鼓励采用土地股份合作、土地托管、代耕代种等多种经营方式，探索更多放活土地经营权的有效途径。"三权分置"作为一项农村经营制度的重大改革，有效地解决了当前农村人地分离的问题。改革开放之初，在农村实行家庭联产承包责任制，将土地所有权和承包经营权分设，所有权归集体，承包经营权归农户，极大地调动了亿万农民的积极性，有效地解决了温饱问题，农村改革取得重大成果。现阶段深化农村土地制度改革，顺应农民保留土地承包权、流转土地经营权的意愿，将土地承包经营权分为承包权和经营权，实行所有权、承包权、经营权分置并行，着力推进农业现代化，是继家庭联产承包责任制后农村改革又一重大制度创新。土地经营权人对流转土地依法享有在一定期限内占有、耕作并取得相应收益的权利。在依法保护集体所有权和农户承包权的前提下，平等保护经营主体依流转合同取得的土地经营权，保障其有稳定的经营预期。

在完善"三权分置"办法过程中，要依法维护经营主体从事农业生产所需的各项权利，使土地资源得到更有效合理的利用。经营主体有权使用流转土地自主从事农业生产经营并获得相应收益，经承包农户同意，可依法依规改良土壤、提升地力，建设农业生产、附属、配套设施，并依照流转合同约定获得合理补偿；有权在流转合同到期后按照同等条件优先续租承包土地。经营主体再流转土地经营权或依法依规设定抵押，须经承包农户或其委托代理人书面同意，并向农民集体书面备案。

随着"三权分置"《意见》的出台，确认"三权"权利主体，明确权利归属，稳定土地承包关系以及建立健全土地流转规范管理制度的一系列土地承包法相关的法律法规会更为完善。通过实行"三权分置"促进土地资源优化配置，土地作为要素要流动起来，培育新型经营主体发展适度的规模经营，推进农业的供给侧结构性改革。这样就可以为发展现代农业、增加农民收入提供新的路径和制度保证。"三权分置"一是明确了经营权内涵，明确土地经营权人对流转土地依法享有一定期限内的占有、耕作并取得相应收益的权利。二是明确了经营权的权能，经过承包农户同意，经营主体可以依法依规改善土壤、提升地力、建设农业生产附属配套设施。还可以经承包农户同意，向农民集体备案后再流转给其他主体，或者依法依规设定抵押。流转土地被征收时，可以按照合同获得地上的附着物和青苗的补偿费。三是鼓励创新方式，鼓励采用土地入股、土地托管、代耕代种，通过多种方式来发展适度规模经营。

下一步，落实"三权分置"，建立健全土地流转规范管理制度就非常迫切。如何做到规范土地经营权流转交易，加强流转合同管理，引导流转双方行为规范，这都是需要相关法律法规进一步规范和明确的。此外，完善工商资本租赁农地监管和风险防范机制，严格准入门槛，确保土地经营权规范有序流转，更好地与城镇化进程和农村劳动力转移规模相适应，也是需要更明确的法规来约束的层面。"三权分置"是农村基本经营制度的自我完善，符合生产关系适应生产力发展的客观规律，展现了农村基本经营制度的持久活力，有利于明晰土地产权关系，更好地维护农民集体、承包农户、经营主体的权益；有利于促进土地资源合理利用，构建新型农业经营体系，发展多种形式适度规模经营，提高土地产出率、劳动生产率和资源利用率，推动现代农业发展。

一般认为，在家庭联产承包责任制下，土地所有权归集体所有，土地使用权归农户所有，农村土地的集体所有制性质没有发生变化。后经发展，逐步形成土地集体所有、多种经营方式并存的格局。家庭承包责任制以土地所有权与经营权相分离为主要特征，重新确立了家庭自主经营的基础地位，农民与生产资料直接结合，形成了集体统一经营与家庭分散经营同步并行的体制。农民在承包期内对土地拥有事实上排他的占有权，包括土地转让、转包、出租、入股和继承等处置权，以及剩余产品的收益权。这极大地调动了农民的生产积极性。伴随着家庭承包制的产生、确立与创新，农业增长速度超过了新中国成立到 1978 年以前的任何时期。

制度变迁是一个复杂和长期的过程，任何土地一次的制度变迁都不可能一劳永逸地解决所有问题，1979 年以后的土地承包责任制也一样，它经历了一个长期而又不断完善深化的过程。改革开放下家庭承包责任制的实行，改善了农民的生活水平，也使得农业生产得到了快速发展。但是，我们也应该看到，任何制度创新都不是一蹴而就的，家庭承包责任制也在以后的实施中出现很多矛盾和问题，如农业小生产模式很难支撑农业的可持续发展，此外，农业收入也很难持续提高，小规模生产必然会使得农业生产中长期存在的投入产出低、农业比较效益低，以及弱势的小农户与残酷竞争的大市场之间的矛盾不断深化。所以，土地承包制度的深化和完善就显得非常迫切和必要。这也进一步说明制度变迁的长期性和复杂性。

三、中国土地制度改革和法规演变的逻辑

从目前人们对制度的理解来看，大多数人都简单认为制度就是约束人们行为的规则并通常从三个层次来理解制度。第一层次是宪法秩序，宪法是用以界定国家的产权和控制的基本结构。第二层次是制度安排，这是指限定人们特定或一般行为模式和关系的一套规则。第三层次是指行为的伦理道德规范，它是指构成制度约束的意识形态方面。对于制度有效性的判断原则可以首先从制度的起源来考察。从制度的起源来看，早期制度经济学家凡勃伦（Thorstein B. Veblen）认为，制度系统的形成是"看不见手式"的，又是"设计式"的。制度系统的设计和完善衍生于既定的物质基础和意识形态基

础，制度的功效在于维系人们的社会关系和社会秩序。① 新制度经济学在制度的起源上有契约论学说和博弈均衡说。契约论认为，由于人们认知能力有限，而人又生活在信息不完全和不对称的环境中，于是在交易中就会发生各种欺骗、偷懒、"搭便车"等机会主义行为，从而使人与人之间发生利益冲突和摩擦，而制度就是在此情况下自然形成的。而博弈均衡说则假定，人类社会初期是一种机会主义盛行的"自然状态"，人们经过多次博弈发现"合作收益"远远大于"不合作时所得"，人们从而缔结合约，形成私有产权制度和其他各类制度。综合新旧制度经济学对制度起源的分析，我们可以认为，制度的最重要作用就是消除不确定性，减少人们相互之间的交易成本和保证社会秩序的有效运转。这些功能可以说是制度的最基本功能，但这里面存在一个问题，即制度好坏如果只从其效能来评价，那么"有用的就是好的"制度观点也是成立的。其实从人类社会的福利效果来看，"实用即有效"是存在问题的。因为，从人类社会来看，对制度好坏的判断还应该存在一个对制度的道德判断，当然这个判断标准必须从整个人类社会的福利和对全社会每个公民的公平程度方面来界定。此外，还有一个问题是，我们单独分析某一个社会阶段中某一方面的制度时，在界定其有效性时由于时空的变化和对其当时制度环境把握的困难，我们很难做出一个较为明确的判断。所以，在界定制度的有效性时通常是在制度之间的比较中来认识和把握的。如果某种制度相对于其以前的制度是增益性的或者是更为有效的，那么这种制度相对来说就是有效的。由以上分析，我们可以认为制度有效性的判定原则应包括制度的效率、制度的正义性和制度的增益性三个方面。

马克思的历史唯物主义认为，历史上社会制度变迁的不同模式，实际上也就是与生产力的一定发展阶段相适应的生产关系和经济基础、上层建筑。即生产力的发展是社会制度变迁的根本动力。科学技术的发展，导致社会分工和生产工艺的进步，而其所带来的生产潜力却不能在现有的经济组织中得以实现，生产潜力和产权关系的矛盾使得新的生产关系（产权关系）代替旧的生产关系（产权关系），推动社会制度的演化发展。② 马克思主义认为，在人类社会发展历史上，生产力决定生产关系，有什么样的生产力，就有什

---

① 凡勃伦：《有闲阶级论：关于制度的经济研究》，中央编译局 2012 年版，第 69～110 页。
② 周冰、靳涛：《第一位制度经济学家：马克思经济制度演进理论》，2005 年打印稿。

么样的生产关系或经济制度与之相对应。如马克思在《哲学的贫困中》认为："社会关系和生产力密切相联。随着新生产力即谋生的方式的改变，人们也就会改变自己的一切社会关系。手推磨产生的是封建主的社会，蒸气磨产生的是工业资本家的社会。"①

在制度变迁和改革过程中，伴随着改革将出现两种结果，一种是有效和报酬递增的自增强路径，另一种是被锁定的某种低效率制度的自我维系机制的存在。第一种路径可以在经济系统自增强和自组织的作用下达到自己所要达到的目标，而第二种路径则会使得社会矛盾越积越深，很难走出困境并实现预期的改革目标。

中国从饱受"三座大山"压迫的不发达的市场体制向社会主义计划经济体制的过渡，经历了新民主主义革命和社会主义革命与改造两个阶段。毛泽东在1945年党的七大政府报告中说，"在新民主主义国家制度下，将采取调节劳资兼利害关系的政策。……保证国家企业、私人企业和合作社企业在合理经营下的正当盈利；使公私、劳资双方共同为发展工业生产而努力。"② 毛泽东在新中国成立前夕就指出，中国当时的社会存在五种不同性质的经济成分，"国营经济是社会主义性质的，合作社经济是半社会主义性质的，加上私人资本主义，加上个体经济，加上国家和私人合作的国家资本主义经济，这些就是人民共和国的几种主要的经济成分，这些就构成新民主主义的经济形态。"③ 刘少奇还针对当时工人和资本家之间的矛盾，讲了如何正确看待资本主义剥削的问题，认为"剥削行为不是由意识决定的，而是历史发展的必然，是整个社会制度的问题。……但资本主义的剥削还不能够废除。……今天中国资本主义正是在年轻时代，正是发挥它的历史作用和建立功劳的时候"④ 但在新民主主义革命取得胜利和中华人民共和国成立以后，极"左"思想很快就成为指导全党和全国的指导思想。毛泽东在1952年谈到向社会主义过渡问题时说，我们现在就要用10年到15年的时间基本完成向社会主义的过渡，而不是10年或15年以后才开始过渡⑤。

① 《马克思恩格斯选集》第1卷，人民出版社1995年版，第141~142页。
② 《毛泽东选集》第3卷，人民出版社1991年版，第1082页。
③ 《毛泽东选集》第4卷，人民出版社1991年版，第1433页。
④ 金冲及：《刘少奇传》，中央文献出版社1998年版，第629~630页。
⑤ 杨玉生：《社会主义市场经济理论史》，山东人民出版社1999年版，第165~188页。

1953 年毛泽东在制定过渡时期总路线时说道："党在过渡时期的总路线和总任务是要在 10 年到 15 年或者更多一些时间内，基本上完成国家工业化和对农业、手工业、资本主义工商业的社会主义改造。"在 1956 年中国很快就完成了对农业、手工业和资本主义工商业的社会主义改造，完成了生产资料所有制的社会主义革命，实现了向社会主义的过渡，这一时间远远短于在《过渡时期总路线》中所确定的时间。在社会主义改造中，从农村的合作化来看，初级社成立不久，就开始大搞高级社，到 1958 年才成长不到两三年左右的高级社又纷纷迫不及待地过渡为人民公社。这种"激进式"的向社会主义的过渡，严重阻碍了经济的发展并对当时较低的生产力造成了极大的浪费和破坏。

在第一次转型中，社会主义国家由落后的市场经济体制向社会主义计划体制过渡采取激进的方式，主要是由人们对于社会主义的片面理解，以及社会主义的强意识形态和计划体制的本质属性造成的。从当时人们对社会主义的理解来看，计划与市场是势不两立、互不兼容的两种体制，社会主义应该是和计划体制紧密联系在一起的，而市场体制则是和资本主义联系在一起的。社会主义是人类历史上一种崭新的制度，在这种制度下人人平等，每个人都是社会的主人，剥削和不平等都不复存在。而在过渡时期，允许其他经济成分的存在和继续以市场体制做补充，那就说明在社会主义体制下仍然存在剥削和不平等，社会主义还没有彻底取得胜利，这是社会主义所不能允许的。所以，在革命胜利后，社会主义国家尽快废除了剥削体制，向以集中计划体制为核心的新制度过渡是社会主义国家的当务之急和历史重任。当时，人们都普遍认为，社会主义计划体制要优越于市场体制，社会主义国家之所以在某一时期采取亲市场的经济政策（如苏联的"新经济政策"）是由于特殊客观环境造成的，人们绝对没有认识到社会主义计划体制本身存在的问题。其实，当时不仅在社会主义国家内部，就是在资本主义国家的人们也普遍认为计划体制好于市场体制，这可以从人们排队买机票到苏联去参观和学习就能体察当时的情形。在社会主义计划体制实施的过程中，压制和打击其他经济成分，快速建立成熟的中央计划体制也是计划体制本身属性的内在要求。

从人类社会经济系统长期的发展和演化来看，在习俗和习惯基础上形成的市场惯例也是约束人们日常经济行为和节约交易成本的有效非正式制度①，而各种正式制度往往又是在这些非正式制度的基础上由国家制定和强制实施的各项法律制度。正式制度建立和制定的主要目的和动机，也是为了有利于提高经济运行的效率和提倡公平竞争的秩序，当然，为了降低交易成本的动机和更好地发挥第三方监督机制，也是促使正式制度建立和完善的主要推动力量。从人类经济系统的发展和演化来看，非正式制度由于是人们长期形成的约束人们行为和交易的有效力量②，所以，当人们根据自身的理性所建构的各种正式制度与非正式制度一致时，其效率就会比较高，因为人类的力量与人类社会及自然界自发演化的力量是一致的；当人们制定的各种正式制度与人类社会在长期进化中形成的各种非正式制度不一致时，则该正式制度的效率就会比较差。在从市场体制向计划体制的第一次转型实施过程中，在以社会主义公有制为基础的计划体制下，由于各种正式制度的建立不是在长期形成的各种非正式制度基础上建立的，而是完全以人类的伟大理性而建构的，其运行机理又与长期形成的各种市场惯例等非正式制度相悖，从这一点上就可以明显得出结论，计划体制是不可能在长期内有效调节经济运行和取得高效经济效果的。

　　从计划体制的建构过程来看，由于该体制的建立不是人类社会长期发展自发演化的结果，它从建立到实施都是在外力的强制作用下完成的。所以，可以说计划体制与以前的体制的衔接是一个非连续的过程。但从整个人类社会发展和人类经济系统演化的长期过程和趋势来看，这确实只是一个逆向的"小插曲"，因为计划体制的实施时间从人类社会的长期发展演化来看不值一提，就是与市场体制的近千年的发展演化过程相比，也是短暂的一瞬。可以认为，社会主义国家从不发达的市场体制向计划体制的转型，是人类社会经济系统发展演化的一个曲折迂回的特例，它的特殊性就在于计划体制的建立和实施不是依靠经济系统内部的自发力量来推动的，恰恰相反，它主要借助于外力、政府的强制性和社会主义的强意识形态实施和运作的。

　　中国经历了几千年的小商品经济，人们长期以来已经形成了约束和影响

---

　　① 可以认为，非正式制度是一套历史上沿袭下来，为大多数人所认同的规则，如家庭伦理、礼俗、乡规、习惯等。虽然这些规则是民间的、非正式和口头的行为规范，但却具有相当的实用性，可以用来解决人们交易中的摩擦、矛盾和冲突。
　　② 其有效性主要是因为非正式制度是与各个地方的习俗、文化和伦理紧密结合在一起的。

人们经济交往之间的习俗和惯例，虽然在计划体制的过程中受到压制和排挤，但由于非正式制度的变化是长期和缓慢的过程，中国几千年的文化习惯和惯例仍影响着人们的交往和生活习惯，所以这种非正式制度就可以看成是一种市场惯例，这种市场惯例本身就是一种低级的市场制度。当转型的方向与人类社会经济系统自发演化的力量和人类社会的长期演化趋势相一致时，这种转型由于会受到无形力量的帮助，结果会有效得多。

总的来看，第二次从计划体制向市场体制的转型和人类社会经济系统的自发演化趋势是一致的，因为在这次转型中许多自发的力量和人类社会长期形成的市场惯例都起了重要的作用；而市场制度的建立和完善正是在这种自发演化的秩序中逐渐完善和成熟的结果。

时至今日已初步形成了中国特殊的土地制度变迁路径。中国采取的是一种"迂回"的替代性方式，即采取承包经营权物权化的渐进路径。正是这种创造性的制度变迁催生了中国农村经济社会的急剧变化，也开启了中国改革开放近40年的令世人瞩目的历程。然而，这种渐进式的制度变迁也面临诸多现实困境。城镇化进程的推进使得城郊土地迅速升值，农业补贴的增加也使得远郊土地大幅升值。土地的增值导致了大量土地纠纷，由此土地产权不明晰的深层次矛盾开始凸显。

2008年10月，党的十七届三中全会发布的《关于推进农村改革发展若干重大问题的决定》，首次提出现有土地承包关系要保持稳定并"长久不变"，明确提出"搞好农村土地确权、登记、颁证工作"。毫无疑问，新时期土地制度改革的关键在于为农民提供更全面、更完整的土地财产权利，真正实现土地要素的财产化、资产化，并最终为土地要素的城乡一体化和市场化奠定了坚实的基础。

下面我们从中国农村土地包产到户的事例来说明中国土地制度变迁的"迂回"逻辑。在从一种体制向另一种体制的转型中，制度创新往往是从微观主体的创新试验开始的。在1978年12月的一个晚上，安徽省凤阳县小岗村一间破旧的房子里，20个农民冒着生死的抉择，进行了一项中国农村生产制度的改革试验，他们决定把土地分开，实行"包产到户"试验，想不到正是他们拉开了中国农村经济体制改革的序幕。"包产到户"是由农民首先自发搞起来的制度创新，地方政府和中央政府对这一新问题的出现在宏观层次也进行了激烈的博弈和争执，从不赞成到容忍，再到承认其合法化并向全国推广，这个过程也经历了一个从微观层次的"突变"到宏观层次"选择"的反复博弈，最后，由于这项制度的适用性和强大生命力，最终使这一制度成为改变我国农业生产面貌的重要制度并在全国普遍推广。

为了准确地再现这一历史过程，同时也为了考察转型中的连续性和变迁轨迹，有必要向前做一些追溯从而清晰展现这一演化过程。从 20 世纪 50 年代到 70 年代，中国的高级土地使用制度文本很少，改革前的土地使用制度的依据主要是 1962 年 9 月在中共中央第八届委员会第十次会议上通过的《农村人民公社工作条例修正草案》（即"老六十条"）。1978 年年底，中共十一届三中全会原则通过了《农村人民公社工作条例（试行条例)》（"新六十条"），总的来看，新、老六十条文件内容基本相似，但"新六十条"更加强调了生产责任制，该条例也明确规定"不许包产到户，不许分田单干"。但此时一个值得重视的事情是转型和制度变迁的大环境已有所变化，出现了一些如"解放思想，实事求是"、"加快农业发展"、"社员自留地是社会主义经济的必要补充"等新话语。新话语充分利用了以往制度环境中合法性成分，其实这正是转型和制度变迁的思想准备。1979 年 4 月 3 日，中共中央将《国家农委〈关于农村工作问题座谈会纪要〉》批转各省、市、自治区，在这份"纪要"里明确指出了实行生产责任制的具体办法，应当按照本地具体条件，由社会民主讨论决定。与此同时社会上新话语又有所变化，如把"加快农业发展"和"尊重农民的抉择"联系起来等新话语已开始宣讲。总的来看，此时"纪要"仍与新、老六十条保持了高度的连续性。其实在这个阶段农村已有地方进行包产到户的试验，但此时政府却也只是要求把土地重新收回、把农民重新组织起来，此时这已不算是"十恶不赦"的错误了，这说明转型和制度变迁的大环境已发生显著变化。同年 9 月 28 日，中共十一届四中全会通过的《中央关于加快农业发展若干问题的决定》是当时正式性的最高的制度文本，该"决定"也是延续了老的土地使用条例并重申土地不许包产到户。

1980 年形势又发生了变化，当年 2 月，国家农委副主任杜润生在《农村工作通讯》上提到包产到户不应当作为方向去提倡。3 月 15 日，《人民日报》为一封读者来信发了一个编者按语，要求实行包产到户的地方必须坚决纠正。但此时实行土地包产到户政策使农民积极性极大提高的现实已引起人们的重视；同时，一些有突出业绩的地方领导人先后加入到中央领导班子，中央决定推进农村改革的态度和立场越来越明显。3 月 30 日，《人民日报》发表了另一"读者来信"和"本报记者调查记"，大力宣扬包产到户的好处。9 月 27 日，中共中央《关于进一步加强和完善农业生产责任制的几个问题》终于形成了，该文件有限度地认可了包产到户和包干到户的问题。该变通制度其实也只是一个尝试性的制度安排。接着又出台了《加快农业发展若干问题的决定》（著名的 75 号文件），该"决定"在初始文件的基础上把包产到户政策引向深入，该"规定"的重要性要高于上述"几个问题"的过渡性制度安排。1981 年 3 月 8 日，中共中央、国务院下发了《关于保护森林、发展林业若干问题的决定》，把土地使用制度的变通实践推向非耕地领域，该"决定"是第一个具有一定法规性质的制度文本。

　　1982～1983 年以制度变通为主要手段形成的新土地制度，在转型和制度变迁中的巨大效用逐渐显现，新土地制度在中国农村取得了主导地位。1982 年 1 月 1 日，中共中央批转了《全国农村工作会议纪要》（1982 年 1 号文件）。"纪要"首次对现行农村土地制度做出根本性的变更，所以，从中国农村土地制度变革史来看，"纪要"是一份里程碑式的制度文本，开启了从人民公社土地制度向新土地制度变换的大门。1986 年 4 月 12 日，在第六届全国人大第四次会议上通过的《中华人民共和国民法通则》和《中华人民共和国土地管理法》，首次对变通后的中国农村土地制度给予法律上的确认。1988 年 4 月 12 日，第七届全国人大第一次会议通过的《中华人民共和国宪法修正案》，修改和删除了与新土地制度相悖的条款。至此，与初级制度文本相衔接的制度文本体系，终于在新的制度框架下得以顺利完成。上述就是中国农村土地使用变迁和转型的一个连续和渐进的演化过程。这个过程也说明向市场体制的转型自发演进是居于主导地位的[①]。因为自发秩序是一种基础秩序，人类建构的理性秩序只有和这种经济系统演化的自发方向保持一致，才会取得好的转型绩效。[②]

　　新制度形成既是像哈耶克（Friedrich von Hayek）所说的在"人类自发秩序"基础上自发形成的，也可能是在人类有限理性的基础上通过人类的学习和设计而完成的。制度其实可以通俗理解为是指导人类活动的有形和无

---

　　① 中国社科院农村发展研究所：《大变革中的乡土中国：农村组织与制度变迁问题研究》，社会科学文献出版社 1999 年版，第 89～112 页。
　　② 靳涛：《经济体制转型中的演进与理性》，厦门大学出版社 2005 年版，第 125～145 页。

形的规则和理念。这种规则和理念既可能是自然演化形成的，也可能是各种法律、法规规定的，或者是各级政府制定和限定的，当然有时领导人的言论也可能成为指导人们工作和生活的准规则。但是，政府制定和限定的法律、法规必须与自发形成的低级制度相吻合，如果能够做到这一点的话，政府的作用在制度变迁和转型中就是积极有效的，反之，就可能南辕北辙，得不偿失。另外，有形制度和无形制度也是紧密联系和互相作用的，无形制度对有形制度的形成和演化有明显的影响和制约作用。当然，各种制度形式之间又是可以互相转化的，如准制度演变为低级制度，低级制度又可以转化为高级制度等。一般来说，转型中制度变迁的过程一般是从非正式制度到正式制度、低级制度到高级制度、一般制度安排到宪法秩序逐渐形成和完善的渐进过程。在各种制度的建立和完善过程中，政府的作用是必不可少的。①

从制度的内涵看，制度是一个由许多子制度相互交织、作用的复合体。制度的形成和供给既可能是自发形成的，也可能是受外部因素影响而出现的。所以，制度既可能是有效的，也可能是无效的，而判别制度是否有效的方式就是实践。

从中国农村土地使用制度的转型过程来看，转型需要一个渐进和连续的演化过程，因为完善和适合本国实际的市场体制（自组织结构的完善）不是短时间可以完成的。而人类的理性也绝不能拿出一个切实可行的转型方案来实施，因为有效的转型过程和路径必须靠试验，靠自发的作用。向市场体制转型过程一般经过变迁的准备阶段（国家宏观环境的改变和社会新话语的盛行）、转型的开始阶段（新制度的局部试验和过渡型政策及准政策的出台）、转型的全面推进阶段（新制度在经济运行中已占主流，前一时期的过渡性政策逐渐过渡和完善并形成低级制度）和转型的后期整合阶段（新制度实施总结，低级制度上升为高级制度，非正式制度形成正式制度）。当然，转型的过程不是一帆风顺的，它是一个不断反复和委婉曲折的演化过程，并且这一过程不可能在较短时间内完成。

在这种情况下，人们认为市场体制自身存在难以克服的弊端，从而渴望建立一种新型的经济组织框架，计划体制就是在这种情况下应运而生的。当

---

① 靳涛：《从中国经济转型的实践重新理解制度和制度变迁的内涵》，载《江淮论坛》2002年第5期。

社会主义国家进入计划体制以后，特别是在计划体制建立的初期，由于计划体制在资源的集中调配和模仿方面的优势，使得社会主义国家在新中国成立初期都得到了较快发展。但随着社会主义计划体制的深入，计划体制（他组织）的问题就日趋严重，创新不足、经济缺乏活力、各级经济主体消极怠工等情况普遍出现。在计划体制（他组织）对经济系统的控制下，经济缺乏内在的发展动力和激励。而第二次从计划体制向市场体制的转型和人类社会经济系统的自发演化趋势是一致的，因为在这次转型中许多自发的力量和人类社会长期形成的市场惯例都起到了重要的作用；而市场制度的建立和完善正是在这种自发演化的秩序中逐渐完善和成熟的结果。通过对两次转型事实的简单回顾，我们就可以得出结论，自组织（市场体制）要优于他组织（计划体制），当然由于人类社会系统的特殊性，这方面也会存在例外（计划体制并非一无是处）。

四、中国土地制度变迁的启示

在土地制度转型过程中，由于原有经济体制和制度安排不能适合社会生产力的发展和经济的快速增长，而这些问题必然导致社会稳定和社会利益的冲突和矛盾，冲突和矛盾的根源是各阶层和各个主体之间的需要和利益不平衡所引致的。人们为了获取更大的利益空间和更高的效用满足，会不断进行各种转型的试验和制度创新的举措。当然，这种试验推行的最后结果，通常是一种更能发挥生产发展潜力的经济制度和产权制度取代旧的经济体制和产权关系。

从土地制度转型的实施过程来看，除了政府的引导和控制作用外，另外一种由下而上的自发作用，则是实现转型目标所必须依赖的重要力量。只有当这两种力量能够有机地结合在一起时，转型的效果才会令人满意。一般来说，政府的作用是一种自上而下的作用，而自发的作用则是一种由下而上的作用，这两种作用在转型过程中的协调互动是推动转型有效实施的重要保证。在这两种力量中，政府的作用主要体现在引导、方向控制和对由下而上反馈信息的选择和鉴别上；而由下而上的自发作用则主要体现在新制度的试验、新制度的培育和新制度自增强方面的作用上。

在现实社会中，转型是一个复杂的且不可以明确预测的动态发展过程，在分岔和关键阶段存在着巨大的不稳定性。这种不确定性加上任何成本巨大的社会调整，使得任何昂贵的错误都可带来巨大的风险。总的来看，转型过程绝对不是一个朝着一个清晰目标简单过渡和推进的过程，它是一个不断试验、不断摸索和不断趋近目标的过程。一般而言，在土地改革中也和一般意义上的制度变迁一样，那种自发的、演化的作用应该居于主导地位。而政府的作用应该是一种辅助的对自发作用的修正和引导，具体主要体现在目标选择和秩序控制方面。所以，在转型过程中政府的作用和地位是重要的，它之所以比一般性制度变迁中的作用显著，是因为在相对较短时间内的激烈制度变迁更需要稳定和平稳的环境和秩序，更需要有一个核心来平衡和组织各方面的纷争和关系。而这方面的作用必须由政府来完成，这就充分说明转型中政府作用要比一般性制度变迁中的政府作用更显著。明确界定和把握政府的作用，在转型研究中是重要的。总的来说，政府的有限理性和适度引导会在转型中起到积极有效的作用，但这种作用也不能超出人类理性限度的范围，任意扩大和突出这种作用都会起到拔苗助长和适得其反的结果。从转型的实施过程来看，除了政府的引导和控制作用外，另外一种由下而上的自发作用，则是实现转型目标所必须依赖的更加重要的力量。只有当这两种力量能够有机地结合在一起时，转型的效果才会令人满意。自发作用是一种基础性的作用，而政府作用是对自发演化中的某些不利方面加以调整，并使自发作用能够更好地走向良性发展和有序演进的道路。

土地制度转型的成效不在于转型的速度，任何为了转型而推动转型的想法，以及任何不切合实际的拔苗助长的想法都是错误和有害的。科尔奈曾经说过一句非常经典的话："社会的转轨不是赛马，成功的主要标志不是谁最先冲过了终点线。"[①] 土地制度转型的关键是如何合理的界定和把握转型中的两种力量，即基于人类理性的政府力量（可以理解为一种强制性作用）和源于自发秩序的自组织力量（可以理解为一种诱致性作用），任何转型都可以看做是二者共同作用的结果，但二者结合的合理与否则会直接影响到转型的后果和绩效。自发秩序和建构秩序并不一定是矛盾和水火不容的，如果处理好二者的关系，还是可以达到事半功倍的效果的。其实，从整个人类社会的发展进程来看，自发秩序大多是起一种基础性的作用，人类理性只能在

---

① 科尔奈：《后社会主义转轨的思索》，吉林人民出版社 2003 年版，第20页。

自发演进的基础上有选择性地施加影响才会有较好的效果。任何与自发秩序的演化方向相背离，以及任意扩大人类理性的作用，从人类社会长期发展的结果来看都是有害的。

土地制度转型的过程很多时期并不是在提出一个明确的目标后付诸实施的简单过程，而是一个逐步摸索和逐步清晰的过程，是通过在转型期的磨合和演化中逐步达到目标的。

经济改革与司法体制改革

> **提要**
>
> 　　基于中国法院发展的实证研究表明，发展推进法治的理论只看到了改革开放后经济与法治发展在时间上的先后性，却没有从根源上揭示法治发展的动因。事实上，改革才是中国法治发展的根本源泉，正是通过改革的不断推进和深化，才保证了中国的法治建设始终走在良性发展的轨道上，法治领域所存在的诸多问题也随着改革而得到逐步的解决。从中国法院的发展历程来看，20 世纪 70 年代末所开启的改革开放为经济的腾飞注入了活力，提高了对法治的需求，也通过将计划经济时期绝大多数由政府行使的裁判职能向法院转移，使得法院在经济社会生活中的作用日益凸显。与此同时，法院自身也通过不断的改革来适应对法律服务的更高需求，使其在服务数量和质量上都获得显著的提高。另外，司法财政体制的改革也促进政府财政对法院经费保障力度的持续加大，通过法治发展的物质保障来推动营造一个公平高效的法治环境。可见，改革才是驱动中国法治发展的最重要动力。通过改革，中国法治所存在的问题才能得到逐步的解决，使得法治不断向前发展。因此，基于改革驱动法治的理论才能更为逻辑一致地解释中国法治中的问题与发展并存的现象，并为继续深化改革，推进法治的发展提供指导和动力。

　　中国的法治发展在时间节点上与改革开放的实行保持一致，而深究其背后的逻辑，法治发展更是与改革开放所推动的经济改革密不可分。改革开放的实行为市场经济的确立起到了基础性、关键性的作用，发挥着解放生产力、发展生产力的重要作用，而生产力的发展水平决定了生产关系也必须进行相应的调整。当生产力发展到一定阶段，原来的生产关系无法容纳它的发展时，就会引起生产关系的根本变革，使旧的生产关系被新的生产关系所代替。包括生产资料的所有制形式、人们在生产中的地位及其相互关系和产品分配等各种方面都要进行相应的调整。上述生产关系的总和就构成了社会的经济基础，从而决定着社会的上层建筑。法作为上层建筑中最为重要的因素之一，必须随着生产关系的变化而进行调整。一方面，法律是对随着生产力推动而形成的新的生产关系、经济基础的确认；另一方面，法治的建设发展也会通过影响经济基础最终对生产力有重大的反作用。当法治的发展与生产力的发展要求相适应时，它会有力地推动生产力的发展。中国改革开放以来，经济改革和法治建设之间的关系也恰好反映了生产力与生产关系、经济基础和上层建筑之间的关系。从关系的主导方面来看，经济发展的程度决定了法治建设的水平，法治建设的进程随着经济发展的步伐进行调整，同时，通过法治的建设并使之与经济发展水平相配合，反过来也促进了经济的发展。本章以中国法院的发展为例，通过对改革开放以来中国法院的发展趋势以及经济改革和法院发展关系的研究，来阐述经济发展与法治建设之间的关系。

一、中国法治发展的趋势

（一）中国法院发展趋势的描述性分析

1. 基于数量的维度

改革开放以来，中国法院发挥的作用越来越大。法院的最核心职能就是审理案件。从1986年到2013年间，法院每年审理的民事案件的数量增长了490%，而在1986年到2001年间，经济纠纷案件的数量增长了230%。[①] 一审案件受理数量大幅增加的情况，反映了法院在中国经济与社会中重要性的提升。

但是，法院案件受理数量的增加存在两方面的原因，无论是法律服务需求的提升还是供给的增加都可以解释上述现象。下面我们分别从需求和供给的角度来理解中国法治的发展历程。

对法律需求的信息来源是由全国工商联、中国共产党统战部在各地方工商局的帮助下，分别于1995年、1997年、2000年、2002年、2004年和

[①]　由于在2002年后，年鉴中汇报的合同纠纷数量同时包含了非经济合同纠纷，因而经济案件增长率的计算只能截至2001年。

2006年所做的中国私营企业调查数据。相比于其他用来研究中国法院系统的数据,① 此数据具有两点优势:(1)每年的调查都包括来自中国所有省份的超过2000家私营企业,整个调查数据包括18527家被调查企业,因而样本对于全国而言具有较好的代表性;(2)数据的时间跨度超过10年,便于我们研究中国法院的发展变化历程。②

从数据中我们发现,从1995年到2006年间,私营企业利用法院来处理商业纠纷的比例从9%上升到32%。由于自2002年起调查问卷设计变化的原因,我们不能仅依据选择法院诉讼方式的比例增加,就断定企业更依赖于法院来解决商业纠纷。然而,选择协商方式解决纠纷的比例下降则为我们提供了可信的证据,即企业越来越倾向于选择非协商的方式解决纠纷,其中就包括法院诉讼。这与随着经济的增长,企业更偏好公正无私的仲裁者的观点是一致的。

此外,我们也可以看到法律服务的供给逐年增多的事实。无论是法律从业人员的数量还是质量都出现了大幅的上升:最早的中国法官大多来源于退伍军人或者警察,在他们成为法官前极少接受过法律专业训练。在1991年,中国共有130000名法官,其中仅有10000名拥有大专以上学历。而到了2005年,法官的数量增加到了220000名,其中至少有90000名具有本科及以上学历。中国法官的数量和具有大专以上学历法官数量的年均增长率分别为3.6%和15.8%。同时法律继续教育和其他的培训项目也在定期地对法官展开。

律师的数量也出现了大幅增长。从1995年到2011年间,律师和全职律师的总数分别从90600人和45000人增加到了213045人和192546人,年均增长率分别达到了5.5%和9.5%。③ 此外,相比于从1949年到1987年共40年的时间中,只有60000名法学本科毕业生的情形,仅2006年一年就有超过91500名毕业生取得了法学学士学位④。此外值得我们注意的是,中国法官的数量要多于律师的数量,这同美国的情形形成了鲜明的反差。这种差别也反

---

① 例如在Long(2010)所使用的2000年世界银行调查数据。
② 该数据的一个缺陷是研究样本并没有被追踪调查,因此我们的数据只是一个重复截面数据,无法进行面板数据分析。
③ 数据来自历年《中国律师年鉴》。
④ 数据来自《国家统计局》。

映了中国律师职业化的较短历史以及法官在调解纠纷中所发挥的重要作用。

2. 基于质量的维度

以上的信息主要关注的是法律服务的数量方面，下面的数据将为我们提供法律服务质量方面的证据。在中国私营企业调查数据中，被调查者会报告他们是否满意所选择的纠纷解决方式的结果。在样本调查的1995年到2006年期间，选择通过法院解决纠纷的被调查企业中，报告对结果表示满意的比例从1995年的54%持续而稳定地增加到2006年的83%，私营企业家对法院的满意度在逐年上升。随着法院受理的案件总数不断增加，企业也更加愿意选择司法途径来解决纠纷，同时我们也观测到私营企业对法院满意度明显提升了。

另一则证据来源于中国法院的裁判文书。从1985年起最高法院开始定期出版《最高人民法院公报》，其中选取了各级法院判决的有代表性的判决文书，这些判决文书对各级地方法院今后类似的案件判决具有指导作用，因而在事实上成为中国的判例法。对这些案例的分析显示，随着时间的推移，案件的复杂程度也在增加，法官在判决文书中的思辨与说理也更为老练。在1985年到2008年间，财产权案件的判决文书页数从平均1页增加到了4页，合同类案件则从平均1页增加到了5页内容。这说明，法律案件的复杂程度逐年提高，对法官和律师从业人员的专业水平要求也在大幅提升。

综合上述内容，我们可以看到改革开放以来中国的法律体系已经有了长足的发展和进步。鉴于制度的变迁往往极为缓慢，[①] 因而当我们看到从1995年到2006年企业对法院的满意程度提升了60%，年度法院受理的民事案件数量提升了93%时，中国法治领域所取得的这一系列成就还是令人惊叹的。特别是考虑到中国幅员辽阔、各地差别较大的情况，能够克服各种困难取得现有的巨大成就是极为不易的。

（二）中国法院发展趋势的计量检验

前面主要基于数据的描述性分析来探究中国法院的发展趋势，下面我们将以一个中国法治发展过程中存在的典型问题为例，通过计量分析来检验这

---

① North, D. C., Institutions, Institutional Change and Economic Performance, Cambridge: Cambridge University Press, 1990.

一问题是否会随着时间的推移，具有被解决的趋势。具体来说，我们将利用《最高人民法院公报》自 1985 年创刊以来所收录的知识产权案例，来研究中国法院是否存在违背司法公平原则的问题，并通过跟踪其变化趋势来考察法治发展的趋势。不同于下篇第三章研究的司法地方保护主义问题，这里我们在研究中重点关注的是原告的所有制形式与原告是否胜诉之间的关系，即法院是否会对某些类型所有制的当事主体存在偏向性保护。

根据现有的对该问题的一般认识，我们提出如下假说，即法院对于像国有企业这样的特殊主体，存在偏向性的保护。为了检验这一假说，我们以因变量为一审和二审中原告是否胜诉的虚拟变量建立计量模型，自变量分别为一审和二审中原告所有制形式的虚拟变量，同时还控制了被告的所有制类型与年份固定效应，并以线性概率模型（LPM）进行估计。回归结果显示，在控制了地域差异、原被告与法院所在地的关系（以控制潜在的司法地方保护的影响）、知识产权案件类型（专利、实用新型还是外观设计类案件）后，原告是国企相对于原告是其他类型企业或者个人的情况，原告的一审胜诉率显著提高，但对于二审的诉讼结果没有显著影响。这说明一审法院对国企存在偏向性保护，原因在于法院的判决往往受到政府的影响，而国企与政府间存在的政治联系使得判决往往会有利于国企。①

那么，法院对于国企的这种偏向性保护是否会随着时间的推移得到减弱甚至不复存在呢？为了回答这一问题，我们在实证模型中引入了原告所有制种类（即原告为国企）与时间趋势的交叉项。回归结果显示，所有制形式和时间趋势的交互项是显著为负的，这就意味着随着时间的推移和改革的不断深入，一审法院对于国企的偏向性保护是在逐步削弱的。检验发现，到了 1997 年之后，随着各项改革的深入，已经不存在统计意义上显著的对国企的偏向性保护了。二审法院对于国企的偏向性保护也是在逐步削弱的，虽然初始的偏向性以及随时间的变化均不显著。

为验证结论的稳健性，我们使用一审判决比替换前面的原告是否胜诉作为因变量。对于原告是否胜诉的变量，只要原告的诉讼请求得到部分的支持和认可，我们即认为原告胜诉。但可能存在的问题是，法院虽然支持了原告

① Lu, H., H. Pan & C. Zhang, "Political Connections and Judicial Bias: Evidence from Chinese Corporate Litigations," 2011, Working Paper.

的一部分诉讼请求，但是支持的部分只占原告诉讼请求的极小一部分，这样表面上看是原告胜诉了，但实际上是被告获得了一定程度的保护。判决比这一变量则直接衡量了原告诉求在法院判决中的实现程度。替换被解释变量后，回归结果所反映的信息仍与前面的发现保持一致。

（三）小结

无论是描述性分析还是基于计量模型的实证检验，都印证和支持了以下的论断：虽然中国的法治确实存在着诸如立法效果与预期相悖、司法地方保护等这样那样的问题，但是以中国法院的发展为例我们可以看到，从长期来看，无论是从法治的数量维度还是质量维度进行观察，中国的法治都处在不断的发展和进步中，而且这种进步的速度是令人惊叹的，随着时间的推移，各种问题都在发展中逐步得到改善和解决。

在这一现象的背后，我们需要思考的是，如何解释这一看似矛盾的现象？是什么力量推动了中国法治的发展？在法治的薄弱难以推动经济发展的情况下，是否如同发展推动法治理论所认为的，实际是通过中国经济的发展进而反过来推动法治的进步呢？抑或者说还存在其他推动法治发展的力量？在接下来的部分，我们将继续从实证研究的角度对上述问题展开讨论和分析。

二、经济改革驱动法治建设

（一）经济发展是否推进了法治？

通过前文的分析我们知道，中国在立法和司法领域存在的包括立法效果与预期相悖、司法地方保护等问题使得法治显然还不足以作为中国经济高速稳定增长的源泉。因而，认为法治是经济发展前提的权利假说理论显然并不适用于中国的情况。但从中国法院的发展趋势看，中国法治发展已经取得了令人瞩目的成绩，很多法治中存在的问题也正逐步得到解决。那么，在这种问题与发展并存的情况下，中国法治发展的动因究竟是什么呢？

有学者提出发展推动法治的理论①来解释中国法治发展的原因，他们认为，随着中国经济的发展，对法治的需求也不断提高，从而促进法治的发展。这种理论虽然符合直觉，但实际上是存在问题的。一方面，由法院作为解决争端，特别是那些争议双方地理位置较远或者案情时间跨度较长的复杂争端的仲裁者无疑是更有效率的；另一方面，发展推进法治理论正确指出，随着经济社会的发展，各类日趋复杂的纠纷在中国涌现，对法律服务的需求也在不断增加。但问题是这种对法治需求的提高是否可以自发实现呢？

假如我们只是宣称理论上随着经济的增长，法治也会得到同步的发展，这并无实际意义，因为这只是表示经济增长和法治发展存在着时间上的先后顺序，但却很难表述为因果关系。对于法律服务的数量和质量的提升，我们要么需要假设这种对法律的需求是自动实现的，否则就需要了解更高的需求是通过何种具体机制来实现的。需求的自动实现显然与现实不符，从中国法治的发展历史来看，在改革开放之前，除了"文革"时期外，中国经济也经历过快速的增长，经过数个"五年计划"的实施，中国在经济和社会的各个领域取得了较大的发展成就。② 而在同一时期，法治发展却波折不断，困难重重。因此，仅仅简单地从发展推进法治的角度来理解中国的法治发展进程显然是不充分的，从中我们很难得到自改革开放以来对中国法治发展原动力的清晰认识，也无法对我们在未来应当如何进一步推进法治的进步和发展提供切实可行的指导。所以，我们有必要进一步来探索中国法治发展的动力机制。

（二）改革驱动法治：理论概述

基于对中国法院发展的经验和实证证据，我们提出了改革驱动法治的理论假说。改革驱动法治理论是对中国法治中问题与发展并存现象的更为合理的诠释：正是因为各类法治问题的存在，才需要通过改革的相关措施来推动法治的不断发展与完善。我们将基于前文的实证研究结果，印证改革的确在推动法治发展中发挥了重要的作用。因此，改革驱动法治的理论虽然和发展

---

① Clarke, D. C., P. Murrell & S. H. Whiting, "Law, Institutions and Property Rights in China," Special Report on China's Economy: Retrospect and Prospect, Woodrow Wilson Center's Asian Program, 2005.

② 李媛、任保平：《改革开放前中国经济社会发展绩效评价》，载《经济学家》2015 年第 1 期。

推进法治的理论并无冲突，但却更为清晰准确地揭示了中国法治发展的内在动力。

我们以法院的发展为例，基于实证研究的结果发现，法院在中国经济发展中作用和地位不断的提升实际上是一系列改革推动下的结果：首先，从历史发展的视角来看，从20世纪70年代末中国施行改革开放以来，一系列推动中国从计划经济向市场经济转型的改革使得争议和纠纷的解决越来越倾向于诉诸于法院体系，而不再依赖传统的基于行政命令的政府裁决方式。其次，为了应对纠纷数量和复杂程度增加所带来的对法律服务的数量和质量需求的不断提升，司法体系与时俱进地推动自身的改革，这也成为法治发展的重要源泉。特别是，在专利制度的发展过程中，专利数量和专利管辖法院数量之间的关系，以及法院和行政机关在处理专利纠纷中的替代机制，都支持这一观点。最后，司法经费体制改革是推动中国法治发展的又一重要基础和保障。基于这一改革，政府财政对法院系统的经费保障力度不断增强，使得法院在很大程度上摆脱了对诉讼经费的依赖而能够专注于对案件的审理。基于1995～2006年对中国私营企业家的企业级调查数据和相关政府支出数据的研究发现，政府支出中分配到法院相关系统的比例越高，私营企业对法院的满意度也越高，支持了上述观点。以下我们就将从这三个方面来论述改革对推进中国法治发展方面的重要作用。

1. 经济改革的替代与增长作用

自20世纪70年代末以来，经济改革首先从农业领域展开，家庭联产承包责任制的实施，使得包括购销合同以及土地承包合同等在内的纠纷开始涌现。与此同时，农业产出的大幅增加乃至农村就业的逐渐饱合，使得农业领域的过剩劳动力开始向城市中的工商业部门转移。对于城市中游离于国有部门之外的人群来说，法院成为他们解决纠纷的唯一选择。而20世纪80年代中期开始的国有企业改革，使得法院在处理纠纷中越来越居于主导地位。在国企改革前，由于企业都是由国家所有和控制，因而完全依赖政府为企业制定生产、销售、原材料采购和人事招聘计划，而各类纠纷也毫无疑问地由政府进行裁定。然而国企改革则完全打破了原有的模式，在第一阶段的改革中，合同制度的引入改变了对企业的激励机制，国企负责人开始和政府机关或者企业的子单位负责人签订合同，明确企业所应完成的产出指标以及剩余的产出如何在子单位之间进行分配，因此，合同纠纷开始日渐增多。在国企的第二阶段改革中，大量中小规模的国企被私有化，使得关于雇佣和赔偿方面的纠纷大量出现。

中国经济对外开放的步伐伴随着农业和国企改革的进行而不断加速，大量的外国投资者和贸易企业进入中国市场，他们习惯于依赖正式的法律体系来解决纠纷，因此进一步增加了对中国法律服务的需求。同时，中国对私营经济的认识从最开始的禁止到作为公有制经济的补充、再到市场经济的重要组成部分的转变，使得私营经济逐渐发展成为市场经济中一股不可忽视的力量，无法依赖政府的它们需要依靠法院来解决包括企业和雇员间的、各种所有制类型企业间的，乃至企业和政府机构间的各种纠纷。

因此，隐藏在经济发展推进法治进步的表象下的是经济改革对法律体系产生的替代和增长两种作用机制：一方面，改革使得法律机制替代行政机制来解决市场经济中出现的各种纠纷和问题成为必然；另一方面，经济改革推动了生产力的快速发展，经济总量和经济复杂度的提高促进了法律需求的进一步增长。

2. 顺应需求的司法改革

不断推进的经济改革以及由此带来的法律需求的提高，要求中国的司法体制做出相应的改革以适应需求。自 20 世纪 70 年代末以来，司法领域的不断改革为法院的发展注入新的活力。辩护律师制度在 1979 年得以恢复，同年，《刑事诉讼法》在全国人大获得通过。1982 年，《民事诉讼法》开始试行。1986 年，律师职业资格考试开始施行，律师的质量开始得到规范和保障。1989 年，《行政诉讼法》经人大审议通过，标志着中国的法院诉讼制度正式确立。2005 年，《法官法》的颁布建立了对法官的资质要求，法官的质量得到稳步的提升。

同时，中国法院的组织结构也通过不断地调整完善以适应改革开放新形势下对法院的要求。1979 年，为了适应改革开放后经济纠纷的不断增多，特别是《经济合同法》的颁布施行，在重庆市中级人民法院最早开始设立经济审判庭，专门审理经济类的纠纷。到 1983 年，在《人民法院组织法》的修订中将经济庭的设立推广到了全国。同样地，为了应对不断增多的行政类诉讼，1986 年开始试点建立行政审判庭，到 1990 年《行政诉讼法》施行后，在全国范围内 3037 个法院设立了行政审判庭，占到了当时法院数量的 93%。① 另外随着中国对知识产权保护认识水平的提高以及知识产权纠纷的不断增多，1993 年北京市高、中级人民法院最早开始设立专门的知识产权审判庭。随后的 1994 年，最高法下发通知，鼓励有条件的法院设立知识产权审判庭。到 2014 年，在北京、上海和广州又成立了专门的知识产权法院。

改革开放初期所进行的一系列改革并非是基于某种法律或者政治理念而进行的设计，更多的是出于当时形势的需要。诸如《涉外经济合同法》、《全民所有制工业企业法》等一系列新法的制定，是针对当时亟须解决的国企和外企的相关问题。对律师和法官任职资格的要求，是由于法院在应对日益复杂的纠纷时迫切需要提高业务水平。经济审判庭、知识产权审判庭的设立，则是对经济纠纷和知识产权纠纷不断增多的回应。因此，经济改革驱动了法律需求的增长，继而又通过法律领域的改革来回应发展的需要。

3. 法院经费保障机制改革

物质保障是改革顺利推进的前提和基础。改革开放以来，中国的法院体系得到了不断的发展和完善，迄今为止包含 3000 多个地方各级普通法院和专门法院以及近 30 万以法官为主体的从业人员的法院体系已经形成。然而，为了维持这样一个庞大体系的运转，确保司法功能得到正常和有效的发挥，并保障司法公正，相应的经费保障是一个重要的前提。从改革开放初期直到近年来，法院的经费主要来源于两个渠道：其一是同级财政的拨款；其二是法院在案件受理过程中所收取的各项费用。如果法院过度依赖于诉讼费用的收取，则会使法院降低每个案件的审理质量，造成滥收费甚至司法腐败的滋生。因此，政府财政对法院的支持力度是法院发展水平的重要影响因素。统计数据显示，在 1995～2006 年间，地方财政支出中分配到司法系统（包括法院、检察院、公安局和监狱）的比例从 5.8% 增长到了 6.8%，经费绝对量从 2700 万元左右上升至 2 亿元以上。这在很大程度上确保了法院的运转和发展。②

---

① 数据源自江必新：《官民矛盾的和谐治理——中国行政审判的回顾与前瞻》，《人民论坛》2008 年第 24 期。
② 当然法院对地方财政的过度依赖也是会存在问题的，特别是会影响到法院的司法独立性，我们在后面也会分析这个问题。但是相对于司法独立的问题，加强对法院的经费保障力度是改革的初期阶段更为迫切需要解决的问题。

　　同时，中央出台了一系列的改革措施和办法来解决法院经费保障的问题。为了减少对诉讼费用的依赖，自 2007 年起实施的《诉讼费用交纳办法》大幅降低了诉讼费用的标准，同时通过对法院收支的两条线管理，即法院的诉讼费首先全额上缴财政，经财政统筹后再以预算外资金的形式拨付给法院使用，这在很大程度上降低了法院对诉讼费用的依赖。与此同时，为了进一步加强对法院经费的保障，中央财政开始通过专项资金的形式持续稳定地向地方财政下拨法院专项经费，尽可能从法院的经费来源上保障法院的司法独立性。对于法院经费保障体制的进一步改革方向，也已确定为"明确责任、分类负担、收支脱钩、全额保障"。

　　这一系列法院经费保障机制的改革举措为提升司法质量发挥了重要作用。为验证法院经费保障机制改革的效果，我们以来源于 1995～2006 年的《中国统计年鉴》和私营企业调查数据研究地方财政中司法支出的比例对法院质量的影响。在计量模型设定中，因变量为法院的质量，用私营企业调查中 i 省的企业在 t 年对诉讼结果表示满意的比例作为衡量指标；自变量为法院从政府财政获得的经费指标（滞后两期以考虑法院获得的经费对法院质量影响的时滞），我们用两种方式来测度，一种是法院获得的经费占政府总支出的比例，另一种是人均的法院经费数额。虽然我们没有单独的法院所获得的经费数据，但法院所获得的经费比例应该和公检法司体系获得的总经费比例是正相关的，因此我们用公检法司的经费数额来代替法院经费数额。回归中还控制了人均政府支出（控制该省政府对法治发展的作用）、人均 GDP（控制该省的经济发展水平对当地法治发展的影响）、当地居民中大学以上学历的比例（控制当地法律从业人员的质量，因为法律体系中的从业人员大多由本地供给）、省份和年份固定效应。回归结果显示，司法支出占政府总支出的比例对法院的质量具有显著为正的影响，但人均司法支出对法院质量并无显著影响。值得一提的是，影响的大小亦引人注目：司法支出占总支出的比例每提高 1%，对法院诉讼结果的满意比例会提高大约 10%。

三、结语

　　基于中国法院的实证研究表明，发展推进法治的理论只是看到了改革开放后经济与法治发展在时间上的先后性，却并没有从根源上揭示法治发展的动因。事实上，改革才是中国法治发展的根本源泉。正是通过改革的不断推进和深化，才保证了中国的法治建设始终走在良性发展的轨道上，法治领域所存在的诸多问题也随着改革而得到逐步解决和完善。

从中国法院的发展历程来看，20世纪70年代末所开启的改革开放为经济的腾飞注入了活力，也促进了对法治需求的提高，同时也通过将计划经济时期绝大多数由政府行使的裁判职能向法院转移，使法院在经济社会生活中的作用日益凸显。与此同时，法院自身也通过不断的改革来适应对法律服务需求的提高，使其在服务数量和质量上都获得显著的提高。另外，司法财政体制的改革也促进政府财政对法院经费的保障力度持续加大，通过法治发展的物质保障来营造一个公平高效的法治环境。总之，改革才是驱动中国法治发展的最重要动力，通过改革，中国法治所存在的问题才能得到逐步解决，使得法治不断向前发展。因此，基于改革驱动法治的理论才能更为逻辑一致地解释中国法治中的问题与发展并存的现象，并为继续深化改革，推进法治的发展提供指导和动力。[①]

---

① 本篇内容是在龙小宁、王俊已发表的论文《法治与改革——基于中国法院系统的历史和实证研究》基础上修改完成的，见《经济社会体制比较》2016年第1期。

版权保护能够提升企业绩效吗？

——来自德化陶瓷企业的证据

提要

在当前经济结构转型升级的背景下，从中央到地方各级政府，都越来越深刻地意识到版权保护对于经济健康持续发展的重要作用，与版权相关的文化创意产业也被各地列为重点扶持发展的对象。然而，促进版权产业发展的现有措施主要还是以经济手段为主，即给予版权相关产业一定的税收优惠和减免等扶持政策，而对于如何从版权保护的角度推动版权相关产业的发展，却鲜见有针对性的政策。常见的司法保护和行政保护基本属于事后救济，且面临着举证难甚至赢了官司输了市场的困境。因此，如何在事前即给予版权所有人便利和有效的保护，成为加强版权保护和提升保护效率的重要问题。而福建省德化县出台的版权本地免费登记政策，为我们解决现有版权保护无法进行有效事前救济的弊病提供了重要参考。该政策首先节约了版权人的登记成本，其次通过本地化服务方便了版权人登记版权和咨询相关事宜，最后通过本地化版权作品展示平台，加强了当地企业之间版权作品的信息交流。通过这项便利且低成本的版权保护措施，可以对潜在的侵权行为给予事前的预防，既解除了版权人研发设计新产品的后顾之忧，又基于市场的手段给予了版权人恰当的回报。这一政策减轻了政府惯常使用的经济激励所带来的财政负担，同时从长远角度看，也有利于培育真正有竞争力的市场主体，全面提高中国版权相关产业的市场竞争力。因此，本篇的研究结果为中国探求知识产权保护的有效路径和推动创新驱动战略，提供了有益的经验和借鉴。

知识产权及相关产业在中国经济发展中的作用正日益凸显。根据世界知识产权组织对中国版权产业的调查，[①] 2004 年，中国版权产业增加值达到

[①] 版权产业是指生产经营具有版权属性的作品（产品），并依靠版权法和相关法律保护而生存的产业。

7884 亿元人民币，占 GDP 的 4.9%，而到 2006 年，版权产业增加值增长为 13197 亿元人民币，占 GDP 的比重提高到 5.6%。① 如何延续这一增长趋势并推动版权产业的持续发展是需要研究的重要问题，特别是在当前中国经济增速放缓的"新常态"背景下，被历次党代会和全国人大会议多次强调的创新驱动发展战略已成为中国经济发展转型、培育新的增长点的重要手段。

此外，在当前中国经济结构亟待优化升级的背景下，版权产业快速增长背后所凸显的结构性问题也需要引起我们的警觉和重视。世界知识产权组织将版权相关产业分为四类：核心版权产业、部分版权产业、版权依赖产业和非专用支持产业。② 其中，核心版权产业是指那些创作和出品受版权保护产品的行业，包括音乐、书籍、杂志和报纸出版业等，这部分产业的重要性自不待言。而部分版权产业一般是指传统产业中有部分产品享有版权的产业，如本章关注的陶瓷产业。正因为部分版权产业体现了传统产业和版权的结合，因而其发展水平的高低从一个侧面体现了创新在产业发展中发挥作用的程度。从中国版权产业发展的现状看，2004 年，中国核心版权产业和部分版权产业的工业增加值分别为 3188.7 亿元和 763.8 亿元人民币，占 GDP 的比重分别为 2% 和 0.48%；到 2006 年，核心版权产业和部分版权产业的工业增加值增长到 6471.6 亿元和 1014.2 亿元，占 GDP 的比重分别为 3.07% 和 0.48%。③ 从两组数据可以看出，核心版权产业和部分版权产业两年的增长率分别为 42.46% 和 15.23%，无论是从增长率还是比值的角度看，部分版权产业的发展都相对滞后。这一方面表明中国版权产业存在结构性发展失衡的问题，另一方面也间接验证了中国制造业缺乏创新，产品的附加值低，尚处于粗放型发展阶段。因此，如何通过实施有效的版权保护策略来促进版权产业，特别是部分版权产业的发展，以推动产业结构的优化升级，正是当前"新常态"背景下中国经济发展的当务之急。

关于创新对经济发展的重要作用，现有研究已经达成了广泛的共识，但对于知识产权保护作用的研究结果却依经济发展水平、保护强度和保护方式

---

① 数据源自 WIPO（2009）。
② 同上。
③ 同上。

等方面的不同而存在争议，特别是缺乏针对版权保护作用的研究。究其原因，一是知识产权指标衡量的困难，二是高质量数据的缺乏。现有研究中对于知识产权保护水平的衡量，主要采用的方式是基于 GP 指数或其扩展形式以及世界经济论坛（World Economic Forum，WEF）开发的知识产权保护指数的测度，前者通过综合考虑包括保护的覆盖范围、是否加入国际条约、权利丧失的保护、执法措施和保护期限来衡量保护的强度，[①] 后者则基于每年连续的问卷调查数据。这两种测度方式主要适合于比较国与国之间知识产权保护的差异，无法对更为微观层面的知识产权保护进行有效衡量。[②③④⑤⑥] 史宇鹏和顾全林[⑦]、李莉等[⑧]的研究则以专利和技术相关的数据衡量知识产权保护的水平，但专利毕竟仅仅只是知识产权的一个维度，无法衡量包括商标、版权在内的其他知识产权保护的水平。同时，与专利研究相比，由于版权的获得不以登记为条件，版权数量的相对难以量化使得从实证角度研究版权对经济影响的文献相对匮乏，因而对于版权问题的研究主要是以理论模型为主。[⑨⑩⑪] 而在现有为数不多的版权方面的实证研究中，除依赖于 GP 指数这样相对宏观和概括的测度方法之外，现有研究则主要采取尝试寻找版权的代理变量的方法，例如 Smith 等[⑫]基于累计生产函数，以个人电脑、服务器

① Ginarte，J. C. & W. G. Park，"Determinants of patent rights：A cross-national study"，*Research Policy*，1997，26（3）：283–301.

② Weng，Y.，C. H. Yang & Y. J. Huang，"Intellectual property rights and U. S. information goods exports：The role of imitation threat"，*Journal of Cultural Economics*，2009，33（2）：109–134.

③ 姚颉靖、彭辉：《版权保护与软件业盗版关系的实证研究》，载《科学研究》2011 年第 6 期。

④ 刘思明、侯鹏、赵彦云：《知识产权保护与中国工业创新能力》，载《数量经济技术经济研究》2015 年第 3 期。

⑤ Park，W. G.，"Do intellectual property rights stimulate R&D and productivity growth？Evidence from cross-national and manufacturing industries data"，in：D. Foray（eds.），*Intellectual Property and Innovation in the Knowledge–Based Economy*，Industry Canada，2005.

⑥ 余长林：《知识产权保护、模仿威胁与中国制造业出口》，载《经济学动态》2015 年第 11 期。

⑦ 史宇鹏、顾全林：《知识产权保护、异质性企业与创新：来自中国制造业的证据》，载《金融研究》2013 年第 8 期。

⑧ 李莉、闫斌、顾春霞：《知识产权保护、信息不对称与高科技企业资本结构》，载《管理世界》2014 年第 11 期。

⑨ Novos，I. E. & M. Waldman，"The effects of increased copyright protection：An analytic approach"，*Journal of Political Economy*，1984，92（2）：236–246.

⑩ Landes，W. M. & R. A. Posner，"An economic analysis of copyright law"，*Journal of Legal Studies*，1989，18（2）：325–363.

⑪ Koboldt，C.，"Intellectual property and optimal copyright protection"，*Journal of Cultural Economics*，1995，19（2）：131–155.

⑫ Smith，P. J. et al.，"How do copyrights affect economic development and international trade？"*Journal of World Intellectual Property*，2009，12（3）：198–218.

和宽带作为版权相关资本的代理变量来研究其对经济发展的影响。但此类方式由于内生性问题难以解决，故而也并非较为合适的研究版权保护的方法。

　　为更好地研究版权保护的作用，本章以福建省德化县于2004年颁布的一项关于版权的本地免费登记政策作为切入点，来研究这一版权保护的政策对企业绩效的影响。对该政策的研究一方面可以帮助我们探索创新版权保护的有效办法，另一方面对于评估当前业已开始的更大范围实验的效果具有较大的现实意义。自2013年10月1日起，江苏省已经开始施行版权免费登记制度，并专门成立了江苏省版权保护中心。随后，江苏省下辖的南通、泰州等地市也专门根据各地市的实际情况，设立版权登记机构来提供版权免费登记服务。通过本章的实证研究，我们发现版权本地免费登记政策对企业绩效具有显著的积极影响，因而为预测此类政策的实施效果提供了可资参考的依据。

　　本章的主要贡献有如下几点：首先，通过一项"准自然"实验（版权本地免费登记）来考察版权保护政策的重要变化所产生的影响。具体而言，我们在研究中将样本划分为实验组（颁布政策区域的企业）和对照组（未颁布政策区域的企业），考察在仅存在这一具体版权保护政策差异的情况下，相同产业中企业的不同绩效表现。这区别于大多数现有文献中通过给予不同指标各种主观权重来编制指数并在此基础上衡量版权保护程度变化的做法，① 因而更能客观体现版权保护的程度与作用，得到的研究结果也有助于行政和立法机关有针对性地制定版权保护政策。其次，在研究策略上，本章基于面板数据固定效应模型，利用双差分（Difference – in – Difference）来研究版权保护政策对企业绩效的影响，较好地解决了内生性问题。本地免费版权登记的政策安排主要来自福建省德化县政府的决定和规划，外生于当地企业的生产经营行为，因而可以将其视为一项"准自然"实验。另外，通过双重固定效应面板模型，控制了不随时间和不随企业变化的诸多特征的影响，较大程度地减少了遗漏变量的偏差。最后，在研究样本的选择上，本章采用的是企业级的微观面板数据，区别于通常研究中使用的国家级数据，这

---

① Park，W. G.，"Do intellectual property rights stimulate R&D and productivity growth? Evidence from cross-national and manufacturing industries data"．

样更有助于从微观层面研究版权保护政策对作为市场直接参与者的企业绩效的影响，在一定程度上避免了利用国家级数据可能遭遇的加总偏误。事实上，据我们所知，目前还未发现有从企业层面，基于实证方式研究版权保护对经济影响的相关文献。

一、研究背景及理论假说

（一）研究背景

为研究版权保护与企业绩效之间的关系问题，我们在本章中通过福建省德化县在 2004 年出台的一项版权本地免费登记政策的"准自然实验"，来尝试识别版权保护与企业绩效的因果关系。虽然我们的研究对象是一个县的版权保护政策，但该县的产业特征具有较大的代表性和典型性，对其政策效果的研究也有助于为在更大范围内推广该政策提供参考。以下我们通过对研究背景的介绍来论证研究样本选择的合理性。

福建德化与江西景德镇、湖南醴陵并称中国三大古瓷都，陶瓷产业长期以来都是德化的支柱产业。以 2012 年为例，德化县 GDP 为 134.68 亿元，而陶瓷产业的产值便达到了 124.23 亿元，占当地 GDP 的 92.24%。[①] 从瓷器特色来看，与河北唐山、广东佛山等以工业瓷为主的陶瓷产地不同，德化陶瓷在以工艺瓷为传统优势的基础上，形成了以白瓷为代表的德化瓷器特征，具有较高的艺术美感和价值。同时，德化陶瓷产业竞争激烈，截至2012 年，当地共有 1361 家陶瓷企业，若想在如此众多的企业中脱颖而出，唯有不断在产品设计方面推陈出新，而版权保护对于德化陶瓷产业在发展过程中成功避免被竞争对手模仿的重要性则愈加凸显。[②] 因而德化的陶瓷产业是部分版权产业中对版权依赖程度较高的典型产业样本，以其为研究对象能够较准确地衡量版权保护对部分版权产业发展的影响。

与此同时，福建德化在版权保护方面做了大量工作，而其中 2004 年开始实施的企业本地免费版权登记制度，更成为全国首创的版权保护措施。世

---

① 数据来自《德化县统计年鉴》。
② 对于陶瓷产品还可以选择通过外观设计专利等其他形式的保护，但版权保护具有保护期限长、手续办理简便和费用低等其他显著优势。

界知识产权组织和国家版权局将德化经验概括为通过行政执法制止侵权行为，调处版权侵权纠纷，引导成立行业公会，加强司法保护和普法宣传教育等。① 但我们认为，相比其他地区，德化固然可能对于这些措施施行的力度更大，但真正区别于其他地区的版权保护措施则是德化的版权本地免费登记制度。为便于企业进行版权登记，并减少企业版权登记的成本，德化县于2004 年成立版权登记服务中心，开始在本地为企业免费进行版权登记。② 德化的版权保护工作得到了国内外的肯定，2006 年德化被国家版权局授予"全国版权保护示范单位"，又在 2011 年被授予"世界知识产权组织版权保护优秀案例示范点"，是继江苏南通之后，世界知识产权组织在华授予的第二个版权保护示范点。

版权本地免费登记政策的实施有哪些效果呢？首先，其最直接的效果是降低了版权所有人的登记成本，从而增加了版权所有人对版权登记的需求。陶瓷产品一般是作为美术作品而受到《著作权法》保护的，根据《国家发展改革委关于著作权自愿登记收费有关问题的通知》，美术作品的登记费为每件 300 元，系列作品登记第二件起每件 100 元。进行版权登记往往需要聘请中介公司，中介费用根据各地情况有所差异，大概每件在 100 ~ 150 元之间；如果不通过中介公司而自行办理登记事宜，则需要另外承担相应的人力和物力成本。以德化为例，起初登记版权需要到福建省版权局办理，而在2004 年高速公路开通之前，从德化到福州需要四五个小时的车程，企业派人派车需要耗费大量的成本。由于企业不可能经常性地往返于两地，便会造成大量作品逾期登记，从而得不到及时的保护。其次，基于版权免费登记政策所成立的德化版权登记服务中心，还发挥了促进当地陶瓷企业之间的版权作品交流，起到了避免侵权的作用。根据世界知识产权组织和国家版权局的德化调查报告，德化县陶瓷作品的侵权主要来源于本地陶瓷企业，而通过将陶瓷作品在版权登记服务中心进行登记展示，可以形成对有侵权动机的本地陶瓷企业的震慑，有效制止当地的其他陶瓷企业的侵权行为，这一作用是传

---

① 主要归纳自世界知识产权组织和国家版权局关于德化版权保护的研究报告：《版权保护促进中国德化陶瓷产业发展的研究》。

② 值得注意的是，德化县从 2001 年起便开始开展版权登记服务，但据笔者对德化县文体局相关负责人的访谈中了解到，当时虽然已经实行版权免费登记，但依然需要企业自行到省版权局报送相关材料，且由于当时交通条件的限制，单程便需要四五个小时的车程，或者通过中介来进行版权登记。这种情况直到 2004 年版权登记服务中心正式成立才得到改观。

统上到省版权局进行登记所不具备的。

综上所述，我们发现2004年德化县正式成立版权登记服务中心后，一方面帮助陶瓷企业节省了版权登记费用以及交通等相关人力物力成本，因为企业只需要把相关材料递交当地的版权登记中心，后者收集好全县企业的资料，一并送到省版权局登记。另一方面更为重要的是，通过将各自的版权作品在当地进行展示，为企业通过行政或司法途径寻求救济提供了版权所有的直接证据，从而提高了其他企业的侵权成本，更好地避免了侵权。同时，版权登记中心的设立也便于企业就近咨询相关版权业务知识，为版权知识的宣传起到了推动作用，这进一步提高了企业版权登记的意识。

（二）理论假说

在上文讨论的基础上，我们接下来讨论德化的版权本地免费登记政策对企业绩效的具体影响。版权登记为企业保护自己设计研发的产品提供了直接而有力的证据，这样就能更有效地预防和制止其他企业的抄袭模仿等侵权行为，为企业通过行政或司法途径寻求救济提供了依据。换句话说，企业所设计的产品进行版权登记后，便更容易得到有效的保护，避免潜在侵权行为的发生，因而企业会更愿意加大研发投入，不断设计新的产品，并增加版权登记数量。新产品设计并生产出来后，得到市场的青睐，因其他企业在版权保护期内不能对其进行仿制，拥有版权的企业便会占有市场垄断地位，销售额会大幅提高。[①] 对于劳动生产率，受版权保护水平提高的激励，企业销售额增加，而消耗的成本不会有显著的增加，从而使得工业增加值得到提高，在企业雇佣人员数不变的条件下，劳动生产率也会相应地提高。与此同时，无论是基于企业销售额增加而导致的正常利润的增加，还是基于企业一定程度的垄断权力而获得的垄断利润，在投入成本没有相同幅度增加的情况下，都会带来企业利润率的提高。

上述论断可以通过经济模型正式推导，如 Varian[②] 论证了赋予创作者版

---

① 当然，版权保护赋予企业的垄断权利，也会给予企业控制销量、提高定价的动机，但由此产生的对销售额的影响是次要影响（second-order effects），一般小于销售额增加的主要影响（first-order effects）。

② Varian, R. H., "Copying and copyright", *Journal of Economic Perspectives*, 2005, 19 (2): 121–138.

权实际上就相当于给予了创作者一定期限的垄断权。又如 Landes & Posner[1]建立了一个创作者和复制者生产具有完全可替代性产品的模型，来衡量版权保护对作品创作的影响。通过对创作者的利润函数求导分析，文章推导出利润与版权保护水平的关系，并发现创作者的利润是版权保护水平的增函数，版权保护水平提高，能够提高版权所有者的利润。

因此，根据上述的分析，我们提出如下假设：

假设 1：版权本地免费登记政策能够增加企业的版权登记数量、销售额、劳动生产率和利润率。

此外，陶瓷产品本身也包含多个类别，根据《国民经济行业分类代码》，陶瓷行业可细分为建筑陶瓷制品、卫生陶瓷制品、特种陶瓷制品、日用陶瓷制品和园林、陈设艺术及其他陶瓷制品几个子类。那么，版权本地免费登记政策对哪一类陶瓷行业的影响最大呢？根据《国民经济行业分类代码》中对园林、陈设艺术及其他陶瓷制品的说明，该类产品是"具有艺术造型或花纹、图案等，主要供陈设、观赏或装饰用的纯艺术欣赏陶瓷制品和以欣赏为主的陶瓷陈列品、实用品的制造。"[2] 因此，我们认为此类陶瓷产品与版权的关联最为密切。版权本地免费登记政策能够提高生产此类陶瓷制品的企业的版权登记数量，从而推动此类企业有更好的绩效表现，故而我们提出如下假设：

假设 2：版权本地免费登记政策对生产园林、陈设艺术及其他陶瓷制品的企业在版权登记数量和企业绩效表现方面的影响更大。

综上所述，本章研究版权保护对企业绩效的影响，具体是检验版权免费登记这一政策是否能够通过促进企业加强创新来提升企业生产的技术水平，最终提高企业的产出和绩效。下文将对以上的假设进行实证检验。

---

[1]　Landes, W. M. & R. A. Posner, "An economic analysis of copyright law", *Journal of Legal Studies*, 1989, 18 (2): 325 – 363.

[2]　而建筑陶瓷制品指用于建筑物的内、外墙及地面装饰或耐酸腐蚀的陶瓷材料的生产，以及水道、排水沟的陶瓷管道及配件的制造；卫生陶瓷制品指卫生和清洁盥洗用的陶瓷用具的生产；特种陶瓷制品指专为工业、农业、实验室等领域的各种特定用途和要求，采用特殊生产工艺制造；日用陶瓷制品指以黏土、瓷石、长石等为原料，经破碎、制泥、成型、烧炼等工艺制成，主要供日常生活用的各种瓷器、炻器、陶器等陶瓷制品的制造。对比园林、陈设艺术及其他陶瓷制品，上述陶瓷制品由于以实用为主，故与版权相关的艺术、设计的成分相对较少。

二、实证策略

(一) 双重差分法与计量模型设定

直观上，基于是否颁布版权本地免费登记政策来考察对企业绩效的影响，就是直接比较版权本地免费登记政策颁布后和颁布前的企业绩效是否存在系统性差异。但是，这种简单比较可能无法得出可信的结论，因为版权登记政策颁布前、后的企业绩效差异也可能是由其他因素引起的，而不是版权本地免费登记政策的结果。为了更准确地识别版权保护对企业绩效的影响，本章采用双重差分法（Difference-in-Difference）来实证分析版权登记政策的影响。

双重差分法通常被用来评估某项政策或事件对实施对象的影响，[①] 其中隐含的假设是将某项政策或事件视作一个自然实验。这要求该政策或事件对结果的影响足够外生，也即政策与所研究的结果之间既没有反向因果的关系，也不是同为其他因素作用的结果。[②] 本章所研究的版权免费登记政策是由德化县政府实施的，作为个体的陶瓷企业无法影响政府的决策，因此我们的政策变量部分地满足政策的外生性要求。同时，我们通过选择合适的控制组（也即未受自然实验影响的样本，control group）来与实验组（也即受自然实验影响的样本，treatment group）进行比照，以较好地解决同时性的问题并准确考察政策对结果造成的净影响。本章选择的控制组是德化县以外与德化位于同一地级市（泉州市）辖区的陶瓷企业。[③] 选择其作为控制组的理由是，由于德化县和除德化以外的泉州其他地区的陶瓷企业同属一个地级行政辖区，地理位置相近，在陶瓷产品生产制造过程中的原材料、政策环境、市场环境等各个方面都极为相似，因此可以认为，在德化县的免费版权登记政策实施之前，德化县和除德化外的泉州其他地区的陶瓷企业具有相似的发展趋势。因此，本章选择泉州市（除德化县外）的陶瓷企业作为控制组来

---

① Meyer, B. D., "Natural and quasi-experiments in economics", *Journal of Business & Economic Statistics*, 1995, 13 (2): 151–161.
② 也即反向因果（reverse causality）与共时性（simultaneity）的问题。
③ 德化县是地级市泉州市下辖的县。

识别版权免费登记政策的影响是合适和有效的。在另外的稳健性检验中，我们也会选择其他地区的企业样本作为对照组。

具体地，我们采用面板固定效应模型，并运用双重差分法来估计版权本地免费登记政策对企业销售增长率、劳动生产率和利润率的影响。其中，企业的利润水平用三种方式衡量，即 ROS（总利润/总销售额）、ROA（总利润/总资产）和 ROE［总利润/（总资产－总负债）］。再控制上一期的总销售额和雇员人数（用来控制企业规模）、资本密度（即总资产/雇员人数，用来控制企业的资本技术含量）、企业存续时长（用来控制企业历史）和资本构成（用各种所有制形式股份额度表示）。同时，为了尽可能地避免其他不可观测变量造成的遗漏变量偏差，还在模型中加入企业和时间固定效应，以控制不随企业和不随时间变化的各种因素的影响。

另外，需要注意的是，在政策外生的条件之外，双重差分法还要求政策实施前实验组和控制组的企业绩效表现趋势基本相同。因此，为进一步确认双重差分法的适用性，本章将利用政策实施前的样本数据进行平行趋势的检验。依据 Galiani 等的研究思路，[①] 如果 2000～2003 年的政策影响系数在统计上无异于 0，则可以认为在版权免费登记政策实施前，实验组和控制组的企业绩效表现趋势基本相同。

（二）数据来源与特征描述

本章的主要研究数据来源于国有及大中型工业企业数据库，该数据涵盖了全部国有企业和年销售额在 500 万元人民币以上的非国有企业。取决于具体的研究范围和要求，我们通过企业名称、企业地址和行业代码信息从 1998～2007 年工业企业数据中选取相应地区和行业的陶瓷企业数据，来生成本章将要用到的企业微观数据。例如，在我们的基准分析中，样本仅限于福建省泉州市的陶瓷企业，而之后的稳健性检验则包括德化、景德镇和醴陵的陶瓷企业。

此外，我们在福建省德化县进行实地调研时，德化县文体局还为我们提供了从 2001 年到 2007 年德化本地陶瓷企业的版权登记数量的信息，即包括

---

① Galiani, S., P. Gertler & E. Schargrodsky, "Water for life: The impact of the privatization of water services on child mortality", *Journal of Political Economy*, 2005, 113 (1): 83–120.

登记时间、著作权人名称和作品名称等数据。我们筛选出其中著作权人为企业的数据，根据企业的名称和工业企业数据库进行匹配，获得德化县 2001～2007 年陶瓷企业版权登记数量的数据。基于该数据，我们希望对版权本地免费登记政策的最直观效果进行检验，即版权免费登记政策能否推动版权登记数量的提高。然而，由于我们仅有德化县的版权登记数据，因而无法基于双重差分法来直接同泉州非德化地区的控制组进行比较。为了检验政策的效果，我们采用了一种替代性的方法，即以德化县的园林、陈设艺术及其他陶瓷制品企业为实验组，以德化县的其他类型陶瓷企业为控制组，来比较版权免费登记政策是否对园林、陈设艺术及其他陶瓷制品企业的版权登记数量的影响更大。

在对工业企业数据处理的过程中，为了尽可能减少极端异常值对研究结果的影响，参考现有文献的处理方式，[①] 我们剔除了以下几种类型的数据：就业人数缺失或少于 8 人的企业；固定资产净值、总产出、总销售额和总资产缺失或小于 0 的企业。同时，我们还删除了在样本存续期内行业类型有调整的企业。为了保证数据在不同年份间的可比性，我们还以 1998 年为基期，使用 CPI 指数对相关数据进行了平减处理。

泉州市陶瓷企业的样本数据显示：实施了版权本地免费登记政策后的德化县陶瓷企业，其用三种方式（ROS、ROA 和 ROE）衡量的企业利润水平都要显著高于其他位于泉州市（非德化）或免费登记政策实施前的德化县的陶瓷企业，而销售额的增长率和劳动生产率在实验组和对照组间不存在显著差异。在比较版权登记数量这一指标时，本章选取的实验组是德化工艺陶瓷企业，控制组则是德化其他类型的陶瓷企业。从对比结果来看，德化工艺陶瓷企业的版权登记数量要明显高于其他类型陶瓷企业的版权登记数量。不过这些只是对版权本地免费登记政策影响效果的初步探讨，下面我们将做进一步更细致的检验。

（三）双重差分法适用的平行趋势检验

为更可信地研究版权免费登记政策的影响，我们首先来检验政策实施

---

① Cai, H. & L. Qiao, "Competition and corporate tax avoidance: Evidence from Chinese industrial firms", *Economic Journal*, 2009, 119 (537): 764–795.

前，德化县和泉州市（非德化）在企业绩效方面的时间趋势是否一致。由于版权免费登记政策是2004年开始实施的，因此本章检验2004年前也即政策实施前的样本时间趋势。平衡趋势检验结果显示：对于销售额的增长率、劳动生产率和利润率这三个维度的企业绩效，除2002年德化企业相比其他企业在ROA上存在10%水平上的显著差别外，其他从2000年到2003年的时间趋势对企业绩效的影响均不显著。这说明在版权免费登记政策实施前，德化县和泉州市（非德化）在企业绩效方面的时间趋势是基本一致的。① 双重差分法在此处的适用性是不存在问题的。

三、计量结果及分析

（一）基本结果

本章进行了一系列实证回归，自变量分别为代表是否施行德化版权本地免费登记政策的虚拟变量，滞后一期的总销售额对数、雇员人数对数、资本密度对数、企业年龄对数和资本构成类型。所有的标准差均为在企业水平上计算的聚类标准差。②

回归结果显示，政策变量的估计系数均显著为正。首先，结果表明版权本地免费登记政策颁布后，德化陶瓷企业销售额的增长率显著高于泉州市（非德化）的陶瓷企业。具体来说，德化县的陶瓷企业销售额的增长率要高出泉州市（非德化）的陶瓷企业33.7%。这也验证了我们在理论假说部分所认为的，政策对销售量增长的作用要大于由于版权保护的增强而导致企业限定产量的影响。其次，结果显示德化陶瓷企业的劳动生产率也要高于泉州市（非德化）的陶瓷企业，具体来说接近提高了40%。最后，结果表明德化陶瓷企业的利润率要显著高于泉州市（非德化）的陶瓷企业。具体来说，版权本地免费登记政策可以使得德化陶瓷企业基于不同方法衡量的利润率，

---

① 即使2002年德化企业样本与非德化企业样本之间存在ROA上的显著性差异，也与后面观察到的政策作用方向相反，因此更加支持版权免费登记政策促进企业绩效的结论。

② 根据Bertrand等（2004）和Stock and Watson（2008），我们使用企业水平上的聚类标准误。而Moulton（1990）和Wooldridge（2003）强调当使用分组水平的解释变量时，需要考虑可能存在的组内相关以避免标准误的不一致。因此，我们也尝试在政策层次使用聚类标准误，并得到类似的结果。

高于其他非德化的泉州陶瓷企业 50% ~ 80%。上述结果也就验证了我们之前提出的假设 1，即版权本地免费登记政策能够提升企业销售额、劳动生产率和利润率。

为了检验假设 2 的推断，我们在回归中额外加入一个政策×工艺陶瓷企业的交互项，其中当工艺陶瓷企业哑变量等于 1 时则代表生产园林、陈设艺术及其他陶瓷制品的企业，加入该变量后的回归结果显示政策×工艺陶瓷企业这一交互项的估计系数在 10% 的显著性水平下为正，表示在版权免费登记政策实施后，德化县的工艺陶瓷企业版权登记的数量要高于其他类型陶瓷企业平均 3 件以上，说明版权免费登记政策对工艺陶瓷企业进行版权登记的影响是直接和显著的。而就对企业绩效的影响来看，在加入交互项后，虽然政策变量不再显著，但政策变量对销售额增长率的影响变为负的，这验证了理论假说部分所说的，在版权本地免费登记政策实施后，企业由于版权保护的增强，存在通过控制销量来提高利润的倾向。而我们发现交互项依然是在 5% 的水平上显著为正的，说明对于工艺陶瓷企业，版权保护的加强使得企业的销量更有保障，因而销售额增长率的提高才是政策的最主要影响。从对劳动生产率的影响来看，版权免费登记政策在不同类型的陶瓷企业之间并不存在显著的差异。而从对企业利润水平的影响来看，政策×工艺陶瓷企业的影响均是显著为正的，说明德化县版权本地免费登记政策有利于提高陶瓷企业利润率的作用，主要表现在生产园林、陈设艺术及其他陶瓷制品的企业方面。上述发现也支持了假设 2 的推断，版权本地免费登记政策对生产园林、陈设艺术及其他陶瓷制品的企业在版权登记数量和企业绩效表现方面的影响更大。

（二）稳健性检验

为了检验上述结果的稳健性，我们进行下面几种分析：

首先，采用双重差分法来评估版权本地免费登记政策对企业绩效影响的一个假设条件是，如果该政策不存在，实验组和对照组间的企业绩效则并不应该存在显著差异。这里我们将采用反事实的方法来检验这个假设条件是否成立。具体来说，我们通过设置假想的版权本地免费登记政策的实施年份，并重新估计回归方程来判断之前结果的稳健性。如果在假想版权政策实施年份的情况下，政策变量的估计系数不显著，就可以说明除去版权登记政策的冲击，实验组和对照组的企业绩效不存在显著的差异。我们任意选取

2002 年作为假想的版权免费登记政策的颁布时间，估计结果显示政策变量的估计系数是不显著的，因此支持了在版权登记政策不存在的情况下，实验组和对照组间的企业绩效并不存在显著差异的假设。[1] 同时，这些反事实检验的结果也验证了 2004 年德化县正式实施的版权本地免费登记政策，仅在该年之后才对企业的绩效存在显著影响。

其次，我们将通过替换控制组来检验版权本地免费登记政策对德化陶瓷企业的影响是否稳健。正如我们在背景部分所介绍的，福建德化同江西景德镇、湖南醴陵并称中国三大古瓷都，三地在陶瓷产品特色上各有不同，但均以与版权联系紧密的工艺陶瓷见长。因而，三地的陶瓷企业产品特点相近，且在当前国内市场一体化的背景下，三地陶瓷企业面临的市场环境和竞争态势也是相近的。所以我们将泉州（非德化）的陶瓷企业替换为景德镇和醴陵的陶瓷企业作为控制组应当也是合适的。替换控制组后的回归结果显示政策变量对销售额增长率的影响接近显著为正；对劳动生产率存在正向的影响，但不显著；在 1% 的显著性水平上对陶瓷企业利润存在显著为正的影响，通过与之前的回归结果进行对比，我们可以发现在影响的具体程度方面也是较为接近的，版权本地免费登记政策的实施可以使得德化陶瓷企业的利润率高于景德镇和醴陵陶瓷企业的 75%～110%，而销售额的增长率高出 44% 左右。这就验证了版权本地免费登记政策对德化陶瓷企业的影响效果是稳健的。

在此基础上，本章进一步加入政策×工艺陶瓷企业变量，以检验版权本地免费登记政策主要作用于与版权联系更为紧密的陶瓷产业门类的结论是否稳健。回归结果与之前的结果类似，版权本地免费登记政策对于企业销售额的增长率和利润水平的促进作用，主要集中在与版权联系更为紧密的生产园林、陈设艺术及其他陶瓷制品的企业方面，这也再次验证了本章先前研究结论的稳健性。

四、结语

以福建省德化县实施的版权本地免费登记政策为研究对象，本章使用双

---

[1]　我们还尝试使用 2003 年作为假想的时间，结果与此类似。

重差分法对政策的实际效果进行了评估。从实证研究的结果中我们看到，德化县实施的版权本地免费登记政策显著提高了当地陶瓷企业的经营绩效，无论是从销售额增长率，还是劳动生产率，抑或是基于不同指标的利润水平，版权登记政策实施后，德化县陶瓷企业的绩效都显著高于泉州市（非德化）以及景德镇和醴陵的陶瓷企业，且这种影响更明显地体现在生产园林、陈设艺术及其他陶瓷制品的企业上，表明对于与版权相关程度越高的行业，版权保护的作用也越大。

本文的研究结果为中国探求版权和知识产权保护的有效路径提供了有益的经验和借鉴。在当前中国面临经济结构转型升级的背景下，从中央到地方各级政府，都越来越深刻地意识到版权保护对于经济健康持续发展的重要作用，与版权相关的诸如文化创意产业也已被各地列为重点扶持发展的对象。然而，对于促进版权产业的发展的途径，现有的措施主要还是以经济手段为主，即给予版权相关产业一定的税收优惠和减免等扶持政策，而对于如何从版权保护的角度推动版权相关产业的发展，却鲜见有针对性的政策。常见的司法保护和行政保护基本属于事后救济，且面临着举证难甚至赢了官司输了市场的困境。因此，如何在事前就给予版权所有人便利和有效的保护，成为加强版权保护和提升保护效率的重要问题。而德化县出台的关于版权本地免费登记政策，为我们解决现有版权保护措施无法进行有效的事前救济的弊病提供了重要参考。该政策首先节约了版权人的登记成本；其次，通过本地化服务也方便了版权人登记版权和咨询相关事宜；最后，通过本地化版权作品展示平台，加强了当地企业之间版权作品的信息交流。通过这项便利且低成本的版权保护措施，可以对潜在的侵权行为给予事前的预防，既解除了版权人研发设计新产品的后顾之忧，又基于市场的手段给予了版权人恰当的回报。这一方面减轻了政府惯常使用的经济激励所带来的财政负担，另一方面可以培育真正有竞争力的市场主体，并全面提高中国版权相关产业的市场竞争力，有利于推动创新驱动战略的实现。①

---

① 本章内容是在龙小宁、王俊已发表的论文《版权保护能够提升企业绩效吗？——来自德化陶瓷企业的证据》基础上修改完成的，见《经济学动态》2016 年第 6 期。

中国社会保障法的发展历程及改革思路

提要

　　社会保障是关乎基本民生福祉和国家长治久安的重大制度安排，是实现社会公平正义的有效保障。中国的社会保障制度经过了六十余年的探索，如今已成为重要的基本制度之一，在保障人民基本生活，提高社会福利方面发挥着重要作用。社会保障法作为制度的基础，以法律的形式对社会保障的各项工作进行指导，使整个社会保障体系能够规范化运行。本章简要梳理了新中国成立以来中国社会保障法的发展历程，分析了制度变革方面存在的主要问题，并针对这些问题提出了一些政策建议。

　　社会保障（social security）一词最早出自美国罗斯福政府 1935 年颁布的《社会保障法案》（Social Security Act）。国际劳工组织给"社会保障"下的定义是："社会保障即社会通过一系列的公共措施对其成员提供的保护，以防止他们由于疾病、妊娠、工伤、失业、残疾、老年及死亡而导致的收入中断或大大降低而遭受经济和社会困窘，对社会成员提供的医疗照顾以及对有儿童的家庭提供的补贴。"[①] 国内学者也给社会保障作了界定，如郑功成认为"社会保障是国家依法强制建立的、具有经济福利性的国民生活保障和社会稳定系统；在中国，社会保障应该是各种社会保险、社会救助、社会福利、军人保障、医疗保健、福利服务以及各种政府或企业补助、社会互助保障等社会措施的总称。"[②] 孙祁祥等认为，社会保障是指"通过国家立法，积极动员社会各方面资源、保障无收入、低收入以及遭受各种意外灾害的公民能够维持生存，保障劳动者在年老、失业、患病、工伤、生育时的

---

　　① 孟醒：《统筹城乡社会保障》，经济科学出版社 2005 年版，第 6 页。
　　② 郑功成：《社会保障学》，商务印书馆 2009 年版，第 11 页。

基本生活不受影响，同时根据经济和社会发展状况，逐步增进公共福利水平，提高国民生活质量。"①

通过上述定义我们不难看出，社会保障所包含的各个方面都是建立在国家立法的基础上的，而社会保障法作为对社会保障的指导性法律，是以国家和社会为主体，为了保证有困难的劳动者和其他社会成员，以及特殊社会群体成员的基本生活并逐步提高其生活质量而发生的社会关系的法律规范的总和。② 由于各国国情的不同，社会保障涵盖的内容也有分别，少则十几种，多则上百种。一般来说，社会保障包括社会保险、社会福利、社会救济、社会互助等几大内容体系。1986 年，《国民经济与社会发展第七个五年计划》提出的社会保障体系包括社会保险、社会救济、社会福利、优抚安置（也称社会优抚）四项内容。在社会保障体系中，社会保险是核心内容，是整个体系的支柱。③ 现存的社会保障模式可分为国家福利、国家保险、社会共济和积累储蓄四种，分别以英国、苏联、德国、新加坡为代表。目前中国在建的社会保障制度，属于社会共济模式。

2010 年 10 月 28 日，第十一届全国人民代表大会常务委员会第十七次会议通过并颁布的《社会保险法》，是迄今为止中国社会保障领域位阶最高的法律，它从法律上明确国家建立基本养老、基本医疗和失业、工伤、生育等社会保险制度，并对确立基本养老保险关系转移接续制度、提高基本养老保险基金统筹层次、建立新型农村社会养老保险制度、城镇居民养老保险制度和新型农村合作医疗制度等做出原则规定。

社会保障是关乎基本民生福祉和国家长治久安的重大制度安排，也是公众关注度最高、反映最敏感、聚焦最持久的重要民生领域。④ 社会保障制度作为一项重要的基本制度，其主要任务是通过对财政转移支付来保障底层劳动人民的基本生活，同时通过对资源的再分配来提高人民的社会福利，改善人民的生活水平。它的存在有利于稳定社会秩序和维护社会公平。综观世界各国发展历程，我们可以发现，任何一个发达国家都有着极其完善的社会保

---

① 孙祁祥、郑伟等：《中国社会保障制度研究——社会保险改革与商业保险发展》，中国金融出版社 2005 年版，第 1 页。
② 史探径：《我国社会保障法的几个理论问题》，载《法学研究》1998 年第 4 期。
③ 贾俊玲：《社会保障与法制建设》，载《中外法学》1999 年第 1 期。
④ 郑功成：《中国社会保障发展报告 2016》，人民出版社 2016 年版，第 3 页。

障制度，而不重视社会保障发展的国家，其社会矛盾都会变得相对尖锐。社会保障法作为社会保障领域的基本法律，它的创立和完善是社会保障制度发展的起点和必要条件，也与中国依法治国的方针相吻合。同时，一个良好运转的社会体系必须有完备的法律法规来进行约束，故社会保障法也起到稳定政治和社会秩序的作用。另外，一个进步的国家应该尊重和保护其公民的生存权和发展权，社会保障法的实施，使得人民的这些权利得到了进一步的保障。

中国经济社会要持续稳定和谐发展，就必须建立健全与中国实际情况相适应的社会保障制度，而建立健全社会保障法则是达到这一目的的必经之路。

一、中国社会保障法的发展历程

中国的社会保障制度以新中国成立初期为起点，随着新中国的发展而发展，至今已走过了 60 多个春秋。在过去的 60 多年中，中国的社会保障制度经历了从无到有、从小到大、不断探索、不断完善的过程，社会保障法也在这几十年中伴随着社会保障制度不断成长。以改革开放为"分水岭"，中国社会保障法的发展历程大致可分为两个阶段：第一阶段自新中国成立后至改革开放前，主要是为了满足计划经济体制的要求，更加注重保护劳动者的权益；第二阶段自改革开放以来至今，主要为了适应市场经济体制改革的新要求，不断发展、完善，并逐步成熟、定型。

（一）新中国成立后至改革开放前（1949～1978 年）

新中国成立之初，由于中国刚刚经历了多年的战争，需要尽快从战争的创伤中恢复过来，尽可能地保障人民群众的基本生活，快速恢复经济与工业，使国家尽早步入正轨。党和国家十分关注劳动者的权益，因此这一阶段中国社会保障的建立与发展是以劳动保险为主的。

第一，社会保险制度的建立。作为中国的根本大法，1954 年颁布的《中华人民共和国宪法》第九十三条明确规定：中华人民共和国劳动者在年老、疾病或者丧失劳动能力的时候，有获得物质帮助的权利。国家统筹举办社会保险、社会救济和群众卫生事业，并且逐步扩大这些设施，以保证劳动者享受这种权利。出于百废待举、建设新中国的需要，国家将社会保障的重心首先放在了劳动者之上，并明确了国家对社会保障制度的建构义务。另外，在1948年12月东北行政委员会发布的《东北公营企业战时暂行劳动保险条例》基础上，国家于1951年2月发布了《中华人民共和国劳动保险条例》，1953年又作了修订，这是新中国第一部全国统一的社会保险法规。该条例规定了老年、医疗、工伤、生育、遗属等项目的保险办法。[①] 截至1956年，参加劳动保险的职工人数占国营、公私合营、私营企业职工总数的94%。[②] 从1951年到1978年，该条例成为企业实施社会保险的重要法律依据。根据这一法规，中国建立起了针对城镇职工的劳动保险制度，它对职工的退休养老、疾病医疗、工伤医疗、生育保险等社会保险及其管理作了一系列规范。

第二，社会救济和社会福利制度相继建立。1951年原内务部出台了全国城市救济福利工作会议文件——《关于城市救济福利救济报告》，该报告经政务院政治法律委员会批准后作为城市救济福利工作的原则指示予以发布。救济对象主要是无依无靠的城镇孤寡老人、孤儿或弃婴、残疾人等。1956年，"三大改造"接近尾声，城市形成了就业与保障一体化的保障制度，社会救济主要面向城乡没有劳动能力、没有收入来源、没有法定赡养人或抚养人的社会成员，救济费用全部由国家承担。其他的法规文件有《关于各级人民政府工作人员福利费掌管使用办法的通知》（1954年）、《关于职工生活方面若干问题的指示》（1957年）。

第三，社会优抚安置制度的建立。新中国成立后，国家通过一系列法律法规建立了革命军人、革命工作人员伤亡褒恤抚恤、职工退休等一系列制度，使中国的社会保险制度进一步完善。主要包括：《革命工作人员伤亡褒恤暂行条例》（1950年）、《革命残废军人优待抚恤暂行条例》（1950年）、《关于女工作人员生育假期的通知》（1955年）、《国家机关工作人员退休处理暂行办法》（1955年）。

第四，农村社会保障制度。农村的养老制度主要是"五保"，它以1956年通过的《高级农业生产合作社示范章程》和1960年完善的《全国

---

① 胡晓义：《走向和谐：中国社会保障发展60年》，中国劳动社会保障出版社2009年版，第12页。
② 王占臣等：《社会保障法全书》（上册），改革出版社1995年版，第6页。

农业发展纲要》为主要政策依据，保障了农村无法定抚养人、无劳动能力、无生活来源人员的吃穿住医葬。1968 年 11 月，毛泽东批准了湖北长阳县乐园公社合作医疗的经验后，随后全国绝大多数农村办起了合作医疗，由农业生产合作社、农民和医生共同筹建保健站，资金一般由社员和村集体共同筹集，其中主要费用由村集体承担，农民只需缴纳少量的保健费即可。1978 年 3 月，"合作医疗"写进了五届全国人大通过的《中华人民共和国宪法》。

这一阶段的相关法律法规为中国日后社会保障制度的发展与完善打下了基础。在旧社会，中国劳动人民从未享有过任何保障。新中国成立之后，党和国家颁布了一系列相关法律法规，建立了社会保障体系，解决了劳动者的后顾之忧，使得全国劳动人民能够安心投身于国家的建设大业。然而，由于受各种条件限制，这一阶段的社会保障法律仍存在不少缺陷，一是法规数量少，覆盖面有限；二是法规位阶低，很多都带有临时性色彩，而且打上了计划经济的烙印。虽然相关法律规定要全方位地保障国有企业职工的权益，但是随着人口结构的变化，尤其是"文革"后回城的知识青年和退伍军人等组成的大量待业人口，无法享受到体制内的社会保障，[①] 这对当时的社会保障体系形成了极大的冲击。另外，"文革"时期，中国的社会保障体系遭受巨大破坏，社会保障工作"无法可以依，有法不依，全国以'政治口号'代替"，从而导致社会保障的建设陷入停滞。[②] 总之，随着形势的发展，传统的社会保障体系已经不能适应中国的实际国情，改革也就成了顺理成章的事。

（二）改革开放后至今（1978 年至今）

1978 年是中国发展历史上的一个重要转折点，党的十一届三中全会在这一年召开，中国结束了"文革"，同时实行改革开放，经济、社会、产业结构随之发生了巨大的变化。随着改革的不断深入，传统的社会保障体系已经越来越无法满足发展的需求。首先，就业总人口中，国有经济和集体经济的人数比例不断下降，而在非公有制经济就业的劳动者的权益无法得到保障，这很不利于其他所有制类型经济的发展。其次，在传统计划经济体制

---

① 郑秉文：《中国社会保障制度 60 年：成就与教训》，《中国人口科学》2009 年第 5 期。
② 潘怀明：《中国特色社会保障法律制度研究》，中国财富出版社 2013 年版，第 77 页。

下，国有企业要将利润上缴国家，再由国家进行统筹分配，因此对于员工的保障支出并没有给企业带来太大的负担。然而，改革开放后，市场化改革路径的明确使得高度集中的计划经济体制成为了过去式，企业需要自负盈亏，许多拥有大量退休职工的国有企业在传统的社会保障体系下便难以维持。在这样的时代背景下，中国的社会保障法迎来了全面的改革。

改革开放至今，社会保障法的发展大致可分为五个阶段。[①]

1. 准备阶段（1978～1985年）

在经历了"文革"十年浩劫后，中国社会的各个方面都遭受了不同程度的创伤，社会保障领域自然也不例外。1978年十一届三中全会的召开扭转了这种混乱的局面，使得国家的发展逐步走向正轨，一系列新的法律法规的实施为日后社会保障制度的变革做好了准备。

作为国家的基本大法，1978年3月修订通过的宪法对社会保障的表述变化不大，但1982年12月4日新修订的《中华人民共和国宪法修正案》出现了新内容。其中第四十四条规定："国家依照法律规定实行企业事业组织的职工和国家机关工作人员的退休制度。"第四十五条规定："中华人民共和国公民在年老、疾病或者丧失劳动能力的情况下，有从国家和社会获得物质帮助的权利。国家发展为公民享受这些权利所需要的社会保险、社会救济和医疗卫生事业。国家和社会保障残废军人的生活，抚恤烈士家属，优待军人家属。国家和社会帮助安排盲、聋、哑和其他有残疾的公民的劳动、生活和教育。"不难看出，宪法在对社会保障的叙述上发生了许多变化，在保障范围方面，中国政府将社会保障的保障范围从劳动者扩大到了全体公民并首次提出了对退休人员的保障。在社会福利方面，1982年的宪法也提出了针对军人和残疾人的相关原则性规定。同时，国务院还发布了多部涉及养老、退休等方面的法规政策，例如，《国务院关于安置老弱病残干部的暂行办法》（1978年）、《国务院关于工人退休、退职的暂行办法》（1978年）、《国务院关于老干部离职休养的暂行规定》（1980年）等。国家逐步发展社会保险、社会救济、公费医疗和合作医疗等事业，以保证全体公民享受相关权利。

---

① 前四个阶段的划分，我们主要参考郑功成：《中国社会保障30年》，人民出版社2008年版，第5～22页。

这一阶段的社会保障法通过扩大保障范围来应对国有经济和集体经济的就业人数比例不断下降的问题，使得中国的社会保障制度逐渐发展成为一项惠及全体公民的基本制度。另外，随着中国经济水平的不断提高，社会福利事业也在这一时期出现了萌芽，这对中国社会保障制度的全面发展具有重要意义。

2. 与国有企业改革配套发展（1986～1993 年）

1986 年，《国民经济与社会发展第七个五年计划》第一次提出了"社会保障"的概念，有关社会保障改革与社会化的问题也在文件中被详细阐述。同时，一系列针对国有企业的规定也相继出台，例如《国营企业实行劳动合同制暂行规定》（1986 年）、《国营企业职工待业保险暂行规定》（1986 年）①、《关于企业职工养老保险制度改革的决定》（1991 年）等。这些规定的提出，在一定程度上推进了国有企业的改革并为失业保险的建立奠定了基础。1992 年 1 月 3 日，民政部颁布了《县级农村社会养老保险基本方案（试行）》，这是国家为保障农民老年基本生活而建立的重要制度。在医疗方面，1989 年原卫生部、财政部联合发布《关于公费医疗管理办法的通知》（1989 年），内容涉及公费医疗制度医疗费用分担的改革：一是将原来完全由国家财政承担医疗费用改为以国家财政为主，国家、单位和个人三方分担；二是一些单位由于政府拨款不足出现公费医疗赤字时，需要自己筹集资金予以弥补。另外，原劳动部发布的《关于企业职工医疗保险制度改革的设想（征求意见稿）》（1992 年）则标志着医疗保险制度改革进入准备阶段。在社会优抚方面，国务院颁布了《军人抚恤优待条例》（1988 年），对军人的抚恤优待问题作了具体规定，同时废止了 1950 年颁布的 5 个条例。

除了针对国企职工出台的法规外，这一阶段社会保障领域没有颁布特别重大的法律法规，所实施的一系列政策主要是为日后的转型和变革做准备。

3. 为市场化经济改革服务（1993～1998 年）

1992 年邓小平南方谈话和 1993 年党的第十四届三中全会通过的《中共中央关于建立社会主义市场经济若干问题的决定》，标志着中国进入了一个新的时代，市场经济体制改革由此拉开了序幕。这一纲领性文件明确规定了

---

① 《国有企业职工待业保险规定》于 1993 年 4 月 12 日发布、1993 年 5 月 1 日实施后，《国有企业职工待业保险暂行规定》即废止。

社会保障的内容以及建立"统账结合"的多层次的社会保障体系的目标，中国社会保障制度的全面改革由此拉开了序幕。

在这一时期，国家先后颁布了一系列与社会保障相关的政策法规。第一，在养老保险方面，国务院颁布了《关于深化企业职工养老保险制度改革的通知》（1995 年），中国的养老保险制度从此进入了"统账结合"的时代。国务院颁布的《关于建立统一的企业职工基本养老保险制度的决定》（1997 年），对个人与企业缴费的比例以及养老金的管理进行了明确的规定，消除了各地养老保障制度不统一的现状。第二，在医疗保险改革方面，原劳动部发布了《关于职工医疗制度改革的试点意见》（1993 年），并选择了江西省九江市与江苏省镇江市作为试点开展医疗保险制度改革，这标志着医疗保险制度开始逐步取代之前实施的公费医疗与劳保医疗。2001 年 3 月，国务院办公厅转发了原卫生部、财政部、农业部《关于建立新型农村合作医疗制度的意见》，明确从 2003 年下半年开展新型农村合作医疗试点工作。第三，由原劳动部颁发的《企业职工工伤保险试行办法》（1996 年），对与工伤保险有关的各项工作进行了相关规定，并主张设立工伤保险基金以保障劳动者失业后的基本生活。1994 年 12 月 14 日，由原劳动部颁布的《企业职工生育保险试行办法》则对生育保险的各项事宜进行了规范。① 这两则新法规的实施使中国的社会保障制度得到了进一步的完善。第四，在社会救济方面，1994 年 1 月 3 日，国务院颁布《农村五保供养工作条例》，首次以行政法规的形式将农村五保供养制度确定下来。1997 年 9 月 2 日，由国务院发布的《关于在全国建立城市居民最低生活保障》，标志着中国缴费型制度的正式引入。② 至于社会福利，主要法规有民政部发布的《国家级福利院评定标准》（1993 年）、《社会福利企业规划》（1993 年）、《中国福利彩票管理办法》（1994 年）。

这一阶段的社会保障法主要集中在养老、医疗、工伤、生育保险等方面。市场经济体制改革的步伐快速发展，极大地推进了中国社会保障体系改革的进程，并且对象不再局限于国有企业职工，而是全方位的、覆盖面更广的改革。

---

① 邓大松、刘昌平等：《2011 中国社会保障改革与发展报告》，人民出版社 2011 年版，第 7 页。
② 郑秉文：《中国社会保障制度 60 年：成就与教训》，《中国人口科学》2009 年第 5 期。

4. 全面建设时期（1998～2010 年）

1998 年之前，社会保障一直是作为一项为国有企业配套和为市场经济改革服务的制度存在的。而从 1998 年开始，社会保障法领域的一系列变化使得社会保障成为一项基本的社会制度并在随后的改革中得到了全面的发展。

在宪法方面，与 1982 年的宪法相比，2004 年颁布的《中华人民共和国宪法》在第十四条增加了一个重要的条目，即"国家建立健全同经济发展水平相适应的社会保障制度"。作为中国的基本大法，这一条目的增加表明国家对社会保障制度建设的重视程度日益提高，建立健全社会保障制度已成为中国政府的基本任务之一。

首先，在医疗保险方面，建立城镇居民基本医疗保险制度。1998 年12 月14 日，国务院发布了《关于建立城镇职工基本医疗保险制度的决定》，对覆盖范围、属地化原则、统筹层次、医疗保险基金筹措方式、待遇标准等做出了规定。2007 年 9 月 18 日国务院又发布了《关于开展城镇居民基本医疗保险试点实施方案》，规定城镇居民基本医疗保险以家庭缴费为主，政府提供适当补助。"看病贵"导致一些农民无法承受医药费的负担，生活陷入贫困之中，为了解决这一问题，2002 年颁布的《中共中央、国务院关于进一步加强农村卫生工作的决定》中提出了"逐步建立以大病统筹为主的新型农村合作医疗制度"并在全国各地逐步实施。"新农合"的实施使得农民不再受看病问题的困扰，大大减轻了农民的生活负担。到 2014 年，全国参加"新农合"的人数已超过 7.3 亿人。

其次，在失业保险方面，国务院颁发了《失业保险条例》（1998 年）。与1993 年颁发的《国有企业职工待业保险规定》的对象仅限于国企职工相比，该条例覆盖面更广，所有职工均在保障之列，这意味着失业保险制度正式建立。《失业保险条例》颁布的当年年底，全国就有 7932 万职工参加了失业保险。从 1998 年开始，国家逐步确立了"两个确保、三条保障线"的政策体系。"两个确保"指的是"确保国有企业下岗职工的基本生活有所保障，确保企业离退休人员基本养老金按时足额发放"；"三条保障线"即"国有企业下岗职工基本生活保障制度、失业保险制度、城市居民最低生活保障制度三位一体的举措"。①

---

① 邓大松、刘昌平等：《2011 中国社会保障改革与发展报告》，人民出版社 2011 年版，第 7 页。

最后，在工伤保险制度方面，作为继 1951 年的《劳动保险条例》后关于工伤保险的一次革命性突破，2003 年 4 月颁布的《工伤保险条例》，是中国第一部专门规范工伤风险的法规。该条例扩大了工伤保险的适用范围，规定了工伤保险缴费的责任主体、明确工伤认定标准等，使得中国的工伤保险制度更为健全。① 它和《安全生产法》（2002 年）、《职业病防治法》（2001 年）等多部法律法规一同为中国劳动者的安全健康以及自身权益提供了更为全面的保障。

2010 年 12 月 28 日通过的《社会保险法》，是社会保障法改革在这一时期最重要的成果。作为中国社会保险领域的"基本法"，它的出台是中国社会保障领域在法制化道路上的重大突破。其成就主要体现在以下三个方面。首先，《社会保险法》的出台使得中国的社会保险法律体系得到了完善，并在一定程度上解决了中国社会保险立法滞后、不统一和层次低的问题。它将养老、医疗、失业、工伤和生育五大险种整合在一起，改变了以往各个险种之间缺乏关联和统一指导的局面，规范了中国的社会保险的各项相关内容，建立了完整的社会保险法律框架。② 其次，《社会保险法》的出台扩大了社会保险体系的覆盖范围，一方面，它使得社会保险制度实现了对城乡居民的全覆盖，体现了公平的原则，在维护公民社会保障权方面取得了极大的进步；③ 另一方面，《社会保险法》的相关条款使得劳动者在不同地区参加的社会保险能够接续，解决了劳动者跨地区、城乡就业时面临的各种问题。④ 最后，《社会保险法》为各项社会保险制度实际运行提供了基本的法律依据，并且确立了中国特色的社会保障体系是"以权利和义务相结合的缴费型社会保险为主体的制度"，因而是中国社会保障体系走向法制化的重要标志。⑤

在最低生活保障方面，国务院于 1999 年 9 月 28 日颁布了《城市最低生活保障条例》，首次从法规层次上确立了困难居民的生活救助权。⑥ 该条例

---

① 于东阳、刘法力：《我国社会保障法的历史沿革、现存问题及未来展望》，载《经济研究导刊》2008 年第 7 期。

② 冯祥武：《论〈社会保障法〉的制度创新与立法不足》，载《中国人力资源开发》2011 年第 6 期。

③ 林嘉、张世诚：《社会保险立法研究》，中国劳动社会保障出版社 2011 年版，第 4 页。

④ 冯祥武：《论〈社会保障法〉的制度创新与立法不足》，载《中国人力资源开发》2011 年第 6 期。

⑤ 郑功成：《中国社会保障发展报告 2016》，人民出版社 2016 年版，第 8 页。

⑥ 郑功成：《中国社会保障 30 年》，人民出版社 2008 年版，第 16 页。

内容包括保障范围、保障标准、保障资金的来源等问题。2007 年，国家又通过颁布《国务院关于在全国建立农村最低生活保障制度的通知》，对农村享受最低保障待遇的对象做出了具体规定。此项制度的建立，将有效保障农村困难人口的基本生活，减少贫困，缩小城乡差距。另外，城市医疗救助制度也相应建立，主要法规文件有民政部等四部委联合发布的《关于建立城市医疗救助试点工作的意见》（2005 年）。

在社会福利方面，民政部颁布了《社会福利机构管理暂行办法》（1999 年），这个法规意在指导中国的社会福利事业从官方举办转向社会举办。国务院发布《住房公积金管理条例》（1999 年），适用于职工购买、建造、翻建、大修自住住房，让住房公积金充分发挥互助性和保障性功能。建设部等五部委联合发布了《城镇最低收入家庭廉租房管理办法》（2004 年），建设部等七部委联合发布了新修订的《经济适用房管理办法》（2007 年），后者强调了经济适用房的保障"居者有其屋"的功能。

这一阶段的改革是全面而深刻的，一系列法规的颁布使得新体系在此期间快速地发展，社会保障体系的各组成部分分工更加明确，管理更加规范，立法更加完善，尤其是在统筹城乡方面进展巨大。新型的国家—社会保障制度逐步建立，已经基本上完全替代了过去的国家—单位保险制度。

5. 各项制度逐渐成熟（2011 年至今）

社会保障制度在经历了 1998～2010 年的全面建设时期后，又在"十二五"时期迎来了新的飞跃。在之前的基础上，社会保障的多个领域都在这一阶段取得了重大的发展。

在社会保险方面，首先，《军人保险法》的制定与实施填补了《社会保险法》中关于军人保险的空缺。同时，作为新中国成立以来国家专门就军人保险事务制定的第一部法律，它为维护军人社会保险权益、构建具有中国特色的军人保险制度提供了法律依据与保障。[①] 其次，在养老保险方面，2014 年 2 月 21 日由国务院下发的《关于建立统一的城乡居民基本养老保险制度的意见》，将新型农村社会养老保险和城镇居民社会养老保险合并实施，建立起城乡一致的居民养老保险制度。2015 年 1 月 14 日，国务院发布

---

① 郑功成：《中国社会保障："十二五"回顾与"十三五"展望》，载《社会政策研究》2016 年第 1 期。

了《机关事业单位工作人员养老保险制度改革的决定》，该决定标志着传统的养老金"双轨制"的废除，实现了公务员与企业职工养老退休金的并轨。它的实施，极大地促进了公平，推动了中国养老保险制度建设的发展。最后，在医疗保险方面，这一阶段最重要的法制成果是 2012 年 8 月颁发的《关于开展城乡居民大病保险工作的指导意见》，以及 2015 年 8 月由国务院办公厅印发的《关于全面实施城乡居民大病保险的意见》。它们的出台使中国开始逐步推行"大病医疗"保险并使其尽快覆盖所有城乡居民基本医保参保人群，在一定程度上缓解了民众"看病贵"的问题。

在社会救助方面，国家于 2014 年 2 月 21 日公布、同年 5 月 1 日实施了中国第一部统筹各项社会救助制度的行政法规——《社会救助暂行办法》，正式确立了中国综合型的社会救助制度，为中国社会救助事业的发展提供了法律依据。该办法以"托底线、救急难、可持续"作为社会救助工作的基本原则，明确了以最低生活保障与特困人员供养制度、教育救助以及受灾人员救助、住房救助、医疗救助、临时救助和就业救助为主体，以社会力量参与为补充的社会救助制度体系框架。同时，它的出台解决了社会救助"碎片"化的问题，完成了制度的整合，打破了地区的壁垒，实现了城乡的统一，① 是中国社会救助事业发展的一个里程碑。2015 年国务院又决定全面建立临时性急难救助，进一步完善了综合型社会救助制度，为这一制度最终成熟、定型奠定了相对坚实的制度基础。②

在社会福利方面，国家颁布并实施了一系列法律政策以提高老年人、儿童和残疾人的福利水平。在老年人福利方面，2012 年 12 月修订通过并于2013 年 7 月起施行的《中华人民共和国老年人权益保障法》，是老年人福利方面重要的法律成果，该法律及其相关的配套法规对涉及老年人福利多方面的内容都做了规范性说明，它的实施为中国养老服务业的发展提供了法律上的规范和指导。另外，作为从国家层面就养老服务业发展出台的最重要的规范性文件，国务院于 2013 年 9 月发布的《关于加快发展养老服务业的若干意见》，从多个方面对中国养老服务业的具体工作和未来发展做出了规定。③

---

① 任丹：《社会保障法的福利性原则探讨——基于中国社会保障政策和法律建设现状》，载《农村经济与科技》2016 年第 10 期。
② 郑功成：《中国社会保障发展报告 2016》，人民出版社 2016 年版，第 4 页。
③ 同上，第 173~177 页。

在儿童福利方面，相较之前儿童福利相关法律方面的空白，政府颁布了相当多的政策法规来完善儿童福利制度的法律体系，例如，针对特困儿童救助的《关于建立儿童福利领域慈善行为导向机制的意见》（2014 年）、针对儿童暴力防控的《中华人民共和国反家庭暴力法》（2015 年）等。同时，政府也针对卫生医疗保健、教育保障、孤残儿童救助等方面颁布了一系列具有法规性质的文件，如《关于发放艾滋病病毒感染儿童基本生活费的通知》（2012 年）、《关于进一步做好弃婴相关工作的通知》（2013 年）等。① 在残疾人福利方面，政府在《宪法》与《残疾人保障法》的基础上，又颁布了一系列政策法规来进一步完善残疾人福利制度。2014 年 4 月 23 日，财政部、民政部等六个部门联合印发了《关于做好政府购买残疾人服务试点工作的意见》以及《政府购买残疾人服务试点项目目录》，明确了政府购买残疾人服务工作的任务、要求以及目标。2015 年 9 月 22 日，由国务院印发的《关于全面建立困难残疾人生活补贴和重度残疾人护理补贴制度的意见》，决定从 2016 年 1 月 1 日开始，在全国实施困难残疾人生活补贴和重度残疾人护理补贴制度。这一措施能够显著加强残疾人生活保障，提高残疾人福利水平。综上所述，在长期的经验积累下，中国的社会保障法在"十二五"期间得到了极大的完善。

二、中国社会保障法中存在的主要问题

虽然从新中国成立迄今，中国社会保障法的建设已经取得了长足的发展，但这并不意味着现有的法律体系已经完美无缺。概括来说，现有制度变革过程中仍存在以下几方面的问题：

（一）发展理念存在误区，出现极端化主张

社会保障法的价值目标是追求社会公平：一是促进社会公平，任何法律规定的社会成员都应强制性地纳入社会保障范围；二是有效促进起点和过程公平，为每个社会成员提供基本的生活保障；三是有效促进结果公平，让全

---

① 郑功成：《中国社会保障发展报告 2016》，人民出版社 2016 年版，第 189～190 页。

体国民共享发展成果，尽可能缩小贫富差距，实现共同富裕。① 然而，近年来中国社会保障领域发展理念出现一些误区，表现在社会保障制度变革过程中过度关注经济指标而忽视了社会公平正义与文明进步目标，过度关注个人得失与崇尚利己而忽视互助共济与公益本色，过度关注当下与短期应对而忽视历史经验与长久稳定预期，过度关注细节问题而忽视发挥社会保障的完整功能与综合效应。另外，还出现了两种极端化思潮，一是"泛福利化"主张，期望政府在社会保障制度建设上包办一切；二是"反福利"倾向，主张个人自我负责。② 这些错误认知与思潮，会给制度变革带来不必要的干扰，不利于社会保障体系建设的健康发展。

（二）存在制度分割，协同推进不足

由于渐进式改革的路径取向，中国社会保障领域的改革同样采取试点工作、自下而上的方式来推进，这种"摸着石头过河"的策略，在制度建构初期是必要的，但不可避免地导致制度分割。因为各个地方在改革创新时，如果缺乏"一盘棋"的概念，出台的方案可能五花八门，各行其是，久而久之，就会固化利益分割格局，给后续的制度整合带来巨大的阻力。与制度分割相伴而生的另一个问题是协同推进不足。以医保改革为例，尽管国务院在2009年、2012年启动了新医改方案，但医疗、医药、医保"三医"联动尚缺乏协同推进措施，各地医改仍是各部门分割推进，结果无法实现"三医"之间的良性互动和同向集中攻关，③ 导致医疗系统消耗大量社会资源，"看病难，看病贵"民生难题仍困扰许多地方。

（三）立法以分散为主，存在体系性缺失

自社会保障产生以来，各国的社会保障制度均以立法为起点，例如1834年英国颁布的《新济贫法》（The New Poor Law）、1883年德国颁布的《疾病保险法》（Sickness Insurance Act）以及1935年美国颁布的《社会保障法案》。作为依法治国的根本，只有立法这一步做好了，接下来的各项工作才能顺利推进。目前中国社会保障的立法工作以"分散立法"的体例进

---

① 张新生：《健全我国社会保障法路径探讨》，《新疆社会科学》2011年第4期。
② 郑功成：《中国社会保障发展报告2016》，人民出版社2016年版，第13页。
③ 同上，第15页。

行，现有的法律更多的是国务院和相关部委颁布的行政法规和规章，且以单一制度为主，《社会保障基本法》仍处于缺失状态。[①] 同时，除了《社会保险法》和《社会救助暂行办法》，国家在社会福利和优抚安置方面依然没有国家层面的基本法律。社会保障法内在体系的缺失，一方面导致立法重复，新旧法以及不同位阶的法律规范之间存在适用上的冲突；另一方面导致立法漏洞存在，在某些情形下，社会关系的调整面临无法可依的困境。[②] 这些问题的存在导致了中国社会保障法律体系机构残缺，各项法律之间缺乏连续性和衔接性，极大地影响了社会保障法律体系的继续深化改革。

（四）立法层次低，立法质量不高

虽然中国在社会保障领域已经颁布了大量的法规，但总体来看大多数都是以"暂行"、"通知"、"意见"等政府行政法规的形式发布的，社会保障法也因此缺少了权威性和稳定性，进而严重影响实施效果。[③] 同时，法律的实施效果也与立法质量息息相关。立法质量的高低将会对后续执法、守法等工作产生直接影响。已有的社会保障相关法律是在多年的探索之后总结经验提出的，但仍存在着不少问题。例如《社会保险法》在社会保险制度的统一性、基本养老保险待遇确定和调整、社会保险基金的统筹层次、基本养老保险个人账户、社会保险纠纷解决等方面仍存在问题。[④] 解决这些问题将会在很大程度上保障中国社会保障体系的健康运行。

（五）监督机制薄弱，社保基金浪费严重

健全的监督机制是制度能够良好运行的必要条件。然而，中国目前的现状是，在社会保障的监管方面，立法和司法机关并没有完全到位，同时缺乏社会保障法律责任规范以及制裁办法。这些问题也促使一些危害社会保障系统的案件频繁发生。例如，在某些地区存在着严重的医患通过虚增患者住院

---

① 杨丹华：《我国社会保障法存在的问题及建议》，载《学习月刊》2008 年第 2 期。
② 朱景文、韩大元：《中国国社会主义法律体系研究报告》，中国人民大学出版社 2010 年版，第 479 页。
③ 于东阳、刘法力：《我国社会保障法的历史沿革、现存问题及未来展望》，载《经济研究导刊》2008 年第 7 期。
④ 崔凤、雷咸胜：《全面推进依法治国背景下中国社会保障法制化研究》，载《学习与实践》2015 年第 2 期。

天数、假用药、假手术等方法合谋侵蚀医保基金的现象。这些事件的发生不仅导致社会保障金遭到严重浪费，极大地降低了社会保障体系的运行效率，也使得社会保障系统的可靠性遭到质疑，使得人们参保的积极性大打折扣。因此，建立健全社会保障法的监督体系，颁布明确的处理规范及措施对社会保障系统的可持续发展具有重要意义。

只有切实解决了现存的各种问题，我们才算是建成了公平、全面、高效的社会保障法律体系。

三、相关政策建议

针对中国社会保障法当前所存在的问题，我们主要提出以下四点建议：

（一）树立正确理念

制度变革需要正确理念的支撑。正如郑功成指出的，"理念优于制度，制度优于技术"。[①] 没有正确的理念导引，制度设计就有可能走偏走样，背离改革的初衷，甚至与社会发展目标南辕北辙。中国共产党自成立之日起，就把实现和维护社会公平正义作为始终不渝的价值目标。党的十八大报告提出："必须坚持维护社会公平正义。"这为国家的发展奠定了大政方针。社会公平正义体现在三个维度，一是基础制度，二是收入分配，三是社会保护。[②] 社会保障属于社会保护范畴，所以，公平正义应成为社会保障追求的核心价值理念。在充分尊重社会保障制度发展规律及中国国情的基础上，中国要逐步建立以权利公平、机会公平、规则公平为主要内容的社会公平保障体系，逐步实现全体公民在社会发展的各方面都享有平等的生存和发展权利。不过，坚持社会公平正义，促进制度走向公平，不等于国家包办一切，在制度安排上，我们应厘清国家、单位、个人三者的责任边界，树立责任共担意识，构建合理的责任分担机制。树立正确的价值理念，既要反对"泛福利化"主张，又要反对"反福利"倾向。同时，应尽快消除结构失衡、权益不公、可持续性不足等缺陷。

---

① 郑功成：《中国社会保障发展报告 2016》，人民出版社 2016 年版，第 12 页。
② 赵昊东：《社会保障对社会公平正义影响如何》，载《中国保险报》2015 年 5 月 12 日。

（二）加强顶层设计

现代社会保障体系是一项庞大、复杂、综合的系统工程，如何对已有的法律法规作进一步的整合，使之臻于成熟、定型，是深化改革面临的重大现实课题。从中国社会保障法的发展历史来看，改革开放以来，中国的社会保障立法大多是为了与市场经济体制改革相适应，是一种被动式的立法。同时，由于缺乏实际经验，中国在社会保障立法方面走的是"先试点，后立法"的路径。这两个原因的存在，导致中国的社会保障领域立法相对滞后，极大地制约了制度的发展。如今，经过六十余年的探索，决策层已经积累了足够的经验，强化统筹和顶层设计正当其时。具体来讲，主要有以下几点。第一，由于地方试点的模式造成了中国社会保障法地区分割严重，缺乏统一指导的现状，故应通过"先中央，后地方"的思路来进行改革。在这种思路下，当前社会保障领域的立法应优先通过更高等级的法律，并以此来指导地方性立法，从而建立起一个覆盖全国的统一的社会保障法律体系。第二，应选择合理的立法模式。从社会保障法的发展历史来看，目前主要存在三种模式：一为美式立法，即通过制定一部统领社会保障制度各领域的基本法来对社会保障的各项工作进行规范；二为德式立法，即针对社会保障的各个领域制定相关的法律法规，社会保障法律体系由这几部平行的法律共同规范；三为混合立法，即在颁布社会保障领域的法律的同时，将其他的社会保障项目纳入其他法律部门进行规范。[1] 从中国的现实情况来看，中国应优先制定《社会保障法》作为统领整个社会保障体系的指导性法律，然后再分别制定社会福利、社会救助和优抚安置方面的基本法。

（三）注重科学立法

低层次的立法权威性及稳定性不高，且容易出现地区之间的差异，而立法质量又会影响实施效果。因此，提高立法层次，重视立法质量对于建立稳定、高效的社会保障法律体系具有重要意义。基于这方面的考虑，我们认为，立法机关应该从以下几个方面做起：第一，改变从地方试点到中央立法

---

[1]　丁红娟、史建勇：《浅谈完善我国社会保障法——国内相关文献综述》，载《劳动保障世界》2009 年第 6 期。

的由下而上的立法套路，先由中央制定统一的社会保障法和各领域的子法，地方再以其为指导并结合本地实际情况来制定相应的法律法规。这样由上到下的立法使得各地的法规都有章可循，更具权威性和统一性。第二，在立法质量方面，立法相关的资料应在立法之初便予以公布，并及时采纳社会各界的意见，争取做到能够保障大多数人的利益。同时，为了避免立法被单个部门利益所主导，可以考虑多部门联合立法。第三，社会保障法的创立和运行都需要进行立法论证，以使其既能够合理地反映各方面的利益，又能够顺利地运行。

（四）健全监督机制

为了解决这一问题，国家应该让立法和司法机关也参与到社会保障体系之中，改变社会保障制度由行政机关主导的现状。由立法机关制定和完善相关法律法规，建立起一套完整的社会保障违法案件的处罚体系。在司法机关，可以在人民法院设立劳动和社会保障法庭，专门审理社会保障相关案件，严肃处理各类危害社会保障体系运行的案件，依法追究相关责任人的法律责任。[①] 可喜的是，"十二五"期间，中国立法机关对社会保障监督职能已经得到了强化，社会保险基金已经纳入国家立法机关监督范围，同时还开展了社会保障专题询问。然而这依然不够，只有当行政、立法、司法部门都完全地参与到社会保障体系之中，我们才算是建立起一个完善的监督机制。

四、结语

作为一项关系到人民基本生活的制度安排，社会保障制度的完善能够消除人们的后顾之忧，维持社会稳定，促进社会公平。社会保障法作为社会保障制度的根基，对制度的发展和完善的重要性毋庸赘述。随着经济与社会的发展，人们的生活水平越来越高，故对社会保障的需求越来越高，社会保障法中所蕴含的一些问题也逐渐显露出来，正确处理好这些问题，就能使中国居民的福利水平再上一个台阶，使中国成为一个和谐安定的国家；一旦失

---

① 熊科贻：《健全我国社会保障法路径探讨》，载《法制与社会》2015 年第 9 期。

败，便有可能造成社会混乱，激化社会矛盾，使过去的努力毁于一旦。因此，我们必须以史为鉴，开拓创新，努力建成一个公平取向、覆盖全民、保障适度、权责清晰、运行高效、可持续的新型社会保障体系，成就民族复兴的"中国梦"和"人民对美好生活的向往"。①

---

① 郑功成：《中国社会保障发展报告 2016》，人民出版社 2016 年版，第 20 页。

中国特色社会主义法治经济
建设若干问题探讨

国内对《劳动合同法》实施的研究与争议

提 要

　　《劳动合同法》出台和实施以来，在国内各界引起了广泛的争议。尽管立法的初衷是提高劳动合同的签约率和减少用人单位用工的短期化现象，但与此同时也带来了用工成本上升、用人单位规避法律约束乃至最终影响劳动者就业状况的结果。本章对有关争议作了回顾，目的不在于独立评估《劳动合同法》实施的效果，而在于通过有关争议，梳理其中反映出的经济与法律的互动关系。通过对既有研究文献的审视，我们发现，关于《劳动合同法》实施效果评价本身也值得探讨。全面评价和单一评价，短期评价和长期评价各有千秋。要看到中国劳动力参与率变化的趋势，也要注意分离 2008 年经济危机对国内劳动力市场的冲击以及共存的其他如税收和社保等制度因素。

　　说到《劳动合同法》，就不能不提及《劳动法》。历史地看，《劳动法》是市场经济发展到一定阶段才产生的法律部门，也是从民法中分离而独立的法律部门，是调整劳动关系以及与劳动关系密切联系的社会关系的法律规范总称。

　　《中华人民共和国劳动法》于 1995 年 1 月 1 日起施行，是国家为了保护劳动者的合法权益，调整劳动关系，建立和维护适应社会主义市场经济的劳动制度，促进经济发展和社会进步，根据宪法而制定颁布的法律。当时，国有企业改革，打破"大锅饭"，劳动关系逐步市场化。劳动合同制度确立了双向选择的劳动用工机制，促进了劳动要素按照市场规律合理配置，为社会经济的发展做出了重大贡献。

　　随着社会经济的发展和劳动关系的变化，乡镇企业异军突起，大量农村剩余劳动力进入城市寻求就业，《劳动法》及相应的劳动合同制度的不足和缺陷也逐渐显露出来，主要表现为：第一，既有制度存在许多法规空白，不能适应对劳动关系进行全面和有效协调的需要；第二，法规表述比较纲领性、原则性，缺乏可操作性，不利于落实、执行；第三，其他起补充或配合作用的部门规章法律效力偏低，缺乏规范性、公开性和统一性。

正是为了解决上述问题，纠正现实中（尤其是农民工的）劳动合同签订率低、劳动用工关系短期化等偏差，《中华人民共和国劳动合同法》2007年出台，2008年开始实施。应该说，这并不是心血来潮或突发奇想之举，而是对在劳动力市场发育过程中经年累积的矛盾亟待解决的呼声的回应。

一方面，经济要增长，增长靠投资，于是就业和收入分配要服从资本积累的需要。另一方面，社会要和谐，民生需保障，因此就业和收入分配又要有利于大众分享经济进步的成果。长期以来，不论是从理论上讲，还是从现实中看，经济效率和社会公平之间都存在互替关系，因此，政策乃至法制的出发点和归宿，都应该是二者的权衡。

我们认为，在当前情况下，实施《劳动合同法》会提高企业的用工成本（主要是"法律遵从成本"），会让不规范经营的企业发生困难甚至倒闭，最终影响低技能劳动者的就业和收入。但是，如果由此引起企业规范人力资源管理和改变盈利方式，那么，从长期来看，必然是劳动和资本双赢的。其实，即使不出台和实施《劳动合同法》，企业转变增长方式也是迟早的事。有趣的是，在2008年经济危机冲击的背景下，《劳动合同法》的实施，实际上做了执行力度上的宽松调整。这说明法律和经济之间的互动和张力，在特殊情况下有特殊的表现。

从理论上讲，只要工资增长率不超过劳动生产率增长率，劳动者和用工方就可以和谐共处或平等协作。而人为地利用或放任不规范的用工行为，虽然表面上维持了较低的劳动成本，但实际上不仅会引发劳资冲突，还可能抑制有效需求，最终不利于经济的长期增长。所以，一方面灵活用工有一个适度问题，且不说规范用工和不规范用工的企业之间还有公平竞争的问题。另一方面，过度灵活用工也会有代价。只是，大多数用人单位什么时候真正转变增长方式，既看自身乃至经济总体的运行状况，也受社会政治过程的影响。

《劳动合同法》出台和实施的直接动机，据说是规范企业用工行为，改变劳动合同短期化的现象。这么做预期的受益方主要是劳动者，他们的权益会因此受到保障。但是，从实施几年后的实际情况看，却引发了有关《劳动合同法》是否应该出台和实施、其规定是否公平合理和具备可操作性、其带来的影响是否符合立法目的和预期等问题的广泛而激烈的争论。面对刚性的约束，企业采取了应对策略，结果使得法规实施的成效大打折扣，加之适逢国际金融危机的冲击，让一些人甚至怀疑《劳动合同法》是否"良法"。

《劳动合同法》实施以来，有关它的讨论和争议主要集中在具体条款和实施后果等方面，我们将 2005～2016 年相关文献的研究成果从四个方面（含三大主体）的角度来分析归纳。需要说明的是，本章是一篇文献综述，目的不在于独立评估《劳动合同法》实施的效果，而在于通过有关争议，梳理其中反映出的经济与法律的互动关系。

一、对劳动力市场的影响

关于《劳动合同法》实施以来对劳动力市场的影响，讨论集中在如下四个方面：

（一）对宏观经济的影响

第一种观点认为，《劳动合同法》的实施有助于平衡劳资关系，促进整个经济体系有序的发展。莫荣[1]认为劳动力价格的上升将扭转中国劳动分配占 GDP 比重持续下降的局面，提高消费者的购买力，对扩大内需和经济有序健康发展有促进作用。而李昌徽[2]认为劳动力价格的上涨不会抵消掉中国庞大市场对外资的吸引力。张车伟[3]重点分析了《劳动合同法》对经济和就业的影响，认为从长期来看其实施有利于调整目前扭曲的收入分配格局，它不会严重损害劳动力市场的灵活性，也不会增加正规企业的劳动成本，更不

---

① 莫荣：《农民工劳动力市场的状况和政策建议》，载《经济研究参考》2008 年第 31 期。
② http://www.360doc.com/content/10/0526/14/803452_29610128.shtml
③ 张车伟：《劳动合同法将开启劳动关系的新时代》，载《经济管理》2008 年第 9 期。

会加剧失业。白晓明①从劳动者、企业及社会三个方面的长期成本与收益的视角展开综合比较分析，认为该法长期实施有助于构建和发展和谐稳定的劳动关系，并最终促成人与经济的协调发展。王美艳②通过 CULS3 调查认为《劳动合同法》的出台和实施，是非常合乎时宜的，该法中的规定有效地规范了劳动力市场的运行，有利于保障劳动者的正当权益。

第二种观点认为，《劳动合同法》的实施会加剧中国当前成本推动型的通货膨胀。比如，李长安③认为劳动力价格上升直接促使用人单位使人工成本转移到产品价格上，从而加剧通货膨胀。王一江④认为劳动立法不应违背市场规律，劳资双方的权益应该采用工会和企业谈判的形式来解决。陈志武⑤认为《劳动合同法》实际上是国家推卸自己的责任，让企业承担国家本应承担的责任。董保华⑥认为中国将为《劳动合同法》付出代价，不仅如此，他还认为《劳动合同法》使市场环境倒退了 20 年，《劳动合同法》脱离实际，制定这部法律的人完全不了解中国的实际情况。他强调，一部法律的制定，不能仅凭内心的善意，必须要有实践。

第三种观点以常凯⑦为代表，认为《劳动合同法》不是影响经济形势的最主要原因，而牺牲劳动者利益换取经济发展的做法并不可取也不能作为长久之计。姚先国⑧认为《劳动合同法》权利调整所受到的社会经济关系制约，只有从深化改革、完善社会主义市场经济体制入手，加快发展方式转变，实现城乡劳动力市场一体化和公民权利均等化，才有望解决深层次的体制性矛盾，为和谐劳动关系、和谐社会构建创造良好的宏观条件与体制基础。

(二) 对劳动力市场效率的影响

第一种观点认为，就业稳定性减少了流动成本，提高了劳动者和工作的

---

① 白晓明：《劳动合同法社会价值分析——基于劳动者、企业、社会长期利益的视角》，载《中国社会科学院研究生院学报》2010 年第 1 期。

② 王美艳：《劳动合同法的实施：问题和对策建议》，载《贵州财经学院学报》2013 年第 1 期。

③ 李长安：《遏制中国经济放缓的"拐点"》，载《西部论丛》，2008 年第 8 期。

④ 王一江：《劳动立法的局限性》，载《西部论丛》2008 年第 3 期。

⑤ 陈志武：《理解中国改革开放 160 年》，载《资本市场》2008 年第 3 期。

⑥ 董保华：《劳动法律与人力资源管理的和谐共存》，载《浙江大学学报》（人文社科版）2008 年第 7 期。

⑦ 常凯：《论劳动合同法的立法依据和法律定位》，载《法学论坛》2008 年第 2 期。

⑧ 姚先国：《如何应对金融危机与浙江经济转型》，载《中国高新区》2010 年第 4 期。

匹配度，在一定程度上消除了劳动力市场分割，从而提高了劳动力市场的效率。张建武和高松茂[1]通过静态模型、比较静态和动态模型分析了《劳动合同法》对劳动力市场的影响，结果发现《劳动合同法》在相当程度上有利于消除劳动力市场的分割，维护市场公平交易，而且并不必然会导致失业率升高。王一兵和张东辉[2]就《劳动合同法》对劳动力供给的影响进行了实证分析，采用的是山东大学劳动经济研究所提供的《劳动合同法》对劳动者影响调查问卷数据，文章通过计算劳动力供给跨期弹性，分析《劳动合同法》对劳动力供给的影响结论是《劳动合同法》实施后，劳动力的跨期供给弹性变小，《劳动合同法》达到了建立和谐稳定的劳动关系和稳定劳动力供给的目的。杨振兵和张诚[3]采用了超对数生产函数的随机前沿分析模型，测算了中国工业行业的工资扭曲程度，然后采用倍差法考察了《劳动合同法》的实施对工业部门工资扭曲程度的影响，通过一系列的稳健性检验之后发现，2008 年开始实施的《劳动合同法》引起工资扭曲程度年均下降0.4403%，标志着要素投入结构的劳动资本比每下降 1%，工资扭曲程度下降 0.4902%，从实证角度检验了该法的实施的确有助于减少工资扭曲，改善劳动力市场的效率。

　　第二种观点认为，一系列严格的合同规则和解雇调节形成了高水平的就业保障，必将导致市场僵化、牺牲效率和进一步加剧失业。[4]

　　第三种观点认为《劳动合同法》对就业有一定负面影响，现实结果是劳资矛盾加剧。丁守海[5]通过非线性规划分析表明，该法最低工资管制的就业后果不仅取决于最低工资管制本身，还取决于外部监管环境，当监管环境强化到一定程度时，最低工资管制的就业冲击会扩大。他基于粤闽两省439 家企业调查数据的实证分析表明，2008 年提高最低工资标准对农民工的就业冲击明显强于 2007 年，但对城镇劳动力的就业没有造成明显强化的冲击。《劳动合同法》对就业的影响很可能会通过强化最低工资管制等其他管

---

　　① 张建武、高松茂：《劳动合同法对劳动力市场影响的分析》，载《中国人口科学》2009 年第 2 期。

　　② 王一兵、张东辉：《新劳动合同法的实施对劳动力供给的影响研究》，载《当代财经》2009 年第 1 期。

　　③ 杨振兵、张诚：《劳动合同法改善了工资扭曲吗？——来自中国工业部门的证据》，载《产业经济研究》2015 年第 5 期。

　　④ 杨伟国：《中国就业促进政策的三大支柱》，载《新视野》2008 年第 2 期。

　　⑤ 丁守海：《最低工资管制的就业效应分析——兼论〈劳动合同法〉的交互影响》，载《中国社会科学》2010 年第 1 期。

制措施的效果来间接实现。刘庆玉[1]基于各地历史劳动争议案件结案率分组进行的双差分分析表明,《劳动合同法》具有正向加班时间效应和负向就业效应,这一结论在根据结案率及劳动合同签订率变化情况对分组进行调整的稳健性检验中依然成立。

(三) 对中国劳动力比较优势的影响

一方面,社会普遍担心《劳动合同法》提高人工成本并会降低中国劳动力的比较优势,引起制造业、劳动密集型产业向国外转移。另一方面,学者认为国内劳动者素质和劳动效率也在同步提高,以高素质为特征的比较优势正在慢慢形成。[2]

(四) 对劳动者创业的影响

经济活力依赖于企业,特别是中小企业。一方面,《劳动合同法》有助于营造公平的竞争环境,从而有助于提高创业激情。[3] 另一方面,严格规则和"一刀切"的做法也会造成"创业抑制",说明《劳动合同法》没有考虑中小企业的成长压力,抑制个人创业的积极性。[4] 贺尊[5]认为《劳动合同法》的实施提高了利益相关者的信息传递成本,加大了创业的不确定性,从而导致"创业抑制效应"的发生。

二、对劳动者的影响

(一) 对劳动者利益的影响

第一种观点认为"强资本弱劳工",用工成本过低,劳动者付出与其待遇明显不公是《劳动合同法》出台的特殊背景,它是权衡劳资博弈、给予

---

[1] 刘庆玉:《〈劳动合同法〉对就业的影响分析——基于加班时间的视角》,载《山西财经大学学报》2015 年第 10 期。
[2] 莫荣:《农民工劳动力市场的状况和政策建议》,载《经济研究参考》2008 年第 31 期。
[3] 张车伟:《中国 30 年经济增长与就业:构建灵活安全的劳动力市场》,载《中国工业经济》2009 年第 1 期。
[4] 李长安:《2008 高速增长中需求平衡的中国经济》,载《西部论丛》2008 年第 1 期。
[5] 贺尊:《〈劳动合同法〉对新创企业的影响分析》,载《学术论坛》2012 年第 6 期。

劳动者合理保护的结果。① 马新福等②主张用政治、经济、法律等手段来加强政府对劳动力市场的干预，为就业弱势群体提供就业条件与机会，提高劳动保护水平。程延园③认为，我国的劳动力市场长期供大于求，劳动者处于弱势地位，尽管我国从 1995 年就一直推行劳动合同制，但距离劳动合同契约化有一定的距离，倾斜性的保护原则可以对劳动力市场进行有效的干预，弥补市场自身调节的不足。肖颖④认为，在劳资双方利益博弈的过程中，劳动者的失语凸显了劳动者与资方的不对等关系，只有切实赋予劳动者与资方同等的地位与权利，完善集体谈判和集体合同的制度保障，才能根本上改变劳动者的境遇，促进劳动者权益的保护。孙祖芳⑤认为，政府应完善劳动立法与执法、改善劳动者弱势地位。李环⑥认为各国政府在劳动关系中的责任包括推动劳动立法、三方协调等，中国不应例外。张杰和黄泰岩⑦研究发现，中国企业普遍存在"利润挤占工资"、"税收挤占工资"、"资本积累挤占工资"以及"利息挤占工资"现象，劳动者处于弱势地位，而《劳动合同法》的出台是以保护劳动者利益为出发点的，无可厚非。李传宪和黄茜⑧以 2004～2011 年沪深两市上市公司为样本，实证研究了《劳动合同法》的实施对员工参与企业利益分配的影响。研究发现，《劳动合同法》的实施对员工参与企业利益分配具有积极作用，相对于国有上市公司而言，它对非国有上市公司员工参与企业利益分配的影响更大。该结论在一定程度上说明，《劳动合同法》的实施提升了企业利益分配格局的公平性和员工的薪酬满意度，保护了劳动者的合法权益。

　　第二种观点认为，《劳动合同法》没有找准社会的主要矛盾。中国劳动力分三个阶层：职业经理人、城市白领和低端劳动力，其中低端劳动力市场主要包括产业工人以及处于失业半失业状态的工人等，该法并没有保障最应

---

① 常凯：《论劳动合同法的立法依据和法律定位》，载《法学论坛》2008 年第 2 期。
② 马新福、杨清望：《法律全球化：争论与出路》，载《政法论丛》2007 年第 4 期。
③ 程延园：《〈劳动合同法〉：构建与发展和谐的劳动关系》，载《中国人民大学学报》2007 年第 5 期。
④ 肖颖：《从〈劳动合同法〉的实施争议看劳资博弈的地位失衡》，载《特区经济》2008 年第 11 期。
⑤ 孙祖芳：《构建和谐劳动关系中的政府职能》，载《上海大学学报》（社会科学版）2008 年第 4 期。
⑥ 李环：《社会利益考辨之研究》，载《宜宾学院学报》2008 年第 11 期。
⑦ 张杰、黄泰岩：《中国企业的工资变化趋势与决定机制研究》，载《中国工业经济》2010 年第 3 期。
⑧ 李传宪、黄茜：《劳动保护、员工薪酬与企业利益分配》，载《贵州财经大学学报》2014 年第 6 期。

保护的低端劳动力的权益。① 唐跃军和赵武阳②基于中国二元劳动力市场，构建理论模型分析《劳动合同法》的影响。研究表明，相对于《劳动法》，《劳动合同法》通过加强解雇保护，能提高知识型员工的努力程度，增加知识型员工和企业的收益；但却会降低体力型员工的努力程度，减少劳动密集型企业的收益。简而言之，对于高端劳工市场，《劳动合同法》是促进三赢的；而对于低端劳工市场，则可能导致三输。

第三种观点认为不同地区间的市场化程度和政府干预程度不同，该法对劳动者的劳动保护程度不同，但在政府的调解下最终会趋于一致。③ 周中胜等④认为企业所处地区的要素市场越发达，企业越有可能履行包括劳动保护在内的社会责任，这是因为在一个要素市场发达的环境中，企业主要通过市场来获取各种要素资源，如劳动力、资本等，如果声誉不佳，势必会受到负面影响。刘斌、刘红雪和廖艺洁⑤通过选取 A 股制造业上市公司 2003～2012 年的数据，实证研究了中国不同市场化程度地区企业劳动保护水平的差异性，以及政府对市场的补充替代作用。研究发现，在市场化程度较高的地区，劳动保护水平较高；在市场化程度较低的地区，劳动保护水平较低。而且，在《劳动合同法》颁布以后，随着政府对劳动保护介入的增强，市场化程度较低地区的企业劳动保护水平显著提高，且变化幅度要显著大于市场程度较高地区的企业。更进一步的研究还发现，市场与政府对劳动保护的作用主要是通过加大企业裁员的难度来实现的。研究结果表明，在市场不完善的地区，政府会发挥补充替代的作用，使劳动保护水平得到提高，并使有差异的保护逐步趋于一致。

（二）对劳动者就业权利的影响

对此学术界大致有三种观点：第一种观点认为《劳动合同法》有助于

① 王一江：《劳动立法的局限性》，载《西部论丛》2008 年第 3 期。
② 唐跃军、赵武阳：《二元劳工市场、解雇保护与〈劳动合同法〉》，载《南开经济研究》2009 年第 1 期。
③ 刘斌、刘红雪、廖艺洁：《〈劳动合同法〉实施前后市场化程度、政府干预与劳动保护研究》，载《重庆大学学报》（社会科学版）2015 年第 3 期。
④ 周中胜、何德旭、李正：《制度环境与企业社会责任履行》，载《中国软科学》2012 年第 10 期。
⑤ 刘斌、刘红雪、廖艺洁：《〈劳动合同法〉实施前后市场化程度、政府干预与劳动保护研究》，载《重庆大学学报》（社会科学版）2015 年第 3 期。

建立稳定的劳动关系以及和谐的劳资关系，进一步维护劳动者的权利。① 此外，已有大量经验研究成果表明，《劳动合同法》能够保障员工的工资福利水平②。乔健③认为，中国目前没有健全的工会组织，工会对劳资关系的调节作用相对较弱，因此法律制度的强制治理才是实现劳资双赢的有效手段。第二种观点认为立法的实施效果违背初衷，反而限制了劳动者的就业权利。严格的退出机制限制了用人单位的弹性机制，其减少用工人数和大量裁员加剧了失业水平。④ 就员工而言，固定期限、长期合同限制了劳动者的流动意愿，反而损害了他们的就业权利。也有学者通过对该法律条文中约束条件的解读和对真实世界制度环境的考虑，指出《劳动合同法》会导致"铁饭碗"时代的回归。⑤ 第三种观点认为《劳动合同法》的确造成底层劳动者失业，这是新旧体制衔接的代价。⑥ 例如，从农民工群体来看，刘怀廉⑦分析了政府对农民工权益的保护不到位的问题。梁东黎⑧指出劳动契约的权利不对称性质是农民工工资被拖欠、劳动报酬被压低（低于劳动对生产的边际贡献）的根本原因。但就该观点，在《劳动合同法》施行后，有学者就农民工签订劳动合同问题进行了实证研究。刘林平、陈小娟⑨的经验研究发现，制度压力越大的企业，农民工的劳动合同签订率越高。劳动关系的实质性变迁取决于政府政策引导下劳资双方力量的博弈，作为国家力量产物的劳动合同是劳动关系走向规范化的起点。陈祎、刘阳阳⑩重点讨论了《劳动合同法》的施行对于农民工收入的影响。他们用博弈论模型证明了签订劳动合同可以提高农民工收入，并且在一定条件下企业也可以通过生产率的上升而获利，从而实现"双赢"。再者，从女性和残疾人等弱势群体来看，陈东和刘金

① 蔡定剑：《张五常先生应谨慎发言》，载《法制资讯》2008 年第 10 期。
② 罗润东、王杰：《新劳动法的收入分配效应解析》，载《经济社会体制比较》2009 年第 4 期。
③ 乔健：《工会改革创新的理论思考》，载《当代世界与社会主义》2010 年第 2 期。
④ 程延园：《〈劳动合同法〉：构建与发展和谐的劳动关系》，载《中国人民大学学报》2007 年第 5 期。
⑤ 张五常：《救金融之灾有三派之别》，载《资本市场》2009 年第 3 期。
⑥ 郭军等：《再谈〈劳动合同法〉实施》，载《中国劳动》2008 年第 3 期。
⑦ 刘怀廉：《加快建设农民工权益保障体系》，载《学习论坛》2005 年第 5 期。
⑧ 梁东黎：《权利不对称情况下的劳动契约运行机制》，载《探索与争鸣》2006 年第 4 期。
⑨ 刘林平、陈小娟：《制度合法性压力与劳动合同签订》，载《中山大学学报》（社会科学版）2010 年第 1 期。
⑩ 陈祎、刘阳阳：《劳动合同对于进城务工人员收入影响的有效性分析》，载《经济学》（季刊）2010 年第 2 期。

东等人①通过实证研究表明《劳动合同法》实施后，虽然提升了女性就业者、残疾人就业者等就业弱势群体的合同保障程度，但却是以相对收入差距显著扩大为代价的。严格的劳动保护不能完全弥补市场机制带来的待遇差异，而只是将待遇差异从合同保障程度差异向收入水平差异的形式转变。王生发②针对中国的研究认为，严格的劳动保护加剧了性别间收入差距，新《劳动合同法》颁布前后，女性就业者的相对收入差距开始从不显著变为显著。以上研究结果意味着，劳动保护的法律机制并不能弥补市场机制下就业弱势群体的待遇差异，反而可能将原本潜在的自然附着成本显性化，加大就业弱势群体的相对收入差距。

（三）对工作时间的讨论

刘庆玉③基于就业与加班时间之间可能的替代关系，利用《中国民营企业竞争力》微观调查数据，考察了《劳动合同法》对企业雇佣的影响。基于各地历史劳动争议案件结案率分组进行的双差分分析表明，《劳动合同法》具有正向加班时间效应和负向就业效应。但是，张五常等学者④认为《劳动合同法》是养懒人的做法。

三、对用人单位的影响

（一）对用人单位利益的影响

第一种观点认为《劳动合同法》的实施会促进企业转型，提高其竞争力。⑤ 张建武⑥研究认为该法将有利于遵纪守法的经营者、有利于促进落后企业改善经营管理水平、有利于促进产业的优化升级，并在一定程度上缓解

---

① 陈东、刘金东：《劳动保护有助于缩小就业弱势群体的相对收入差距吗?》，载《财贸经济》2014 年第 12 期。

② 王生发：《〈劳动合同法〉对性别间收入差距的扩大效应——基于 CHNS 微观调查数据的实证研究》，载《宁夏大学学报》2014 年第 3 期。

③ 刘庆玉：《劳动合同法对就业的影响分析——基于加班时间的视角》，载《山西财经大学学报》2015 年第 10 期。

④ 张五常：《新劳动法的困扰》，载《中国企业家》2007 年第 24 期。

⑤ 常凯：《劳动合同立法理论难点解析》，中国劳动社会保障出版社 2008 年版。

⑥ 张建武：《〈劳动合同法〉对劳动力市场影响：分析框架及其政策含义》，载《华南师范大学学报》（社会科学版）2008 年第 5 期。

了"劳工短缺"。

第二种观点则认为，《劳动合同法》严格限制了用人单位用工弹性，增加了企业的用工负担，损害了用人单位的利益。

第三种观点认为其影响应根据其行业属性和特征做出判断。赵武阳和唐跃军①基于理论模型的研究发现，《劳动合同法》有助于知识员工和知识密集型企业达成"双赢"，但是可能导致体力员工和劳动密集型企业"双输"。《劳动合同法》之所以备受争议，其对低端劳工市场的消极影响是主因，外界经济环境恶化带来的经营压力和就业压力是辅因。从企业产业属性来看，刘媛媛和刘斌②认为《劳动合同法》的实施对民营企业人工成本粘性的影响程度更大，具体表现在《劳动合同法》加剧了民营企业的用工粘性，并且《劳动合同法》对民营企业更大的人工成本粘性影响，使民营企业用机器设备替代人工的可能性更大。

（二）对用人单位成本的影响

这是争议最激烈的一个话题，集中表现为"成本是否增加了"、"哪些成本增加了"、增加"是否合理"以及"时间周期"上如何表现。

第一种观点认为，《劳动合同法》降低了用人单位的用人成本，包括劳动力流动成本和隐性成本。健康的劳动关系和规范的管理降低了用人风险从而降低了隐性成本。杨清河③认为我国劳动密集型产业很可能会以《劳动合同法》的出台为契机，提升管理水平、技术能力，调动劳动者的积极性，增大劳动者人力资源开发力度和人力资本的积累，形成一次具有战略意义的产业升级。黄平④基于中国上市公司的经验证据研究表明，实施《劳动合同法》虽然在一定程度上提高了解雇成本，但有利于知识密集型产业发展和知识员工群体就业，从而有助于促进中国产业从劳动密集型向知识密集型转型升级。

第二种观点则认为，用人单位的成本增加了，直接表现为经济补偿和试

---

①　唐跃军、赵武阳：《二元劳工市场、解雇保护与〈劳动合同法〉》，《南开经济研究》2009 年第 1 期。

②　刘媛媛、刘斌：《劳动保护、成本粘性与企业应对》，《经济研究》2014 年第 5 期。

③　杨河清：《关于〈劳动合同法〉对劳动密集型产业影响的几点思考》，《中国劳动关系学院学报》2008 年第 12 期。

④　黄平：《解雇成本、就业与产业转型升级——基于〈劳动合同法〉和来自中国上市公司的证据》，《南开经济研究》2012 年第 3 期。

用期工资，间接表现是长期合同、无固定期限合同使用人单位增加了福利成本，而且无论是长期还是短期成本都是增加的，尤其对于非正规企业和劳动密集型企业更是如此。刘彩凤①以企业态度调查为依据，探讨了《劳动合同法》对我国企业解雇成本及雇用行为的影响，研究表明《劳动合同法》会增加企业解雇成本。总体而言，《劳动合同法》正如大众所感受到的那样，增加了绝大多数企业的解雇成本。②廖冠民和陈燕③以 2003～2012 年中国 A 股非金融业上市公司为样本，基于 2008 年《劳动合同法》及各地区法律执行效率差异度量劳动保护程度，检验劳动保护是否以及如何影响企业的"经营弹性"。研究发现，2008 年《劳动合同法》实施后，随着劳动保护的增强，企业的经营杠杆系数上升，也即其"经营弹性"下降；而且当企业经营不确定性较高、劳动密集度较高时，劳动保护对"经营弹性"的负面影响更为明显。张继彤④通过广泛企业调查，对《劳动合同法》的成本效应进行了实证分析，发现《劳动合同法》实施后带来的成本增幅随企业特征不同而存在较大差异。从规模角度看，对小规模企业影响较大；从不同所有制形式看，对私营企业影响较大；从行业看，对服务业、建筑业等行业的影响较大。

第三种观点认为，《劳动合同法》不是劳动基准法，该法只规范合同的签订以及履行，不会增加用人成本，它只增加了本来就不规范的用人单位的违法成本。比如，李钢等⑤发现，《劳动合同法》并没有增加守法企业的用工成本，工资上涨不是《劳动合同法》实施的结果，《劳动合同法》有助于维护正常的用工秩序，《劳动合同法》实施也没有减少劳动力市场需求。韩兆洲、安康和孔丽娜⑥通过经验数据发现在《劳动合同法》实施的早期阶段，中小企业因为解除劳动合同而支付的经济补偿金，因违反该法而造成的额外补偿都不显著，影响主要表现在社会保障支出呈现显著增长，但从中小

① 刘彩凤：《〈劳动合同法〉对我国企业解雇成本与雇用行为的影响》，载《经济管理》2008年第 22 期。
② 李春云：《〈劳动合同法〉对企业解雇成本的影响分析》，载《当代经济》2008 年第 10 期。
③ 廖冠民、陈燕：《劳动保护、劳动密集度与经营弹性》，载《经济科学》2014 年第 2 期。
④ 张继彤：《〈劳动合同法〉的成本效应分析》，载《经济学家》2009 年第 3 期。
⑤ 李钢、沈可挺、郭朝先：《中国劳动密集型产业竞争力提升出路何在——新〈劳动合同法〉实施后的调研》，载《中国工业经济》2009 年第 9 期。
⑥ 韩兆洲、安康、孔丽娜：《〈劳动合同法〉对企业成本影响的测算方法与实证研究》，载《暨南大学学报》（哲学社会科学版）2011 年第 1 期。

企业成本增长的构成分析，近年来原材料、人工成本的上升是拉动企业经营成本增加的主要驱动力，因《劳动合同法》实施造成的成本增加在总成本的增长中作用并不显著。陶启智、徐君和贺玲[①]研究发现，《劳动合同法》的颁布提高了用人单位的预期违法成本和经营成本，用人单位可能会采取各种对策行为规避法律风险。当《劳动合同法》正式实施时，企业的经营成本因用人方式的调整而得到有效控制。他们的研究结果还表明，《劳动合同法》及其修改决定会对公司资产规模大或劳动密集度大的低端制造业、建筑业、信息业、交通业国企产生较大负担，非但不会增加守法企业用工成本，而且有利于实现其劳动关系的稳定。

对于上述观点，国外相关文献有关于提高解雇成本对就业和产业发展影响的研究，但国内学术界目前并没有统一的结论。大多数学者认为，解雇成本的提高会显著影响就业和产业发展。唐跃军和赵武阳[②]基于中国劳工市场严重分割的现实国情，通过构建理论模型进行分析。研究发现，提高解雇成本有助于知识员工和知识密集型企业达成"双赢"，但是可能导致体力员工和劳动密集型企业"双输"。

回顾相关研究文献可以发现：（1）现有多数研究基于市场成熟的工业发达国家，其结论对包括中国在内的以二元经济为特征的发展中国家不一定适用。[③]（2）现有研究由于存在上述局限，未能充分注意到二元经济为特征的发展中国家中就业市场（劳动力市场）可能存在严重二元甚至多元分割的现实，解雇成本对被分割在不同市场的不同类型员工可能存在显著不同的影响。实际上，即便在同样的劳工法律下，员工自身的情况在雇主决定其去留时仍发挥了很大的作用，而这可能是现有研究结论大相径庭的重要原因之一。（3）现有研究亦未对可能存在显著差异企业（雇主）进行有效的区分，从而无法准确判定《劳动合同法》与解雇成本对就业和产业转型升级的影响。对于资本密集型、劳动力密集型和知识密集型企业，解雇成本同样可能产生不一样的影响。（4）目前中国国内的研究大多还停留在对相关法条较

---

①　陶启智、徐君、贺玲：《我国〈劳动合同法〉及其修改决定的资本市场效应研究》，载《社会科学研究》2015 年第 1 期。

②　唐跃军、赵武阳：《二元劳工市场、解雇保护与〈劳动合同法〉》，载《南开经济研究》2009 年第 1 期。

③　同上。

为泛化的解析和争议层面，虽然已有部分研究开始尝试构建理论模型进行推理分析，但是并未形成较为完善的理论框架，对相关理论命题的可靠性检验也有待加强。

（三）对用人单位管理水平的影响

许多学者基于管理角度，从劳动合同的立约、履约和解约概括出用人单位面临的风险和挑战，提出了相应的应对措施。但就具体影响的讨论存在分歧，一种观点认为完善的劳动合同新制度规范了用人单位用工，对提高用人单位管理水平和促进内部改革升级有推动作用。① 另一种观点认为，该法增加了用人单位的管理难度，员工议价能力增加不利于企业管理。②

四、对政府部门的影响

（一）对于公权介入用人单位管理的力度的讨论

刘斌、刘红雪和寥艺洁③认为在《劳动合同法》颁布以后，随着政府对劳动保护介入的增强，市场化程度较低地区的企业劳动保护水平显著提高，且变化幅度要显著大于市场程度较高地区的企业。进一步的研究还发现，市场与政府对劳动保护的作用主要是通过加大企业裁员的难度来实现的。研究结果表明，在市场不完善的地区，政府会发挥补充替代的作用，使劳动保护水平得到提高，并逐步趋于一致。持反对意见的人则认为，该法的具体规定不可能适合完全不同性质的企业和工种，这种"一刀切"的做法只会使立法保护的影响大大减弱。④

（二）对社会责任分担的讨论

《劳动合同法》中无固定期限劳动合同等众多条款引发了人们对政府和

---

① 程延园：《〈劳动合同法〉：构建与发展和谐的劳动关系》，载《中国人民大学学报》2007年第5期。

② 王光荣、李建标：《无固定期限劳动合同与劳资行为的匹配研究——实验经济学与行为经济学的视角》，载《经济管理》2013年第2期。

③ 刘斌、刘红雪、寥艺洁：《〈劳动合同法〉实施前后市场化程度、政府干预与劳动保护研究》，载《重庆大学学报》（社会科学版）2015年第3期。

④ 张千帆：《规避新〈劳动合同法〉背后》，载《南风窗》2008年第18期。

用人单位社会责任分担的讨论。一种观点认为《劳动合同法》将那些用人单位原本可能不愿意承担的责任规范下来，是制度上的理性回归，也有利于用人单位竞争力的形成。另一种观点认为，用人单位需要用人自由，社会责任是政府的责任，法律底线不应过高限制它对劳动力的吸纳能力。

（三）执法检查

《劳动合同法》实施几年后，为了了解其实施效果，全国人大常委会先后两次对《劳动合同法》的实施情况进行执法检查。检查的结果显示，《劳动合同法》的实施效果比较明显，劳动合同签订率明显上升，劳动关系短期化现象得到遏制，但在劳动合同签订、劳务派遣、集体合同等方面仍然存在很多问题。如果更细致地观察，还可以发现《劳动合同法》实施，对不同地区、不同类型和规模的企业、不同劳动者群体、不同的行业和职业乃至不同的合约事项的影响是各有差异的。

（四）对困难企业的帮扶措施

为了帮助受金融危机影响较大的困难企业渡过难关，鼓励困难企业尽量不裁员或少裁员，稳定用工岗位、稳定就业局势，2008 年年底，人力资源和社会保障部、财政部、国家税务总局下发了《关于采取积极措施减轻企业负担、稳定就业局势有关问题的通知》，其中对困难企业主要实行以下措施：第一，允许困难企业在一定时期内缓缴社会保险费；第二，阶段性降低四项社会保险费；第三，使用失业保险基金帮助困难企业稳定就业岗位；第四，鼓励困难企业通过开展职工在职培训等方式稳定职工队伍；第五，采取积极措施稳定就业局势。

（五）全面推进小企业劳动合同制度实施专项行动

2010 年 4 月，随着经济形势的好转，人力资源和社会保障部、中华全国总工会和中国企业联合会、中国企业家协会联合发布《全面推进小企业劳动合同制度实施专项规划》，其中指出小企业劳动合同签订率在总体上仍然偏低，劳动用工行为不规范问题仍然比较突出，损害了劳动者的合法权益，影响了劳动关系的稳定。国家协调劳动关系三方会议为进一步落实《劳动合同法》，推动小企业构建和谐稳定的劳动关系，营造有利于小企业发展的良好环境，决定在全国开展全面推进小企业劳动合同制度实施专项行动。这次专项行动的目标任务是：2010～2012年，用3年时间基本实现小企业与劳动者普遍依法签订劳动合同。其中，2010年力争小企业劳动合同签订率达到65%以上，2011年力争小企业劳动合同签订率达到80%以上。小企业普遍依法规范工资支付和工时管理，按规定参加社会保险。

为了达到上述目标，专项行动制定了以下行动措施：（1）加强对小企业劳动用工的动态监管，督促企业对招用职工和订立（续订）、解除或终止劳动合同情况及时办理劳动用工备案手续，按照信息准确、规范、统一的要求加快建立健全劳动用工信息数据库。（2）加强劳动合同法律法规宣传和培训，增强小企业依法用工的自觉性，提高基层工会维护小企业职工合法权益的能力，增强劳动者依法维权和遵纪守法、诚信履约的认识。（3）加强对小企业实施劳动合同制度的指导和服务，引导企业根据生产经营实际与职工协商确定合同期限、劳动报酬、工作内容等必备条款，切实解决一些企业与职工签订劳动合同条款不完备、内容不合法、权益义务不对等的问题。（4）加强对小企业的支持和帮扶，对小企业吸纳困难人员就业、签订合同并缴纳社会保险费的，要积极帮助其按规定申领养老、医疗和失业保险补贴，对受金融危机影响比较大的困难小企业，要及时帮助其申请享受在一定期限内缓缴社会保险费和社会保险补贴或岗位补贴、在岗培训补贴。（5）加强劳动检察执法和劳动争议调处工作，通过调解柔性化处理争议，发挥简易程序、终局裁决的作用，及时依法处理小企业与职工因订立、履行劳动合同发生的劳动争议，切实维护争议双方当事人的合法权益。2010年5月，针对集体合同制度的"彩虹计划"也发布启动。

以上这种伴随形势变化而在执法力度上"相机抉择"的做法或许表明，《劳动合同法》在立法过程中并没有真正实现所有利益相关者的共同参与和达成共识，政府职能部门自身也没有下坚定的决心，经济因素和法律因素的互动仍在继续。

此外，有一些研究者提出，在分析《劳动合同法》实施成效时，要注意将经济危机或经济周期的影响与《劳动合同法》实施的影响区分开来，同时，也要注意区分用工成本导致的企业负担和其他原因造成的企业负担，这样才能更为准确地评价《劳动合同法》实施的效果。例如，朱芳漪[①]认为，如果没有经济危机的冲击，城镇新增的劳动力就业率将接近既有变化趋势，2008 年的国际金融危机给中国城镇新增就业带来了较大的短期负面影响。又如，通过专项调查，工业和信息化部课题组[②]认为，根据企业反映的突出问题，企业负担相关指标由四个子项组成，包括：三项费用（营业费用、管理费用、财务费用）、员工工资及福利、缴费和税收。在企业负担中，三项费用在主营业务收入中占比最高，达到 13.6%，其中利息支出占比 2.4%；职工工资支出占 6.4%，缴纳"五险一金"占 1.6%，二者共占 8%；缴费占 4.05%；上缴税金占 7.8%。企业缴纳的税金包括流转税、所得税、财产税和行为税等，其中主要税种为增值税、消费税、所得税、营业税等。企业已缴税金占营业收入比重为 7.8%，其中，应交增值税占营业收入的 3.69%，应交所得税占营业收入的 1.14%。企业的各项缴费包括行政事业费支出、政府性基金支出、行政许可、审批相关的经营服务性支出以及其他涉企收费等，其中部分项目构成地方政府的财政收入。被调查企业各项缴费支出在主营业务收入中占 4.05%，其中，行政事业费支出占比 1.26%，政府性基金支出占 0.67%，行政许可、审批相关的经营服务性支出占 0.83%，其他涉企收费（如行政罚款、摊派、培训、赞助、评估、参加各项评比活动缴费等）占 1.29%。可见，企业负担的构成因素是多方面的，因此导致企业经营困难的因素也是多方面的，在这种情况下，如果不将一些额外的或其他的因素区分出来，对《劳动合同法》实施成效的评估，就会存在一定的偏误。

总之，《劳动合同法》实施的背景，简单地说，一是《劳动法》法规存在不足和缺陷，二是农民工的劳动权益缺乏保障。相应地，《劳动合同法》立法的初衷，一是提高劳动合同的签约率，二是减少用工关系短期化现象。这是评价《劳动合同法》实施成效的基本依据。

概括有关《劳动合同法》实施争议的主要观点，一是肯定观点，认为《劳动合同法》实施规范了用工关系、保护了劳动者权益、激励用人单位提

---

① 朱芳漪：《国际金融危机对我国就业影响的定量测算及对策建议》，载《中国物价》2011 年第 12 期。
② 工业和信息化部课题组：《全国企业负担调查评价报告》，载《经济理论与经济管理》2013 年第 12 期。

高竞争力；二是否定观点，认为《劳动合同法》提高了企业用工成本，引起企业规避法律约束，最终不利于劳动者就业和收入；三是更宽泛的议论，或认为《劳动合同法》有利于劳动力市场发育，或认为《劳动合同法》损害了契约自由。需要注意的是，关于《劳动合同法》实施效果评价本身，全面评价和单一评价，短期评价和长期评价各有千秋，既要注意中国劳动力参与率变化的趋势，也要注意分离 2008 年经济危机对国内劳动力市场的冲击以及共存的其他如税收和社保等制度因素。

《劳动合同法》的订立和实施充分体现了经济与法律的互动关系。为解决经济问题出台了法律手段，为完善法律必须考虑经济后果。劳动关系博弈还将继续下去，考验着社会各界的法治观念。

五、结语

《劳动合同法》实施的效果需要综合的、科学的、实事求是的评估；对评估的结果，也需要运用战略的（全局的、长远的）观点来予以审视。《劳动合同法》制定、出台、实施、评估、争议、修订的过程，充分体现了经济与法律的互动关系和融合过程。经济进步和法制完善是相辅相成的。法制化需要经济稳定，经济发展也需要法制完善。此外，《劳动合同法》实施效果差强人意，与立法过程缺乏更为广泛的民众参与，以及对立法效果缺少全面调查和客观评价不无关系，因此，如果要对法规作进一步的修订，就要更加审慎地进行。

两阶段制度变迁模式与地方政府制度创新

——以厦门市分级诊疗改革为例

提要

　　本篇综合已有制度变迁理论的研究成果，构建了一个融合诱致性制度变迁与强制性制度变迁两种路径的理论分析框架，在此基础上以厦门市分级诊疗制度创新为例，提出一个两阶段的制度变迁模式。基于成本—收益角度，本篇对厦门市分级诊疗改革的制度变迁路径和参与主体展开具体分析。厦门的经验表明，激励地方政府制度创新需要建立"容错"机制，以发挥其"平衡器"的作用。同时，制度创新关键是人，地方政府制度创新宜采取诱致性变迁路径，实现多方共赢。当然，在鼓励和激发地方制度创新的同时，也要强化统筹和"一盘棋"方略，以克服分割推进、分散试点给制度整合带来的不利影响。

　　从制度经济学的视角看，国家间的制度差异往往是造成各国社会经济发展差距的重要因素。就我国而言，无论是改革开放、体制转型还是经济发展方式的转变，说到底都是深刻的社会制度变迁。20 世纪 80 年代中后期，随着新制度经济学进入中国经济学界的视野，学界掀起了一股研究制度变迁的热潮。由于新制度经济学的研究方法与中国市场化的需求契合，对中国的现实经济问题有较强的解释力，因而成为中国经济转轨时期最为成功的经济理论。[①] 当前，我国处于一个多领域全面深化改革的新时代，把握制度建设的本质、积极探索制度创新将是有效推动经济社会全面发展的关键。制度创新如何产生、由谁发起以及如何推进等，都是值得深入研究的现实课题。

[①] 盛洪：《关于中国市场化改革的过渡过程的研究》，载《经济研究》1996 年第 1 期。

我国医疗卫生体制改革（以下简称"医改"）是在探索中前进的一场制度变迁，其动力来自医疗领域供求两方面长期存在的累积性矛盾。当前"看病难，看病贵，看病累"仍成为举国上下关注的重大民生问题。随着新一轮医改的启动，分级诊疗被置于重中之重的位置上，一些地方对分级诊疗进行了积极探索。2008 年，厦门市就立足于地方实际，选择"慢病"作为分级诊疗的突破口，率先开始了改革尝试。经过多年的摸索实践，厦门市逐渐形成了"慢病先行，急慢分治，上下一体，三师共管"的分级诊疗模式。从全国范围内看，这一制度创新已取得了令人瞩目的阶段性成果。

本篇对已有研究文献的制度变迁理论和模式作了梳理，并构建了一个融合诱致性制度变迁与强制性制度变迁两种路径的分析框架，在此基础上以厦门市分级诊疗制度创新为例，提出一个两阶段的制度变迁模式。

一、中国制度变迁中的地方政府：一个理论分析框架

新制度经济学的代表人物诺斯将制度定义为"一个社会的游戏规则"，即"为塑造人类的互动关系而人为设计的一些约束"。[1] 如果说制度构成了"社会生活的基础"，那么制度变迁（institutional change）便是社会变革的根本动力。要真正理解制度，就必须对制度变迁的过程拥有足够的理解。[2] 制度变迁决定了社会演进的方式，是理解历史变迁的关键。

（一）关于强制性制度变迁和诱致性制度变迁的定义

戴维斯（L. E. Davis）和诺斯（D. C. North）最早区分了两种制度变迁方式：一种是依赖于个体自愿合作的形式，另一种是依赖于政府的强制性权力。他们指出，"制度安排如果是一种政府形式，它将直接包括政府的强制性权力；如果它是一种自愿形式，它可能是现有产权结构的强制权力的基础""至于制度安排的方式，从纯粹自愿的形式到完全由政府控制和经营的

① North，D. C.，*Institutions*，*Institutional Change and Economic Performance*，New York：Cambridge University Press，1990，P. 3.
② Tang，S，*A General Theory of Institutional Change*，Routledge，Talyor& Francis. 2011.

形式都有可能。在两个极端之间存在着广泛的半自愿半政府（强制）结构"。①
可见，两位经济学家是从发起主体来区分制度变迁方式的，由政府发起的变
迁属于强制性变迁，与之相对应的是自愿性变迁或非强制性变迁。必须注意
的是，戴维斯和诺斯强调制度变迁并非只有"自愿—强制"二元模式，而
是存在许多介于二者之间的中间形态。另外，我们不能把自愿性变迁简单地
等同于诱致性变迁，因为戴维斯和诺斯是从不同的角度对后者进行定义的。
他们认为，当制度处于均衡状态时，安排的变迁将得不到任何好处，可是，
"收益与成本的变动会使制度产生不均衡，并诱致了安排的再变迁"。② 安排
变迁的诱致因素是期望获取最大的潜在利润，只要存在对新制度安排的"需
求"，就会推动制度创新，"潜在利润"是诱致政府干预经济的主要力量。显
然，戴维斯和诺斯从需求角度而不是发起主体角度对诱致性变迁进行定义。

　　速水（Hayami）和拉坦（Vernon Ruttan）是最早对诱致性制度变迁进行
系统论述的学者，他们认为制度变迁通常是由社会需求所诱致的，这种需求
源自于社会，产生于要素禀赋、产品需求和技术变革不均衡带来的潜在利益
变动，为政治企业家创造了通过集体行动以促使制度变革的机会。③ 其中"政
治企业家"可以是政治家、官员以及像行业组织、工会和其他特殊利益院外
集团那样的民间团体和俱乐部的领导人。④ 也就是说，诱致性制度变迁的发起
主体，既可以是个人、团体等微观主体，也可以是政府等带有强制力的更高权
威。他们指出，在某些情况下，对制度变迁的需求可以通过新的产权形式的发
展、更有效率的市场制度，或者由个人在社会或厂商水平上直接订立契约所引
起的演进性变革而得到满足。在另一些情况下，由于涉及外部性问题，巨大政
治资源可能不得不用来组织非市场制度，以提供公共产品的供给。与戴维斯和
诺斯相比，速水和拉坦对诱致性制度变迁的定义和论述更为明确、充分。

　　林毅夫也对诱致性制度变迁和强制性制度变迁作了区分。他将"诱致
性制度变迁"定义为现行制度安排的变更或替代，或者是新制度安排的创

---

　　① ［美］戴维斯、诺斯：《制度变迁的理论：概念与原因》，科斯、阿尔钦、诺斯等著：《财产
权利与制度变迁——产权学派与新制度学派译文集》，上海三联书店 1993 年版。
　　② 同上。
　　③ ［日］速水佑次郎、［美］弗农·拉坦：《农业发展的国际分析》（中译本），中国社会科学
出版社 2000 年版，第 114~116 页。
　　④ ［德］柯武刚、史漫飞：《制度经济学：社会秩序与公共政策》（韩朝华译），商务印书馆
2000 年版，第 482~483 页。

造，它由个人或一群人（通常指市场微观主体）在响应获利机会时自发倡导、组织和实行；而"强制性制度变迁"则由政府命令和法律引入和实行。不难看出，林毅夫将政府作为发起主体的变迁视为强制性制度变迁，而当发起者是微观主体时则视为诱致性制度变迁。他将政府排除在诱致性制度变迁的发起主体之外，这既不同于戴维斯和诺斯，也有别于速水和拉坦。黄少安对其"诱致—强制"二元范式的划分标准问题提出异议且言之甚详，[①] 这里就不赘述了。

综合戴维斯和诺斯、速水和拉坦的分析思路，我们不妨把诱致性制度变迁定义为以市场需求为导向的变迁，而把强制性制度变迁定义为以政府供给为导向的变迁。从信息传导看，前者是自下而上的，而后者是自上而下的。虽然我们对二者的定义与黄少安不同[②]，但我们非常认同他的观点，即政府并非"强制性变迁"的代名词，它兼有诱致性变迁和强制性变迁两种可能性。在诱致性变迁方式中，微观主体和政府都可以担当制度创新的发起主体，如果微观主体在制度不均衡带来的潜在获利机会的引诱下，担当"第一行动集团"，自动发起制度变迁活动，那么政府就充当"第二行动集团"，在后期促进和推动制度变迁。改革开放初期，我国农村推行的家庭联产承包责任制便属于这种情况。毋庸置疑，在需求诱致下，政府也有可能直接担当"第一行动集团"角色。至于强制性变迁方式，一般情况下只能由政府发动。[③]

（二）嵌入地方政府的中国制度变迁方式

改革开放后，特别是 20 世纪 90 年代以来，国内学界更多地关注制度和制度变迁问题。正如盛洪指出的，中国的过渡经济学是一种制度经济学，或者说是一种制度变迁理论。[④] 值得一提的是，国家理论和产权理论构成诺斯

---

① 黄少安：《产权经济学导论》，经济科学出版社 2004 年版，第 336～337 页。
② 黄少安从制度变迁主体的动力或动因来划分，将"强制性变迁"定义为"制度变迁主体不以自身利益为目的，而是为了别的目的而强制自己发动的制度变迁"，而将"诱致性变迁"定义为"以利己为目的、追求自身利益最大化的变迁"。详见黄少安：《产权经济学导论》，经济科学出版社 2004 年版，第 337 页。
③ 林毅夫把导致强制性制度变迁的原因归结为两个：一是由于正式的制度变迁存在外部性和"搭便车"问题，无法通过微观主体发起的制度变迁来实现，故需要政府介入来矫正制度变迁供给的不足，此时政府仍是受社会需求影响推动制度变迁；二是纯粹由于不同集团之间对现有收入进行再分配引起的。参见 Lin, J. Y.，"An Economic Theory of Institutional Change Induced and Imposed Change", *Cato Journal*, 1989, 9（1）: 1–33.
④ 盛洪：《关于中国市场化改革的过渡过程的研究》，载《经济研究》1996 年第 1 期。

制度变迁模型的两大支柱，但诺斯并未关注地方政府在制度变迁中的行为和作用，这无法解释改革开放以来中国体制转轨的机制、动力和特点。于是，一些学者尝试把地方政府嵌入中国制度变迁的理论分析框架中，如 Montinola 等、① Qian ＆Weingast② 描述的"市场维护型联邦制"（market preserving federalism），最早将地方政府竞争同中国的改革进程结合起来进行分析。杨瑞龙③，杨瑞龙、杨其静④提出的制度变迁"三阶段论"和阶梯式渐进制度变迁模型，把中国制度变迁划分为三个阶段：供给主导型（中央政府）、中间扩散型（地方政府）和需求诱致型（微观主体）。在这两篇文献中，杨瑞龙突出地方政府在中间扩散型制度变迁方式中的特殊功能。黄少安指出，按照杨瑞龙的划分，用中央政府主导模式、地方政府主导模式和微观主体主导模式来划分更准确。⑤

其他学者着眼于制度因素中特定的政府结构对政府尤其是地方政府行为产生的影响。如周业安认为，⑥ 在资源有限的条件下，集权的政治体制和分权的经济体制带来地方政府为了政治利益展开经济资源的争夺，从而导致地方政府之间的竞争。他把地方政府竞争行为模式分为三种，相应地，地方政府也分为三类：如果其竞争行为是一种进取行为，即能够为当地政府和居民创造价值，那么这种政府是进取型政府；如果其竞争行为是一种保护行为，即仅仅在于维护当地的财富，那么这种政府是保护型政府；如果其竞争行为在于毁损当地的价值，那么这种政府是掠夺型政府。⑦ 不难推论，与后两者相比，进取型政府最有可能在制度创新上有所作为，成为推动制度变迁的重

---

① Montinola, G., Qian, Y. ＆Weingast, B., "Federalism, Chinese Style: The Political Basis for Economic Success in China", *Journal of Policy Reform*, 1995, 1 (2): 149 – 185.

② Qian, Y. ＆Weingast, B., "Federalism as a Commitment to Preserving Market Incentives", *The Journal of Economics Perspectives*, 1997, 11 (4): 83 – 92.

③ 杨瑞龙：《我国制度变迁方式转换的三阶段论——兼论地方政府的制度创新行为》，载《经济研究》1998 年第 1 期。

④ 杨瑞龙、杨其静：《阶梯式渐进制度变迁模型——再论地方政府在我国制度变迁中的作用》，载《经济研究》2000 年第 3 期。

⑤ 黄少安：《中国经济制度变迁的事实对"制度变迁主体角色转换假说"的证实》，载《浙江社会科学》1999 年第 1 期。

⑥ 周业安：《地方政府竞争与经济增长》，载《中国人民大学学报》2003 年第 1 期。

⑦ 周业安所说的"进取型政府"和"保护型政府"，类似于施莱佛（Andrei Shleifer）和维什尼（Robert W. Vishny）所说的"扶持之手型政府"或"扶植型政府"，而"掠夺型政府"与施莱佛和维什尼所说的"掠夺之手型政府"含义同。加尔布雷思（James Galbraith）亦提出"掠夺型政府"的概念。参见安德烈·施莱佛，罗伯特·W. 维什尼：《掠夺之手——政府病及其治疗》（中译本），中信出版社 2004 年版；詹姆斯·加尔布雷思：《掠夺型政府》（中译本），中信出版社 2009 年版。

要角色。李春梅依据政府的性质，分为"扶植型"政府和"掠夺型"政府。① 从其定义看，前者相当于周业安所说的"进取型"政府。有关中国地方政府角色的研究一定程度上丰富了已有的制度变迁理论，其中一个热点是研究中国治理模式变迁的晋升锦标赛理论。②③

（三）政府为发起主体的一般性制度变迁模式：一个理论分析框架

综合已有文献的研究成果，本文先构建一个以政府为发起主体的一般性制度变迁模型，它具有如下特征：一是将地方政府嵌入权力结构之中，它们扮演着中央政府代理人和微观主体代理人的双重角色；二是政府（或者是中央政府，或者是地方政府）担当制度创新的发起主体，即担当"第一行动集团"；三是融合了诱致性制度变迁和强制性制度变迁两种可能性路径（如图1所示）。

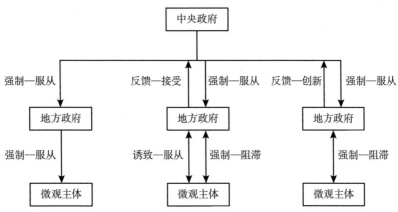

图1　政府为发起主体的一般性制度变迁模式

在图1中，我们必须先假设存在这样的一种初始状态：中央政府作为制度变迁的发起主体，通过顶层设计完成了一套制度规范，然后开始实施，由作为中央政府代理人的地方政府贯彻执行。中央政府以权力中心的名义推动变革，为彰显其权威性，制度实施必然带有刚性的强制色彩，地方政府属于下级机

---

① 李春梅：《基于政府性质的强制性制度变迁理论模型》，载《天府新论》2014年第1期。
② 陈钊、徐彤：《走向"为和谐而竞争"晋升锦标赛下的中央和地方治理模式变迁》，载《世界经济》2011年第9期。
③ 周黎安：《中国地方官员的晋升锦标赛模式研究》，载《经济研究》2007年第7期。

关，均须服从中央政府的指令。但在制度实施过程中，可能遇到三种情况：

第一种情况是地方政府不折不扣地执行中央政府的制度安排，由于顶层设计的科学性和合理性，制度推行畅通无阻，微观主体基本上都愿意接受并服从。这是一种比较理想的状态，意味着这项制度一经落到实处就获得了成功。

第二种情况是地方政府也不折不扣地执行中央政府的制度安排，但由于顶层设计存在一定的偏差，在具体举措上考虑不周，地方政府在推行该项制度时，在微观主体那里遇到了阻滞，致使该项制度无法顺利推行，结果可能形同虚设。地方政府只好站在微观主体的立场——这类似于以微观主体代理人的身份，将情况反馈给中央政府。中央政府根据实际情况，为了应对微观主体的合理需求，不得不重新对制度进行调整，制定或选择新的规则，甚至有可能推倒重来，由此启动新一轮的制度创新。

第三种情况在初始阶段与第二种情况类似，地方政府贯彻制度过程中也遇到了微观主体的阻滞，所不同的是，地方政府及时捕获了制度创新的机会，主动发起制度创新。当然，这种创新是有前提条件的并且要建立在迎合微观主体需求的基础上，地方政府根据现实情况，以诱致性的方式"导之以行"，从而赢得了微观主体的普遍遵从。制度创新获得成功之后，地方政府及时向中央政府汇报，中央政府经过认真调研考察，对地方政府的制度创新给予认可，并很可能在全国范围内推广。

在上述三种情况中，第一种属于强制性制度变迁，第二、第三种既有强制性制度变迁的成分，又有诱致性制度变迁的成分。因此，强制性变迁与诱致性变迁并非截然对立的，而更有可能是互补的，处于同一个矛盾统一体中。它们的差别只是路径的不同，或者说立足点的不同。强制性变迁的立足点是"供给"，诱致性变迁的立足点是"需求"。在政府主导下，诱致性变迁只是强制性变迁的一种变异。另外，强制性变迁与诱致性变迁不是割裂开来的，它们统一于同一个制度变迁的进程，只是分属于不同的阶段而已。当我们注意到制度变迁其实是一个持续不断的过程时，情况更是如此。

二、厦门市分级诊疗改革——两阶段制度变迁模式与地方政府创新

接下来，我们把图1中的第三种情况独立析分出来，结合厦门市分级诊疗改革的案例，提出一个两阶段制度变迁模式。

（一）两阶段制度变迁模式

国内已有研究文献中，绝大多数论述一般性或普适性的制度变迁，只有少数文献涉及单项具体制度的变迁。如张军、蒋琳琦考察了中国农村公共产品供给制度变迁的三种不同模式，将其分为私人模式、民间合作模式和政府主导模式。① 黄少安以广东三茂铁路体制创新为案例，考察了不同主体在国有企业制度变革中发挥的作用。② 本文以厦门市分级诊疗改革为案例，也是对单项具体制度的变迁进行考察。

需要说明的是，在厦门市分级诊疗改革中，制度创新的主体共有三个：一是国家卫计委，代表中央政府行使相关职能；二是厦门市卫计委，代表地方政府行使相关职能；三是微观主体，包括大医院、基层医疗机构和患者。在分级诊疗制度创新中，微观主体虽不居于主导地位，也不扮演主动角色，但正如图1所示的，他们是推动制度变迁的重要力量。厦门市分级诊疗制度变迁由上述三类主体共同参与，而且是多阶段博弈的结果。为便于论述，我们构建了一个两阶段制度变迁模式，如图2、图3所示。

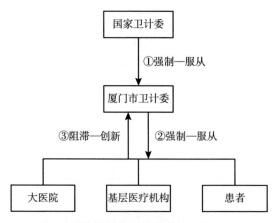

图2　厦门市分级诊疗制度变迁阶段 I

---

① 张军、蒋琳琦：《中国农村公共品供给制度的变迁：理论视角》，载《世界经济文汇》1997年第 5 期。

② 黄少安：《中国经济制度变迁的事实对"制度变迁主体角色转换假说"的证实》，载《浙江社会科学》1999 年第 1 期。

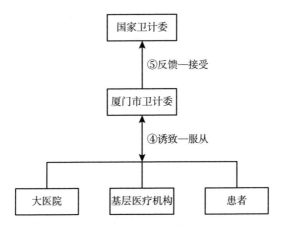

图3 厦门市分级诊疗制度变迁阶段 Ⅱ

1. 厦门市分级诊疗制度变迁第一阶段

第一阶段，国家卫计委在全国范围内推行分级诊疗医改政策，厦门市卫计委作为地方分支机构必须执行命令，贯彻实施该项政策。刚开始，作为微观主体的大医院、基层医疗机构和患者都服从有关制度安排，不过，他们很快就发现，如果遵从这样的制度安排，他们的利益将受损，于是他们有意无意地进行抵制，使有关制度安排流于形式。政策遭受各微观主体的阻滞后，迫使拥有一定自主权限的厦门市卫计委发起相应的制度创新活动，[①] 这样就进入了第二阶段。

2. 厦门市分级诊疗制度变迁第二阶段

制度变迁的需求归根到底是同经济发展相联系的，是人们在技术等条件变革情况下追求更有效率、更加公平的经济社会时产生的。带有准公共产品属性的医疗领域的制度变革，显然不同于企业寻租行为导致的"政治创租"（political rent creation）。[②] 也就是说，当人们追求绩效更高的制度带来的获利机会时，就会产生制度变迁的需求，但由于医疗服务准公共产品的特殊性以及存在"外部性"和"搭便车"等问题，微观主体难以担当"第一行动

---

① 2010年，厦门成为全国公立医院改革16个试点城市之一，在医改方面拥有一定的自主权。

② "政治创租"是美国经济学家麦克切西内（Fred S. McChesney）提出的一条制度设计的理论预设。指政府官员用行政干预的办法来增加企业的利润，人为地创设出租金，诱使企业向他们"进贡"作为它们得到这种租金的条件。参见 McChesney, F. S., "Rent Extraction and Rent Creation in the Economic Theory of Regulation," *Journal of Legal Studies*, 1987, 16（1）: 179–196.

集团"主导相关的制度变迁。为响应社会需求，政府或其职能部门就顺理成章地担当了"第一行动集团"的角色。在第二阶段，我们观察到的情况正是这样：厦门市卫计委根据地方实际，总结实践中存在的问题，在其本身固有的职权范围内主动进行制度创新，突破了相关的规则。而且，与之前的强制性推动不同，厦门市卫计委采取诱致性方式，从而获得各微观主体的遵从。

（二）地方政府制度创新

由于政府拥有绝对的政治力量优势和资源配置权力，能够通过行政、经济、法律等手段来约束其他社会主体的行为，因而成为最主要的制度创新主体。① 我国经验表明，国家或政府在制度变迁中的角色非常重要。② 在厦门市分级诊疗的两阶段制度变迁中，地方政府发挥的主导作用是显而易见的。就地方政府而言，因为它们对地方的具体情况和民众的偏好更为了解，所以在决策方面比中央政府更有优势，对此，Hayek 很早之前就已作了论述。③ 改革开放以来，在自上而下的行政性分权和经济性分权浪潮的推动下，政府层级体系内的权力被重新划分，地方政府在自己的权力范围内享有较大的自主权，这有利于地方政府之间形成竞争，并激发其创新动力。④⑤

与中央政府相比，地方政府间的竞争往往使其制度创新带有更少的强制特征。在厦门分级诊疗改革第二阶段中，厦门市的制度创新考虑了更多基层实际情况，诱致性是这一阶段变迁的主要特征。另外，与中国改革开放的渐进式路径取向一样，中国医改也是采用局部试验的方式逐步推进的，2010 年厦门成为全国公立医院改革 16 个试点城市之一。在公立医院改革方面，厦门市通过慢病分级诊疗的实施创造新的医疗生态，从某种程度上倒逼公立医院改革，医院改革动力来源于自身发展需求，而不是外力强制。在具体制度设计中，厦门市灵活应对现实状况，根据地区特色，构建了

① 赵保佑、李津燕：《地方政府在区域经济发展中的制度创新作用》，载《经济学动态》2001年第11期。
② 丰雷、蒋妍、叶剑平：《诱致性制度变迁还是强制性制度变迁？——中国农村土地调整的制度演进及地区差异研究》，载《经济研究》2013年第6期。
③ Hayek, F. A., "The Use of Knowledge in Society", *American Economics Review*, 1945, 35 (4): 519-530.
④ 钱颖一：《现代经济学与中国经济改革》，中国人民大学出版社2003年版。
⑤ 周业安：《地方政府竞争与经济增长》，载《中国人民大学学报》2003年第1期。

"慢病先行、急慢分治、上下联动、三师共管"的分级诊疗制度，通过选择易于操作和实施的突破口，从慢病入手，减少了制度推进的阻碍。与中央政府主导的制度创新相比，地方政府提供的制度变迁能够更接地气。我国各地的资源禀赋千差万别，需要多级的分层调控，需要多层次的制度创新，不然，就会扼抑特色性制度潜能的发挥，地方市场的活力难以显现。① 地方政府主导的制度创新更适应地方特色，有利于构建更有效率的针对性制度体系。厦门市是在中国医改的大背景下发起分级诊疗改革这一制度变迁活动的，厦门市卫计委在深入调研当地医疗卫生状况的基础上，有针对性地采取措施，充分发挥财政、物价、医保等综合政策杠杆作用，以引导和鼓励而不是"一刀切"的行政命令方式，不断推动建立具有厦门特色的分级诊疗体系，这更容易获得民众的认同，降低一致同意的成本。如果仅靠中央政府担当主力推动，即使能够实现，地区差异与信息不对称问题也可能导致制度实施的成本相当高。

当然，地方政府主导的制度变迁往往面临着能否被中央政府"事后追认"的政治风险②，地方政府自主的创新活动最终必须得到中央政府的认可才算大功告成。我们看到的结果是，厦门市卫计委向中央部门反馈改革成效并赢得了认可和接受。2015 年 9 月，厦门在分级诊疗改革领域的试点经验和一些成功做法被国务院办公厅发布的《关于推进分级诊疗制度建设的指导意见》所吸收，同年年底举办的第八届中国地方政府创新奖评选中，"厦门市分级诊疗改革"成为全国唯一获此殊荣的医改项目。无疑，就目前成效来看，作为试点城市的厦门在分级诊疗改革方面进行了一次成功的尝试，改革探索的经验可以为其他具有同等资源禀赋条件的城市提供借鉴。

三、厦门市分级诊疗改革的制度变迁路径和参与主体分析——基于成本—收益的视角

制度变迁涉及不同的主体，包括组织和个人。不管是支持还是反对，是推动还是阻挠，也不管是直接参与还是间接参与，他们都有自己利益的考

---

① 陈天祥：《产权、制度化和范式选择——对中国地方政府制度创新路向的分析》，载《中山大学学报》（社会科学版）2003 年第 1 期。

② 杨瑞龙：《我国制度变迁方式转换的三阶段论——兼论地方政府的制度创新行为》，载《经济研究》1998 年第 1 期。

量。即使在同一制度变迁过程中，不同主体的态度、行为、地位、角色和作用也是不同的。[①] 接下来，我们对厦门市分级诊疗改革案例展开具体分析，先简要介绍一下三个版本的演变，然后进一步详述基于成本—收益视角的两阶段制度变迁路径。

（一）厦门市分级诊疗改革的变迁路径——三个版本的演变

从 2008 年开始，厦门市分级诊疗改革先后经历三个不同的版本。整个变迁过程是在医改实践中不断摸索经验，并根据地方实际情况加以调整的。

1. 厦门医改 1.0 版本（2008～2011 年）

2008～2011 年，为了引导患者到基层就诊，缓解大医院"战时状态"，厦门市开始了医改尝试。这一阶段的医改，主要以"医疗集团化"模式为核心。厦门市将岛内（包括思明区和湖里区）15 家社区卫生服务中心的医疗部分成建制地移交给三级医院，形成所谓的"院办院管"。而岛外 4 个行政区的 23 所社区卫生服务中心（卫生院）则隶属于当地区政府，即"区办区管"。这样的制度模式设计目的是通过纵向整合资源，达到上下联动的效果。然而，由于国家出台"收支两条线"和"基本药物"政策，1.0 版本在实施中受到了阻碍，陷入了"医院放不下、基层接不住、患者不乐意"的困局。

2. 厦门医改 2.0 版本（2012～2015 年）

为了破解 1.0 版面临的难题，厦门市进行相应的制度创新、机制创新和模式创新。2.0 版经历了 4 年的磨合和改进，最终形成了相对成熟的"三师共管"模式。

2013 年厦门市卫生局让大医院相应科室与基层全科医生结对子，形成"一带一"的帮扶模式，共同为患者提供诊治。随后在此基础上创造性地提出了"1＋1＋X"的管理模式，这就是"三师共管"的雏形。前两个"1"分别指大医院的专科医生和基层的全科医生，"X"则指辅助类的医务人员。但由于两个"1"是不确定的，患者无法得到个性化的精准治疗，结果仍倾向于直接找大医院的专科医生看病。2014 年到 2015 年，针对"1＋1＋X"

---

① 黄少安：《关于制度变迁的三个假说及其验证》，载《中国社会科学》2000 年第 4 期。

模式暴露出的问题，厦门市卫生计生委①将其发展成患者与医务人员"一对一"的慢病管理"1＋1＋1"模式，原"1＋1＋X"中的"X"被确定为健康管理师，负责沟通医生和患者以及患者日常随访和健康教育。"1＋1＋1"模式标志着以慢病为主的"三师共管"正式形成，也是向全民（包括健康人群）"三师共管"模式过渡的有益尝试。由三个"1"组成的团队，每个"1"都是确定的，对签约入网的糖尿病、高血压病患者提供个性化、全过程、连续性诊疗、非药物干预等综合性管理，实现了对慢性病患者的精细化管理。

3. 厦门医改3.0版本（2016年至今）

2.0版取得了突破后，2016年厦门市卫计委又启动了医改3.0版，这一版本的改革重点在于分级诊疗的普及化。

普及化主要体现在两个方面，一是扩大病种，将分级诊疗范围进一步拓展至其他的常见病、慢性病和多发病；二是扩大覆盖群体，力求将厦门健康管理与疾病诊疗的签约服务从患者延伸至高危人群，再从高危人群延伸至健康人群。为此，厦门市卫计委再次创新，提出了"1＋1＋N"模式，这是2.0版中"三师共管"的升级版。"1＋1＋N"模式指签约团队由一位全科医生、一位健康管理师以及N个不同学科的专科医生组成，简单地说，N就是参与会诊的专家团队，它为疑难杂症的诊断治疗提供了一个高水准的平台。

（二）第一阶段制度变迁：参与主体的成本—收益分析

厦门市医改1.0版本属于两阶段制度变迁中的第一阶段。在这一阶段中，厦门市遵循来自中央的总体规划方案，执行"医疗集团化"、"收支两条线"和"基本药物"等政策命令。但在具体实施过程中，遭到了微观主体有意无意的抵制，最终未能实现预期目标，主要原因在于微观主体从自身的成本—收益角度权衡，发现改革并未增进他们的福利。

1. 大医院的成本—收益

大医院承担的成本主要是配合政策调整中所需投入的资源（包括人力、

---

① 2013年3月10日，原卫生部与原国家人口和计划生育委员会进行大部制改革，国家卫生计生委成立。随后，各省市自治区机构改革陆续启动，2013年年度福建省卫生计生委成立。2014年4月，厦门市启动政府机构新一轮改革，厦门市卫生计生委成立。

物力和财力），改变旧模式时要放弃的一些既得利益以及因此带来的用于缓和内部矛盾的相关成本（即制度摩擦成本）。需要特别指出的是，在1.0版本中，除去必要的资源投入，大医院还被要求将普通患者门诊下放到基层，以此来缓解大医院的压力。问题在于，门诊收入占医院总收入的比例较大，若大医院的患者分流到基层而导致门诊量下降，必然减少这方面的收入，这对大医院来说得不偿失，医务人员的薪资也将受到一定影响。至于收益，更多地体现于存在诸多不确定因素的长远发展上，如果缺乏相应的收益补偿尤其是即期补偿，就不能指望医务人员对分级诊疗改革有很高的积极性，当然，大医院的配合度也不会高。

2. 基层医疗机构的成本—收益

从理论上说，分级诊疗改革对基层医疗机构而言是一次极佳的发展机会。基层通过医疗集团化获得大医院的支持和指导，在分级诊疗中将扮演重要角色，有利于从体制上破解长期以来困扰基层医疗机构发展的难题，使基层医疗机构履行其应有的职能，发挥其应有的作用。然而，由于大医院配合度低，兼因来自大医院的支持和指导实际上都流于形式，结果不言而喻，即使基层医疗机构想有所作为，也是"孤掌难鸣"。同时，人员的积极性、主动性是改革能否顺利推进的关键因素。在厦门医改1.0版本中，由于依照国家政策实施"收支两条线"，基层医务人员的薪酬收入不与其劳动付出和绩效挂钩，存在吃"大锅饭"现象，缺乏有效的激励，基层医务人员也就失去了积极性和配合改革的动力，这样一来，分级诊疗改革一到基层必然面临迟滞，收效甚微。

3. 患者的成本—收益

作为分级诊疗制度变迁的参与主体之一，患者绝不是完全被动的、无足轻重的，从某种意义上说，他们的态度和行为反应直接关乎改革的成败，因为他们拥有最后的"否决权"——"用脚投票"。对患者来说，分级诊疗改革的一大预期收益在于获得更便捷、更高效且成本更小的医疗服务。厦门医改1.0版本之所以运行不畅，其中最主要的原因便是国家实施的"基药"政策导致患者不能在基层获得相应的疗程药物，只能重新回到大医院拿药。这不仅没给患者带来便利，反而无形中提高了就医成本，徒劳无益，每一个理性的患者都会以"用脚投票"来做出选择。与此同时，大医院对自身的就医流程等进行改善，大大提高了就诊效率和吸引力，于是，1.0版本的改革自然不受患者"青睐"。

总的来说，1.0 版本的改革成效可以从厦门市综合医院和基层医疗机构门诊量的相对变化中看出端倪。2011 年，基层医疗卫生机构门诊量达到931.84 万人次，明显高于综合医院的门诊量 853.8.5 万人次，势头可谓良好。然而，由于 2011 年开始实施"收支两条线"和"基药"政策，2012 年基层医疗卫生机构的门诊量一下子缩减了 73 万人次，而综合医院的门诊量却明显上升且反超（见图4）。

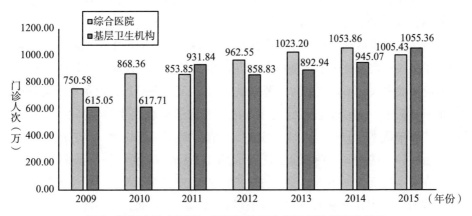

图4 厦门市综合医院、基层医疗卫生机构门诊量变化情况

（三）第二阶段制度变迁：参与主体的成本—收益分析

由于微观主体不支持不配合，厦门医改 1.0 版本难以顺利推行。在单纯将情况反馈给上级与利用自身优势进行自主创新之间，厦门市选择了后者，相继推出了医改 2.0 版本和 3.0 版本。在多主体利益博弈下，新的制度安排兼顾各方利益，分级诊疗改革于是取得了令人瞩目的阶段性成果。

1. 地方政府的成本—收益

在第二阶段的制度变迁中，厦门市地方政府是分级诊疗改革的主导者，直接影响制度变迁的方向和进程。一般来说，作为制度变迁的发起主体，只有当收益大于成本时，才有动力进行制度创新，地方政府也不例外。

在成本方面，厦门市主要需承担制度创新风险、制度设计和制度实施三方面的成本。（1）制度创新风险成本。地方政府的制度创新需要承担特有的风险，即获得中央事后认可的不确定性。由于厦门市是首批对外开放的经济特区和计划单列市，中央政府在政策上实行一定的倾斜，并赋予较大的自主裁量权，因而拥有较大的创新空间，承担的风险成本相对较小。（2）制度设计成本。主要是前期需投入人力、财力用于各方面的调研和方案设计。分级诊疗制度变迁的直接推动者是厦门市卫计委，改革创新团队的主要成员中许多都是科班出身且奋战于医疗工作的第一线，主管领导也是医疗卫生领域的知名专家，这使他们对当地整个医疗体系的运行机制以及"痛点"所在了若指掌。从技术官僚（Technocrat）① 的角度说，由于精通业务，他们能够抓住关键问题，以较低的成本完成有效的制度设计。（3）制度实施成本，包括直接成本和间接成本。直接成本是制度政策推行中所需的人力、物力，间接成本则主要源于对推行新制度衍生出的冲突以及制度变迁外部性影响的应对性投入，不妨称之为"摩擦成本"。由于这一阶段的改革本质上是以立足于"需求"的诱致性变迁为主，因此容易获得微观主体较高的认可度，制度"摩擦成本"较小。同时，与中央政府的制度变迁相比，地方政府政策的灵活性和"接地气"使制度变迁所承担的间接成本较低，如"试错"成本。

在收益方面，一方面，受地方政府的相对独立性及政府人员个人偏好影响，政府行动存在着私人成本和收益的权衡。另一方面，维护社会公共利益是政府的重要职责。地方政府受到上级和本地区人民的双向监督，其私人利益与公共利益有很多契合点。厦门市自主发起分级诊疗制度变迁的预期收益包括以下三个方面：第一，分级诊疗改革带来了较大的社会收益，能有效缓解长期以来大医院人满为患的紧张状态，建立基于"医防融合"的规范化管理和体系化防治模式，有利于解决群众"看病难、看病累、看病贵"的问题，同时有利于大医院和基层医疗机构的提质增效。第二，取得明显成效的制度变迁得到中央认可的概率大，并给地方政府带来相应收益，如财政补助、政策优惠等。不仅如此，成功的制度创新还有助于地方政府树立良好的形象，赢得民众的口碑，这对地方政府的长期发展有积极意义。第三，制度

---

① 在西方政治哲学、社会学领域，官僚是一个中性词语，非贬义词。贝丽斯（Thomas A. Baylis）将技术官僚（technocrat）定义为具有自然科学或管理专业大学文凭者。凭其对于工业企业管理规划的专业，能够让政治缩减至技术层次（matter of technique），而不依循政客的私人利益或不遵循未经训练的个人价值偏好。详见 Baylis, T. A., The Technical Intelligentsia and the Elite German Elite, Berkeley: University of California Press, p2.

创新可以改观行政主官的政绩。在 2015 年医疗服务第三方满意度调查中，厦门市医院总体满意度 85.2 分，比 2014 年提高 8.9 分，并且 90% 的医院表现优秀。而据中国社会科学院《2015 年公共服务蓝皮书》的调查显示，厦门市医疗卫生满意度在全国 38 个城市中排名第四。无疑，有关调查结果是对厦门市分级诊疗改革成效的充分肯定。同时，厦门市在分级诊疗改革领域的试点经验和一些成功做法，被国务院办公厅发布的《关于推进分级诊疗制度建设的指导意见》所吸收，并且获第八届中国地方政府创新奖，这些自然可视为地方官员的政绩。

2. 大医院的成本—收益

第二阶段改革中，厦门市卫计委吸取了 1.0 版本的经验教训，在推行分级诊疗改革的同时，注意实施补偿机制。一是大医院在配合改革中得到了地方政府的大力支持。如大医院专科医生下基层等帮扶项目有地方政府的拨款支持。二是针对门诊量下降、收入减少的问题，地方政府调整了补助结构：取消三级医院门诊工作量定额补助，转而增加住院补助工作量定额补助标准，同时提高三甲医院急诊科、专家门诊诊查费，使得医院可以从其他方面获得相应补偿。三是厦门市财政部门在大医院实行与分级诊疗绩效挂钩的补助倾斜，收入结构的改善使医护人员的待遇得到提高，即期收益明显，有效地化解了大医院对改革的抵制，让大医院"放得下"。以厦门第一医院为例，从 2014 年开始，"两病"门诊量明显下降（见图 5），减少的门诊量实

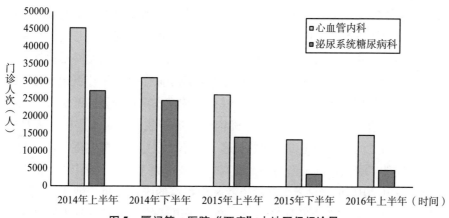

图 5　厦门第一医院"两病"本地医保门诊量

际上转移到社区基层了。在门诊量大幅降低的情况下，厦门市鼓励大医院回归本位，向提升医疗技术水平方向发展，以手术住院收入弥补门诊缺口，如厦门第一医院的两大重点科室虽然门诊收入减少，但住院收入却分别增加了27.5%和7.3%。

除此之外，在长期收益方面，大医院有了更美好的发展蓝图。分级诊疗把大医院从技术含量低、重复性明显的门诊中解放出来，有利于大医院由规模经营向精细化管理方向发展，打造高标准、高品质、高效益的医院。自2014年7月15日起，厦门市取消医用耗材加价，同步调整了1157项医疗服务价格，拉开三级医院与基层医疗卫生机构的价格差距，体现对技术性医疗服务的合理定价。同时，病床的周转率得到了明显提高，医院病床使用率为87.9%，医院出院者平均住院日由2012年的10天缩短为2016年的8.6天。以厦门第一医院的内分泌糖尿病科室为例，改革前该科室出院约150人次/月，现在增加到200人次/月，其他医疗数据也趋于优化。同时，地方政府也加大支持和补助力度，如厦门市卫计委对大医院部分优势专科展开了持续3年的发展经费支持。

3. 基层医疗机构的成本—收益

从2.0版本开始，厦门市特别强调了"强基层"。基层医疗机构要根据新的制度安排并结合自身特点，探索出适合本社区的具体模式和方案，实现同分级诊疗改革总体思路的协调一致。与大医院一样，基层医疗机构的改革在很大程度上得到厦门市政府的财政和政策支持，同时来自大医院的技术帮扶也带来了实际效益。因此，基层医疗机构在配合改革时承担了较少的有形成本，其主要成本是无形成本，如适应制度变迁的学习成本、心理成本和时间成本等。在收益方面，除了破解基层医疗机构长期以来的发展难题外，厦门市分级诊疗改革的一系列配套措施也有效地激励了基层医疗机构及其医务人员。基层医疗机构从未如此受到重视，财政投入重点明显向基层医疗卫生机构倾斜，这大大加快了基层医疗机构的发展步伐。而对基层医务人员来说，显而易见的收益是工资待遇的提高。改革基层收入分配制度、实行差额管理的绩效工资制度等一系列举措，有效打破了原来的"大锅饭"。根据厦门市医改办2016年针对2.5万例患者就诊跟踪的统计分析，糖尿病患者的基层就诊率从40.7%上升到78.1%，高血压患者的基层就诊率从72.6%提高到95.7%，2015年全市基层医疗机构人均绩效收入因此增加近1.5万元，基层医务人员收益增加从而积极配合改革。

4. 患者的成本—收益

在 2.0 版本的制度安排下，患者需承担一定的成本，包括有形成本和无形成本。其中有形成本主要是与家庭医生签约的直接费用，不过因厦门出台了医保补助政策，患者支付的费用很少。无形成本包括了解和适应新就医模式所耗费的时间和精力，以及签约后接受连续管理的时间成本等。

相比之下，患者的收益较多。一是获得更便捷、更高效的就医途径。2.0 版本中，厦门市卫计委适度放宽了基层的药品限制，使慢性病患者能顺利在基层医疗机构拿到多疗程药物，有效地解决了 1.0 版本存在的问题。二是获得更有效、更精细的健康管理。"三师共管"模式为慢性病患者提供了精细化的健康管理，大大提高了他们的获得感。精细化管理注重医防结合，对民众健康意义重大。我们可以用厦门"两网"被抽查到的 22383 名患者的高血压患病登记次数占总登记次数的百分比来考察"1＋1＋X"和"三师共管"的实施效果。从图 6 可以看出，高血压患者的患病登记次数占比总体上呈现下降趋势，表明健康状况不断改善。糖尿病患者在"三师共管"实施后也有明显改善。厦门市莲前社区卫生服务中心一项针对干预效果（半年）的评估发现：600 多名入网糖友，空腹血糖控制率从入网前的13.4% 提高到入网后的 57.4%，糖化血红蛋白控制率则从 17.3% 提高到64.8%。三是获得低费用、更贴心的医疗服务。厦门市利用价格和医保支付杠杆，通过调整收费价格和医保报销比例，以利益导向，引导患者主动到社区就医。同时，"职级相当"带来的效率提高也使慢性病患者在社区就医费用更低，患者在基层就诊均次费用较三级医院节省近 35%。四是个性化、连续性的综合健康管理有效地预防了慢性病并发症，降低潜在费用。厦门市人力资源与社会保障局统计数据显示：与到大医院就诊相比，糖尿病患者在社区就诊平均每月可节省 236.5 元。以此估算，全年可为每万名糖尿病病人节省共计 2838.1 万元的医疗费用。进一步地，实施分级诊疗后，可降低 2 型糖尿病最常见的两类并发症（视网膜病变和糖尿病肾病）发病率。根据推算，可避免约 2009.8 万元的二级医院药物治疗费用；而在三级医院，可避免 4030.4 万元视网膜病变手术费用和每年 1851.5 万元糖尿病肾病治疗费用。

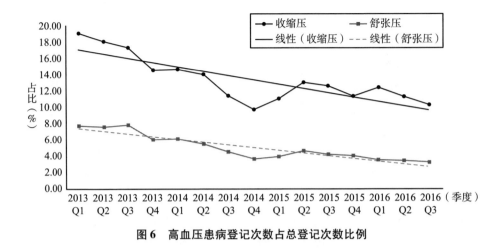

图6　高血压患病登记次数占总登记次数比例

四、厦门市分级诊疗改革与制度创新的经验启示

从前文参与主体的分析中不难看出，厦门市地方政府在分级诊疗制度变迁中举足轻重，这里对厦门市地方政府制度创新的经验启示作进一步的考察。

（一）激励地方政府制度创新需要建立"容错"机制

地方政府面临制度创新的风险成本，能否获得中央政府认可带有较大的不确定性。显然，这种不确定性与制度创新的"试错"特征关系密切。改革不可能永远一帆风顺，不可能只有成功没有失败，更不可能一蹴而就。因此，营造改革创新的良好氛围，建立"容错"机制是地方政府能够大胆创新的重要支撑。正如厦门案例所示，制度创新往往是一个"试错"过程，是在多方博弈的互动中逐渐形成最大程度上符合各参与主体利益的制度安排，更何况，制度变迁是一个持续不断的过程，即使到了医改2.0版本，仍然是不完善的。如果因为突破原有政策规定而被上级机关叫停，那么这场变革就很可能半途而废了。厦门市之所以敢于放手改革，离不开"容错"的制度环境。在我国改革进程中，试点、特区政策等的推行使厦门获得了较大的自主权，对制度进入限制的适度放松和对制度创新的优惠政策鼓励，体现中央政府对"摸着石头过河"的宽容态度。于是，像厦门市这样的地方政府便具备良好的创新环境并拥有较大的创新空间，有条件成为制度变迁的

"先行官"。另外，厦门长期"先试先行"而形成的较强创新意识，民众对制度创新的接受度和认可度都较高，有"容错"胸怀，这在一定程度上消除了地方政府制度创新的社会压力。

（二）发挥地方政府在制度变迁中"平衡器"的作用

地方政府作为介于权力中心代表中央政府与微观主体之间的媒介，是诱致性制度变迁与来自中央政府强制性制度变迁之间转化的桥梁，[①] 在制度创新中扮演双角色，即中央政府和微观主体的双重代理人。这一角色定位使地方政府在制度创新时必须考虑各种复杂的因素，以求上下之间能够通达。可以说，地方政府相当于在制度变迁中嵌入一个联结顶层与基层的"平衡器"，有利于及时且灵活地修正制度顶层设计可能存在的偏差。在厦门分级诊疗第一阶段的制度变迁中，地方政府作为中央政府的代理人接受中央政府的统一命令，负责新制度的实施，当改革遭到微观主体的抵制后，厦门市卫计委又在全国医改方针指导下，充分考虑市场需求，及时调整一系列政策措施，注重机制创新和模式创新，使微观主体自愿配合改革，最终取得令人瞩目的成果，也获得了中央的认可。地方政府这种"平衡器"作用使制度变迁过程更为平稳高效，这正是其边际贡献所在。

（三）制度创新关键是人

制度创新归根结底是人发挥主动性和创造性的结果，当然，人的认知水平也会对制度设计和贯彻执行产生重要的影响。一方面，从发起主体角度看，厦门市分级诊疗改革的成功得益于一个有创新意识并敢于突破的团队。如前所述，技术优势是厦门分级诊疗改革的坚实后盾，改革发起者本身就是医疗领域的专家，他们在长期的临床工作中对已有医疗模式存在的弊端非常了解，因此能够迅速抓住问题的关键，比较精准地戳中原有制度的"痛点"，把各行为主体引导到多方共赢的轨道上来。另一方面，从其他参与主体角度看，厦门市找准制度变革的"靶心"，深谙"理性人"的行为选择，加强顶层设计，建立合理的绩效评估机制，紧紧围绕激励这一主线来激发医务人员的改革动力，并以患者以及社区居民的"满意度"作为衡量改革成

---

① 郭小聪：《中国地方政府制度创新的理论：作用与地位》，载《政治学研究》2000 年第 1 期。

效的"方向标"。这样，就把分级诊疗改革建立在政府与微观主体合作博弈的基础上。总之，改革的关键在于人，不管是发起主体还是参与主体，只有把人的积极性释放出来，制度变革才能顺利推进。

（四）地方政府制度创新宜采取诱致性变迁路径

如果说中央政府推动的制度变迁带有更大刚性的话，那么地方政府主导的制度变迁更应注重柔性引导。地方政府对基层需求的感知大于中央政府，能够及时捕捉到来自微观主体的需要，从而进行更适应需求侧的制度创新。厦门市的分级诊疗改革，给我们展现的是一个以需求侧为导向倒逼供给侧改革的成功案例。从制度变迁的路径取向看，这场变迁基于强劲的社会需求，带有显著的诱致性变迁特征。为了让厦门担当区域医疗中心的角色，亟须一种新的制度安排来缓解当前医疗资源不足和医疗资源分配不均问题，厦门市地方政府立足于患者的实际需求，从供给侧改革发力，先引导医疗资源沉淀到基层医疗机构，完善基层医疗服务，再引导慢性病患者自觉到基层医疗机构就诊，逐渐改变原先的就医习惯，从而降低分级诊疗模式实施的阻力，最终达到更好地满足民众医疗服务需求的目的。

（五）制度创新必须实现多方共赢

亚当·斯密曾将人类社会比作大棋盘，认为每个"棋子"（指立法者以外的社会个体）都有其自身的行动规则，和立法者试图施加的规则不是一回事：如果它们行动方向相同，人类社会的博弈就会如行云流水，结局和谐圆满；但如果两者相互牴牾，那么博弈的结果将苦不堪言。[①] 同样，在制度变迁这一多方参与的博弈中，要避免博弈结果失衡，就应争取打造"利益共同体"，使变迁的各参与主体最大化地步调一致。与中央政府相比，地方政府更贴近微观主体，政策也更具灵活性，在了解和引导每个"棋子"的运动上更有优势，因此可能更容易促成多方共赢局面的形成。厦门市在推动分级诊疗改革时采用的是增量式改革，有的放矢地进行利益结构调整和财政补助，使各微观主体都能从中获益或获利。这样的制度创新有利于实现帕累托改善，做到多方共赢，从而赢得微观主体的支持和配合。

---

① Smith，A.，*The Theory of Moral Sentiments*（英文珍藏版），陕西人民出版社 2005 年版。

五、结语

本文综合了已有制度变迁理论成果，将诱致性制度变迁定义为以市场需求为导向的变迁，而相对应的强制性制度变迁则是以政府供给为导向，并特别强调了政府兼具诱致性变迁和强制性变迁两种行动的可能性。在此基础上，本文构建了以政府（包括中央政府和地方政府）为发起主体的一般性制度变迁模型，融合了诱致性制度变迁与强制性制度变迁两种路径。这一理论分析框架以中央政府发起强制性变迁为初始状态，将制度变迁过程中可能出现的情况分为三种：一是地方政府依照中央命令落实改革措施且新制度顶层设计科学，自上而下的推行畅通无阻。二是制度设计存在一定的偏差，推行过程中遭到来自微观主体的抵制，中央政府不得不重新调整制度甚至推倒重来。在这种情况下，地方政府仅起到联系中央政府与微观主体的桥梁作用，充当中央政府的代理人角色。三是制度推行受阻，不过地方政府及时捕获了制度创新的机会，私下里根据市场需求主动发起制度创新，并在事后获得中央政府的认可。

进一步地，本文把第三种情况独立析分出来，结合厦门市分级诊疗改革的案例，提出一个两阶段制度变迁模式。基于参与主体的成本—收益视角，本文对厦门分级诊疗改革的两阶段制度变迁路径进行详细阐释。厦门的经验表明，激励地方政府制度创新需要建立"容错"机制，以发挥其"平衡器"的作用。同时，制度创新关键是人，不管是发起主体还是参与主体，只有把人的积极性释放出来，制度变革才能顺利推进。地方政府制度创新宜采取诱致性变迁路径，以需求侧为导向倒逼供给侧改革，使变迁的各参与主体最大化地步调一致，实现多方共赢。当然，在鼓励和激发地方制度创新的同时，必须加强顶层设计，突出中央政府的主导地位，注重各方面工作的衔接和协调，强化统筹和"一盘棋"方略，以克服分割推进、分散试点给制度整合带来的不利影响。①

---

① 本文内容发表于《经济学动态》2017 年第 10 期。

司法地方保护主义

提 要

　　基于中国知识产权案例的量化研究发现，一审中中国法院的司法地方保护主义是普遍存在的现象。这一问题显然会对经济的发展产生消极影响，因为无论法律制定得多么完善，如果法院不能在司法审判中履行持守公平正义的中立第三方的角色，那么法治中的核心原则和市场经济的基本秩序都会遭到严重破坏，直接影响到市场经济的运行和发展。而部分经济发达省市存在的二审法院对一审法院的纠偏机制，则表明在法治秩序相对良好的地区，经济的发展水平也相对更高。二审中未发现司法地方保护主义存在的证据也增强了我们对中国法治发展前景的信心。原因在于，虽然一审中司法地方保护主义的存在妨碍了司法公正，不利于经济发展，但一审的判决结果并不等同于最终的生效结果，如果原被告一方认为判决不公，还可以选择上诉至二审法院。并且，我们的研究结论主要来源于由最高法院挑选出的对各级法院的审判工作具有指导意义的最高法院公报案例，从这些研究样本中所发现的结果表明，自改革开放以来，至少从最高法院的目标来看，中国法院是以较好地保障司法的公正性、为经济的长期稳定发展提供保障为己任的。

　　长期以来，中国以法院为核心的司法制度体系广受诟病，尤其在社会各界对法律制度的依赖日益增强的背景下，司法体系所暴露出的问题更令人无法忽视。而司法地方保护主义，无疑是中国司法制度中存在的最重要的问题之一，由于它直接影响到整个社会的公平秩序，因此对于司法地方保护主义的现状、成因以及与中国经济发展之间的关系，一直是包括经济学、法学和政治学等各领域学者长期重点关注和研究的内容，如 Chow①，Zhang②，Gechlik③，Wang④ 等的研究。

司法地方保护主义产生的原因是什么呢？对司法地方保护主义问题的认识，首先应该从中央和地方的关系来讨论。央地关系属于上层建筑的范畴，是由一定时期的生产力水平决定的，而现阶段中国生产力水平还不发达，同时各地方的生产力水平也存在较大差异，从抓主要矛盾的角度来说，需要更多地发挥地方的主观能动性，所以在中央和地方政府间权力安排上更加突出权力的分散，强化地方政府带动发展经济的职能，而司法保护主义的形成就是由于地方权力过度集中，在当前时期发展经济的主要矛盾让位于司法公正的次要矛盾，这是司法地方保护主义得以存在的根源。

本文基于两组知识产权案例样本来研究中国司法地方保护主义问题。其中第一组样本是 1985 年到 2011 年间，收录在《最高人民法院公报》中的所有知识产权案例，而第二组样本则来源于 1994 年到 2009 年北大法意数据库中收录的福建、山东、河南、湖南和四川 5 个省的全部知识产权案例。本文的主要发现如下：在一审中如果原告的所在地与法院相同，则原告的胜诉概率显著高于原告与法院所在地不同的情况。这一结果在不同的样本和模型设定中均是稳健的。此外，我们进一步发现，在二审中，原告与法院所在地的位置关系对诉讼结果并不存在显著影响。在最高法院公报案例样本中，我们还发现二审法院对于一审法院因为司法地方保护主义产生的错误判决具有纠偏的作用，虽然这一纠偏作用在 5 省案例样本中并未得到体现。

一、制度背景与数据描述

（一）中国法院诉讼制度和知识产权法律制度简介

根据《中华人民共和国人民法院组织法》第 11 条的规定，法院审理案

---

① Chow, D. C., "Organized Crime, Local Protectionism, and the Trade in Counterfeit Goods in China", *China Economic Review*, 2003, 14 (4)：473 - 484.

② Zhang, Q., "The People's Court in Transition：The prospects of the Chinese judicial reform", *Journal of Contemporary China*, 2003, 12 (34)：69 - 101.

③ Gechlik, M., "Judicial Reform in China：Lessons From Shanghai", *Columbia Journal of Asian Law*, 2005, 19 (1)：97 - 137.

④ Wang, D. T., "Judicial Reform in China：Improving Arbitration Award Enforcement by Establishing A Federal Court System", *Santa Clara Law Review*, 2008 (48)：649 - 679.

件，实行两审终审制。地方各级人民法院第一审案件的判决和裁定，当事人可以按照法律规定的程序向上一级人民法院上诉，人民检察院可以按照法律规定的程序向上一级人民法院抗诉。地方各级人民法院第一审案件的判决和裁定，如果在上诉期限内当事人不上诉、人民检察院不抗诉，就是发生法律效力的判决和裁定。中级人民法院、高级人民法院和最高人民法院审判的第二审案件的判决和裁定，最高人民法院审判的第一审案件的判决和裁定，都是终审的判决和裁定，也就是发生法律效力的判决和裁定。①

中国法院总共有四级，分别为设立在区县的基层人民法院、地级市的中级人民法院、省级的高级人民法院和最高人民法院。本章研究的是知识产权案件，此类案件一般属于民事诉讼的范畴，依据《民事诉讼法》的相关规定，对公民、法人或者其他组织提起的民事诉讼，由被告住所地或经常居住地人民法院管辖。这就是我们通常所称的地域管辖的"原告就被告"原则。虽然个别特殊类型的案件还可以由合同履行地、票据支付地、侵权行为地等的法院管辖，但就绝大多数案件而言，一审诉讼中原告首先要到被告所在地的基层法院提起诉讼。

然而，知识产权案件的管辖相对于一般民事案件有所不同。根据最高人民法院关于审理专利、著作权和商标案件的有关规定，专利纠纷第一审案件，由各省、自治区、直辖市人民政府所在地的中级人民法院和最高人民法院指定的中级人民法院管辖。而对于著作权和商标类案件，一审由中级以上人民法院管辖。各高级人民法院根据辖区的实际情况，可以确定若干基层人民法院管辖第一审案件。因而，对于绝大多数知识产权案件，一审法院往往就是中级法院，二审则要由高级法院来受理。

中国的知识产权法律制度自20世纪80年代才得以恢复和重建，最早得到重新确立的是商标法，1982年《中华人民共和国商标法》正式颁布。之后在1984年通过了新中国的第一部专利法。直到1990年，《中华人民共和国著作权法》才得以正式颁布。我们研究的案例样本中，最早出现的知识产权案件始于1986年。

相较于其他类型的法律案例，由于如下两方面的原因，知识产权案例应

---

① 然而，根据《中华人民共和国民事诉讼法》第一百九十九条的规定，当事人对已经发生法律效力的判决、裁定，认为有错误的，可以向上一级人民法院申请再审。再审属于审判监督程序，不在本章的研究范围内，故不作详述。

该受到司法地方保护主义的影响更小：第一，相对于其他大多可以在任何级别法院中进行审理的民事案例，大多数的知识产权案例必须在中级及以上的法院进行审理；第二，由于司法独立性的缺乏，相对于高级别的法院，低级别法院更容易受到来自各级地方政府的干预，因而潜在的司法地方保护的问题会更为严重。因此，从理论上来说，聚焦于知识产权案例则相对会更难以发现司法地方保护主义的存在。那么，如果我们在知识产权案例中发现了司法地方保护主义存在的证据，则说明中国存在司法地方保护主义就更为可信了。

（二）《最高人民法院公报》案例的选取标准、程序及作用

从 1985 年开始，最高人民法院开始从地方各级法院审理的各类案例中选取其中有代表性的案例，汇集成册来定期出版《最高人民法院公报》（以下简称《公报》）。《公报》中的案例并非是从所有已审理案件中随机选取的，而是从所有案件中精选出那些最为复杂、最具有一般性和典型性的案例。这些案例无一不是适用法律正确，代表了中国在各法律领域的最高司法水平的案例。

《公报》中所选取的案例对于中国地方各级法院在日后审理类似案例时具有重要的影响。原因在于，根据《中华人民共和国宪法》第 127 条的规定，最高人民法院监督地方各级人民法院和专门人民法院的审判机关，上级人民法院监督下级人民法院的工作。这种监督关系的表现，除了由最高法院通过二审程序对上诉案件的审理外，另外非常重要的表现就是最高人民法院对各级人民法院已经发生法律效力的判决、裁定，如果发现确有错误，可以指令下级人民法院再审；对于原判决、裁定认定事实正确，但是在适用法律上有错误，或者案情疑难、复杂、重大的，或者有其他不宜由原审人民法院审理的情况的案件，也可以提审。而对于地方各级法院的考核中，审判质量，包括上诉和生效案件发回重审率、上诉和生效案件改判率等都是非常重要的依据，而降低重审率和改判率，减少被认定为属于错判的一个重要方法就是与最高法院保持一致，而最高法院通过《公报》所公布的案例就代表了最高法院对类似案件如何判决的一个态度，地方各级法院自然就会在以后遇到类似案件时借鉴和参考《公报》案例的处理方式。此外,袁秀挺[①]和陈越峰[②]也为我们提供了《公报》案例对地方法院的司法判决具有指导作用的证据。正如 1991 年 4 月,时任最高人民法院院长的任建新在第七届全国人大四次会议上所作的《最高人民法院工作报告》所指出的,"通过《最高人民法院公报》公布了一批典型案例,发挥了案例指导审判工作的作用。"

(三) 信息来源和数据描述

本文研究司法地方保护主义问题全部基于知识产权案例,之所以选择此类案例,原因在于运用知识产权案例来研究司法地方保护主义具有以下优势:第一,知识产权在立法层面与国际接轨,因而研究知识产权案件在司法审判中的结果可以最大程度衡量中国在司法领域的现状,可以较少考虑由于立法水平方面的原因造成的其他偏差,最大可能地剔除了不完备法律的影响。[③] 第二,知识产权包括专利、著作权和商标三类,相较于其他经济类的案件较为简单且更具可比性,因而便于我们在实证分析中基于可观测的案例特征来控制其变化。

为研究司法地方保护主义的不同方面,我们构建了两组知识产权案例样本,即最高法院公报案例样本和 5 省案例样本。我们通过北大法意数据库来进行样本案例的收集,在具体的检索方式上,我们首先在法院案例库中控制检索项中案由为"知识产权合同纠纷和知识产权权属、侵权纠纷"。而对于第一组知识产权案例样本,我们控制权威出处为"最高法院公报",共检索出受理时间自 1986 年到 2010 年的共 102 件知识产权案例的判决文书,其中仅含一审的案例 28 件,包含一审和二审的案例 74 件。通过阅读 102 件案例的判决文书,我们人工提取了每一件案例的包括案件类型(专利、著作权或者商标)、一审受理及判决日期、二审受理及判决日期、总审理时长、原被告数量、原被告所在地、原告诉讼要求、各审级的胜诉方、判决比、法院所在地、法院级别等在内的大量数据。

---

① 袁秀挺:《我国案例指导制度的实践运作及其评析——以〈最高人民法院公报〉中的知识产权案例为对象》,载《法商研究》2009 年第 2 期。

② 陈越峰:《〈公报〉案例对下级法院同类案件判决的客观影响——以规划行政许可侵犯相邻权争议案件为考察对象》,载《中国法学》2011 年第 5 期。

③ Pistor, K. C. Xu., "Incomplete Law", *International Law and Politics*, 2002 (35): 931–1013.

　　其中一些变量的设定方法直接关系到本章的研究结果，需要在这里做特别说明。研究中需要构造的一个重要变量是原被告与法院所在地是否一致的虚拟变量。那么如何判断在一、二审中原被告和法院所在地是否一致呢？对于司法地方保护主义成因的一个较为共识的观点认为，地方利益，尤其是由于司法的不独立使得法院也成为地方利益的一个利益共同体，这是形成司法地方保护主义的重要成因。因而，我们在判断原被告和法院所在地是否一致时，依据的就是原被告是否位于与审理法院相对应的政府行政区划范围内，即如果审理法院是中级，则依据原被告是否在该法院对应的地级市的行政辖区内；如果审理法院是高级，则依据原被告是否在该法院对应的省级行政辖区范围内。如果是基层法院或者最高法院的情况，则同样依据原被告是否在同一区县辖区内或同位于中国境内。① 对于原被告有多个的情况，只要其中一个原被告和法院所在地一致，即认为原被告和法院所在地是一致的。

　　此外，我们还采用了另一个衡量原告胜诉水平的变量——判决比，即用法院的判决数额除以原告的诉求数额，这个标准相对能够更为准确地衡量原告的诉求得以实现的程度。

　　同时，为了进一步研究司法地方保护主义与其他因素的关系，我们根据案例中法院所在地和案件受理时间的变量，将知识产权案例数据与同一时间跨度内的各省级人口数、国内生产总值、进出口额、外商直接投资额等数据相匹配。地区级数据主要来源于《新中国六十年统计资料汇编》以及 1987~2012 年各省统计年鉴。尽管在大多数的案例中原告都获得了胜诉（超过 60%），但是他们的损害赔偿诉求只得到了法院小部分的支持（少于30%）。在一审中，超过 83% 的案例中被告和法院的所在地一致，这也同原告就被告的原则是一致的。一小部分诉讼法院所在地同被告不一致的情况，主要是由于被告所在地缺乏能够审理专利纠纷的中级人民法院。同时，与所预期的一致，原告同法院所在地一致的情况要远远少于被告。

　　而从不同类型的知识产权案件的分布看，专利、商标和著作权案件呈均

---

　　① 这种判断原被告与法院是否同属一行政辖区的标准，是更加保守的做法。相比之下，如果统一使用地级市为标准来判断原被告与法院是否属同一行政辖区，则更容易在二审过程中出现原被告与法院不属同一行政辖区的情况。但使用这两种不同标准，并没有令我们的实证结果产生显著变化。

匀分布的状态，且这些案件大多分布在沿海地区。对于原被告的身份来说，原告的身份在个人、国企、私企和外资企业中的分布较为平均，而被告的身份主要为国企和国内的私企。最后，从原被告和法院所在地之间的距离来看，再次验证了原告就被告的原则，被告与法院所在地之间的平均距离要远远小于原告与法院所在地的平均距离。

从最高法院公报的 102 件案例在时间和空间维度上的分布来看，尽管并不存在案例是如何随时间分布的清晰趋势，但从案例在各省的分布情况来看，来自北京、江苏和上海的案例要明显多于其他省份。

而对于《公报》上的案例，有人可能会质疑这部分案例是否可以代表中国的所有知识产权案例。为回应这种质疑，我们还进一步收集了福建、山东、河南、湖南和四川的所有可获得的知识产权案例。选择这 5 个省份的原因在于，这些省份分布在中国的东中西部和南方北方，具有较好的整体代表性。

我们采用同前面最高法院公报案例相同的整理方式，即通过人工阅读这 5 个省份 449 件案例的判决文书的方式，提取出包括一审法院及其所在地、二审法院及其所在地、原告所在地、被告所在地、受理时间、结案时间、判决结果等变量。

这 5 省的案例分布在 1994 年到 2009 年，而其中绝大多数案例来自 2001 年到 2008 年，尤以 2004 年到 2007 年为多。5 个省分别位于中国的东中西部，也同时覆盖了中国的北方和南方。每个省均含有一定数量的案例，因而不存在某个省份的案例过多从而会影响案例的代表性的问题。因此，从这个角度来说，相较于最高法院公报案例，5 省的知识产权案例样本更能够代表中国知识产权案例的平均情况。

我们在接下来的实证分析中，将同时使用《公报》案例样本和 5 省案例样本来分析中国的司法地方保护主义问题。

二、模型设定与实证分析

（一）司法地方保护主义存在的实证证据

下面我们将基于《公报》案例样本和 5 省案例样本，来实证研究法院在审理过程中是否会对本地的当事方采取偏向性的保护。法院的审理结果最直接的表现就是原被告何方胜诉,因而,我们首先从何方胜诉与原被告所在地之间关系的具体数据来看是否存在司法地方保护主义。民事诉讼一般遵行"原告就被告"的原则,因而,绝大多数的诉讼都是在被告所在地的法院进行的。然而,根据相关规定,专利案件只有直辖市、省会城市、经济特区及其他最高人民法院指定的中级人民法院具有一审管辖权,同时一些案件由于标的额较大或当事人选择在侵权行为地起诉等各方面原因,会出现原被告同一审法院所在地都不一致的情况。在二审中,由于上诉是到原审法院的上一级法院,所以若一审中出现原被告与法院所在地不一致,二审中也将同样出现类似的情况。

我们的分析重点关注的是被告与法院所在地相同的情况。[①] 在《公报》案例样本中,我们发现,一审中当被告的所在地在法院当地而原告为外地时,原告胜诉的比例从原被告都在法院所在地时的 71.11% 下降到了 60%。而对于进入二审程序的 74 件案例,原告胜诉率则从原被告都在法院所在地时的 63.83% 下降到原告与法院所在地不一致时的 52.17%。从简单的统计数据可以看出,在控制了被告与法院所在地一致的情况下,原告是否与法院所在地一致对原告的胜诉率有 10 个百分点左右的影响。类似地,在 5 省案例样本中,一审中原告与法院所在地相同的情况下,原告胜诉的概率是 63%,而原告若与法院所在地不同时,则原告胜诉的概率下降到 55%。而在二审中原告与法院所在地相同和不同的两种情况下,则不存在原告胜诉率的明显差别(54.1% 和 53.7%)。

为了控制其他可能影响原告胜诉率因素的影响,以下我们将建立计量模型来对司法地方保护主义问题进行实证研究。我们首先研究一审中,当被告与法院所在地一致的情况下,原告与法院所在地的关系对原告胜诉率的影响,在模型的估计方法上,我们采用的是线性概率模型(LPM)。

除了上述的原被告所在地与审理法院所在地的位置关系以外,还有其他因素可能影响原告是否能够胜诉,因而,参考已有相关文献(张维迎和柯

---

① 这里面存在一个潜在的选择性问题,比如说,来自外地的原告起诉当地的被告,在假设存在司法地方保护的情况下,只有当原告具有较强的信心赢得诉讼时,原告才会在外地法院起诉。但这种因素造成的偏差只会进一步支持我们后面发现的存在司法地方保护的结果,具体我们在后文会进行分析。

荣住，2002[①]；白重恩等，2004[②]；Lu 等，2011[③]）对影响法院判决结果的因素分析，我们引入了如下对法院审理结果有影响的控制变量：

（1）知识产权案件的所属类型。（2）地域差异。我们将北京、天津、河北、辽宁、上海、江苏、浙江、福建、山东和广东 10 个省级行政单位作为沿海省份，其余省份作为内陆省份。（3）原被告所在地到法院的距离。诉讼成本可能会对原被告是否胜诉产生影响，因而使用原被告所在地到法院的距离作为原被告诉讼成本的代理变量。[④]（4）原被告类型和身份。本章分两组变量分别用来控制原被告的类型和身份。第一组将原被告分为个人和企业[⑤]两大类，第二组则将原被告类型进一步细分为国有企业、私有企业、外资企业和个人四种类型。

通过添加以上控制变量，可以控制其他可能因素的干扰，从而分离出原被告与审理法院所在地之间的关系对于法院最终判决结果的影响。在其他变量不变的情况下，一审中若原告与法院所在地相同，则原告的胜诉率要比原告与法院所在地不一致的情况下平均高接近30%。

为了进一步验证上述结果的稳健性，我们用结案时间固定效应来替换受理时间固定效应，和通过将原告和被告与法院所在地是否一致同时作为控制变量，再次发现了原告与法院所在地是否一致对原告的胜诉率具有显著为正的影响。

我们还通过分别加入专利案件和著作权案件与原告法院所在地是否一致的交互项，来探究不同类型的知识产权案例在司法地方保护主义方面是否存在差异。虽然原告与法院所在地一致对于商标类案例的原告胜诉率具有正向的影响，但是原告与法院所在地一致对于专利案例或著作权案例的总影响并不显著。[⑥] 因此，不同于美国对专利保护的程度最高，我们发现中国的司法

---

① 张维迎、柯荣住：《诉讼过程中的逆向选择及其解释——以契约纠纷的基层法院判决书为例的经验研究》，载《中国社会科学》2002 年第 2 期。

② 白重恩、杜颖娟、陶志刚等：《地方保护主义及产业地区集中度的决定因素和变动趋势》，载《经济研究》2004 年第 4 期。

③ Lu, H., H. Pan, C. Zhang., "Political Connections and Judicial Bias: Evidence from Chinese Corporate Litigations", *Working Paper*, 2011.

④ 我们使用百度地图来测算两地之间的直线距离。

⑤ 企业中同时还包含少部分的行政机构和事业单位等组织类型，由于数量较少，并未单独分类。在第二组的分类中则将行政机构和事业单位归为国有企业这一类型中。

⑥ 对于 H_0：$\beta_{原告法院所在地一致} + \beta_{专利案件*原告法院所在地一致} = 0$，F 值等于 0.35，P 值等于 0.56；对于 H_0：$\beta_{原告法院所在地一致} + \beta_{著作权案件*原告法院所在地一致} = 0$，F 值等于 0.67，P 值等于 0.42。

地方保护主义主要存在于商标类案件中。这可能主要是由于在样本所处的时期，中国的知识产权发展水平还相对较低，因而知识产权相关的竞争主要表现在商标而非专利或著作权方面。

最后我们使用一审判决比替换原模型中的原告是否胜诉作为因变量。[①]前文已经说明，对于一些存在模糊性的判决，只要原告的诉讼请求得到部分的支持和认可，即认为原告胜诉。这里面存在的一个可能问题是，法院虽然支持了原告的一部分诉讼请求，但是支持的部分只占原告诉讼请求的极小一部分，这样表面上看是原告胜诉了，但实际上是被告获得了一定程度的保护。而选择判决比这一变量则直接衡量了原告诉求在法院判决中的实现程度。从结果来看，原告与法院所在地一致使得原告获得的判决比例显著提高了25%。

为了进一步检验上述发现的稳健性，我们下面来分析所使用的《公报》案例样本是否具有全国的代表性。首先，最高法院公报案例样本中的102件案例，有64件来自北京、上海和江苏，我们首先删除了这3个省市的所有案例样本，然后再次进行前面所述的分析过程。此外，我们还将全部102件案例样本分拆成京沪苏和非京沪苏两个子样本，并基于这两个子样本来重复之前的分析过程。从结果来看，原告与法院所在地一致的变量依然显著，而且影响程度也与之前的分析结果相近。

接下来我们使用来自5个省份的更大数量的知识产权案例样本，来进一步检验之前所发现的结果的稳健性。在检验了一审中限定被告与法院所在地一致的样本的结果，和通过控制被告与法院所在地的位置关系而包括了所有的案例样本中，原告和法院所在地一致变量的估计系数是在5%的显著性水平上为正的。然而，在通过控制被告与法院所在地的位置关系而包括了所有的案例样本中，被告和法院所在地一致的变量显著降低一审中原告的胜诉概率达到了23%，这也提供了中国一审中存在司法地方保护主义的额外证据。

（二）二审与司法地方保护主义

根据《中华人民共和国人民法院组织法》第11条规定，地方各级人民

---

① 判决比是通过法院的最终判决除以原告的诉求金额来得到的，衡量的是原告的诉求获得法院支持的比例。

法院第一审案件的判决和裁定，当事人可以按照法律规定的程序向上一级人民法院起诉。因此，如果原告在一审中遭遇到不公平的判决，就可以要求上一级法院对案件进行重新审理，这就为一审中存在的司法地方保护主义提供了一个潜在的纠错机制。以下我们将实证检验这一假说，以研究二审法院在司法地方保护主义中的作用。

我们采用线性概率模型（LPM）来验证二审是否存在司法地方保护主义。更为重要的是，我们需要检验二审法院是否对于一审法院中存在的司法地方保护主义问题存在纠偏机制。通过加入一审原告是否胜诉和原告与法院所在地是否一致的交互项，仍然采用线性概率模型（LPM）来验证二审的纠偏机制是否有效。

结果发现，二审中原告和法院所在地一致与否，对于二审的胜诉率没有任何显著影响。因此没有证据表明二审中原告是否胜诉和原告与法院所在地是否一致之间存在显著关系。此外，在一审中原告和法院所在地不一致的情况下，原告若在一审胜诉，则有超过90%的概率在二审同样胜诉，也即二审维持原判的概率是非常高的。然而，如果一审中原告和法院所在地一致，这一关系会通过原告在一审中是否胜诉这一变量，对二审中原告是否胜诉产生一个显著为负的作用（也即交叉项的系数显著为负）。具体来说，在其他影响因素不变的情况下，若一审中原告与审理法院所在地一致且胜诉，则原告在二审中同样胜诉的概率，要比在一审中原告和法院所在地不一致且胜诉的情况下，从90%下降到40%左右。这一结果支持了二审法院在纠正一审法院潜在的司法地方保护主义问题中发挥着重要作用的假说。

为什么会出现如此大的差异呢？我们知道，根据《中华人民共和国民事诉讼法》第170条关于二审的规定："原判决、裁定认定事实错误或者适用法律错误的，以判决、裁定方式依法改判、撤销或者变更。"可见，只有出现一审认定事实错误或适用法律错误的情况下，二审法院才会对一审判决进行改判。仅仅由于一审中原告与法院所在地是否一致这个因素，二审法院在是否维持一审判决和改判之间就有了一个比较大的反差。而改判的前提是一审认定事实和适用法律存在错误，故而我们可以推测一审中原告与法院所在地是否一致与一审法院在认定事实和适用法律上是否存在错误是存在密切关系的。这进一步支持了二审法院不仅不存在司法地方保护主义的倾向，同时具有显著的纠正一审法院因为司法地方保护而产生的错误判决的作用。然而，上述发现只是来自《公报》案例总体样本的结果，这一结果是否具有全国的代表性呢？为回答这一问题，接下来我们将根据样本的区域分布来更细致地检验上述发现。此外，我们还将根据 5 省样本来进一步验证二审法院与司法地方保护的关系。

分别使用京沪苏样本，排除了北京的样本和京沪苏样本，均未发现二审法院存在司法地方保护主义的证据。而对于二审法院存在的纠偏机制，在排除了北京的样本和京沪苏样本中继续得到了实证支持，而排除了京沪苏的样本则没有发现纠偏机制的作用。鉴于前两组样本均包含上海的案例，我们发现的二审法院对于一审法院的纠偏机制，很大程度上是来源于像上海这样的地区的案例。

我们进一步使用 5 省案例样本，所有的估计结果中均未发现二审中存在司法地方保护主义的证据，这同之前的发现是一致的。同样，我们未发现二审法院对一审法院存在的司法地方保护主义有纠偏的作用。考虑到 5 省案例样本更具有全国意义上的代表性，这个结果意味着目前二审法院对于一审中因为司法地方保护主义而产生的错误判决的纠偏机制并不是普遍存在的。

与之前无论来自哪个地区的案例样本都为我们提供了司法地方保护主义存在的直接证据不同，本部分关于中国二审法院的纠偏机制的实证研究，则根据样本选择的差异而得到了不一致的结果。基于《公报》案例的样本，我们发现了二审法院对一审法院存在的司法地方保护的纠偏作用，而使用《公报》案例的不同子样本的检验，则显示在不同区域，这种纠偏作用的强度是存在差异的。而基于 5 省案例样本的实证分析，则表明《公报》案例样本中所发现的二审法院具有的纠偏作用，在全国范围内并不是普遍存在的。

三、结语

对于中国司法地方保护主义的已有研究主要基于个案的经验认知，或者通过间接的方式来对其进行测度。并且，在研究司法地方保护时往往将法院作为一个类似黑箱的整体，从而缺乏对于不同审级的法院与司法地方保护主义之间的关系是否存在差异进行研究。本章基于 1986～2010 年《最高人民法院公报》中的知识产权案例，以及来自 5 个省份的较大样本的知识产权案例，实证研究了在一审和二审中，原告和法院所在地之间的位置关系如何影响原告的胜诉率。

通过《公报》案例样本和 5 省案例样本，我们发现在中国一审法院中确实存在司法地方保护主义。同时，我们未在二审法院中发现存在司法地方保护主义的证据。此外，我们还发现二审法院对一审法院因为司法地方保护所做出的错误判决有纠偏的作用，不过这一结果仅在《公报》案例样本中发现。更具体地说，二审法院的纠偏作用仅体现在来自北京、上海和江苏，特别是上海的案例样本，这 3 个省市拥有数量最多的知识产权案例，同时司法质量也相对较高。

从研究结果可以看出，一审中中国法院的司法地方保护主义是一个普遍存在的现象，而这一问题显然会对经济的发展产生消极影响，因为从立法角度来说，无论法律制定得多么完善，如果法院不能在司法审判中履行好持守公平正义的中立第三方的角色，那么法治中的核心原则和市场经济的基本秩序都会遭到严重破坏，直接影响到市场经济的运行和发展。部分经济发达省市存在的二审法院对一审法院的纠偏机制也验证了在法治秩序相对良好的地区，经济的发展水平也相对更高。

二审中未发现司法地方保护主义存在的证据，也给我们对中国法治发展的前景带来了一定的信心。原因在于，虽然一审中司法地方保护主义的存在妨碍了司法公正，不利于经济发展，但一审的判决结果并不等同于最终的生效结果，如果原被告一方觉得判决不公，可以选择上诉到二审法院。并且，我们的研究结论主要来源于由最高法院挑选出的对各级法院的审判工作具有指导意义的《公报》案例。从这些研究样本中发现的结果表明，自改革开放以来，至少从最高法院的目标来看，中国法院是以较好地保障司法的公正性、为经济的长期稳定发展提供保障为己任的。[①]

---

① 本篇内容是在龙小宁、王俊已发表的论文《中国司法地方保护主义——基于知识产权案例的研究》基础上修改完成的，见《中国经济问题》2014 年第 3 期。

廉洁政府、法治建设与经济增长

提要

　　为企业提供公平竞争的经营环境，是经济持续增长的重要保证。本章基于地级市 2013 年 1 月至 2015 年 8 月投资数据的实证分析发现：在政府管理制度化程度较差的地区，官员清廉度越高则固定资产投资增长越快；而在政府管理制度化水平高的地区，较低的官员清廉度对该市的固定资产投资增长并无显著的负面影响。在短期内，由于中国经济中存在较多的政府管制，地方政府官员的清廉度对投资的增长起着重要的决定作用。因此，我们的研究结果表明，较低的地方政府官员清廉度不利于短期的投资增长，这为廉政促进经济增长的理论提供了经验证据；同时，在地方政府管理制度化程度较高的地区，投资增长并未受到官员清廉度的显著影响，这说明法治化的管理有利于解决"人治"的种种弊端。由于中央政府在廉政建设的过程中同时减少政府审批，逐步废除不必要的管制措施，因而能够更充分发挥市场配置资源的作用，进一步促进公平竞争，为中国的长期经济增长提供原动力。而从长期来看，与简政放权相结合的廉政建设更将有助于中国进一步完善充满活力的市场经济体制，对经济增长产生长远的积极作用。

　　公平竞争对于经济增长具有至关重要的作用：从静态的角度分析，公平的市场竞争能够把资源分配给最有效率的企业，因而促进高效企业的增长；缺乏公平竞争则可能导致资源在企业间的分配缺乏效率，进而抑制整个经济的总产出。从动态的角度分析，市场竞争中的优胜劣汰法则促使企业不断地追求产品和工艺创新，从而带来生产技术的进步，也即经济理论所强调的经济增长的长期动力。反之，当经济中缺乏公平竞争机制时，企业赢得竞争优势的手段可能不再是生产技术的创新，而是其他方式，例如通过贿赂政府官员而获得行政垄断的地位。

　　中国在从计划经济转型为市场经济的过程中，由于采取渐进式的改革战略，相当长的一段时间里国家对经济活动的干预广泛存在。例如，由于采用价格的双轨制，在粮食和工业生产资料方面，计划和市场体制长期并存；一些地方的企业登记注册审批事项超过了 300 项，建设项目从立项到开工要经过一二十个部门审批，盖几十个、上百个公章。[①] 尽管经过多次政府机构改革，政府对经济的干预仍然较为严重。党的十八大以来，新一届中央政府进一步简政放权，试图减少对经济的干预。2013 年 3 月 14 日，随着《国务院机构改革和职能转变方案》的颁布，政府简政放权的改革拉开了序幕。至 2014 年 9 月，国家先后取消和下放 7 批共 732 项行政审批事项。[②] 2015 年又取消了 258 项非行政许可审批事项，占总数的 57%。这些简政放权的改革集中在行政审批、投资审批、职业资格、收费清理、商事制度以及教科文卫体等领域。[③] 此外，2013 年年底，党的十八届三中全会审议通过《中共中央关于全面深化改革若干重大问题的决定》，推行地方各级政府及其工作部门权力清单制度，依法公开权力运行流程。简政放权的改革将厘清政府与市场的边界，促进经济持续增长。

与高速增长的经济相比，中国的清廉水平却没有得到相应的改善。根据透明国际（Transparency International）的回顾性测算，中国的清廉指数（corruption perception index）1980 ~ 1985 年为 5.13，1988 ~ 1992 年为 4.73，而 1993 ~ 1996 年清廉指数下降到 2.43。表 1 总结了中国从 1995 年至 2014 年的清廉指数的变化，表中显示，中国政府的廉洁程度排名靠后，近十年来仅略微高于样本的中位数。

表 1　　　　　　　　　　中国 1995 ~ 2014 年的清廉指数及排名

年份	清廉指数	样本中位数	排名	样本国家数量
1995	2.16	5.62	40	41
2000	3.1	4.1	63	90
2005	3.2	3.2	78	159

---

① 李郁芳：《关于政府审批制度的思考》，载《管理世界》2001 年第 4 期。
② 见新华网：《国务院审改办：一年取消和下放 7 批共 632 项行政审批事项》，http://news.xinhuanet.com/politics/2014 - 09/10/c_1112419469.htm。
③ 见新华网：《2015 年中国"三管齐下"推进简政放权改革》，http://www.tj.xinhuanet.com/news/2016 - 03/03/c_1118219330.htm。

续表

年份	清廉指数	样本中位数	排名	样本国家数量
2010	3.5	3.3	78	178
2011	3.6	3.2	75	182
2012	3.9	3.8	80	174
2013	4.0	3.8	80	177
2014	3.6	3.8	100	175

注：透明国际从 1995 年开始逐年测算清廉指数，该指数最高分 10 分，得分越高表明政府越廉洁。
资料来源：透明国际官方网站公开数据（http://www.transparencg.org/cpi0215）。

　　中国政府历来重视提高社会清廉度。特别是 2012 年 11 月党的十八大以来，新一届政府的廉政建设强度大大超过了以往。我们认为，这一举措不仅有重要的政治意义，而且与中国经济发展的要求密切相关。随着人口红利的消失，中国经济正处于产业结构调整的历史性阶段，改革成为经济增长的动力。而 2013 年以来，审批权限的下放、对市场垄断行为的处罚、新一轮国企改革议程的开启以及金融领域改革政策的出台，都清楚地表明了中国建立成熟的自由竞争市场的意图。在政府进一步简政放权、减少对经济过度管制的前提下，廉政建设会进一步促进市场的公平竞争，激发市场创新和活力，从而对经济的长期增长带来正面影响。换句话说，廉政建设与经济改革双管齐下将促使成熟的市场经济替代高度管制经济，来为中国经济的长期持续增长提供原动力。

一、文献综述与假说

（一）清廉度与经济增长的关系

　　清廉政治是指官员腐败问题较轻微，而腐败是指官员为了私利而滥用公权力。[①] 经济学家对于清廉度与经济增长的关系长期以来并未达成一致意

---

① Treisman, D., "The causes of corruption: A cross-national study", *Journal of Public Economics*, 2000 (76): 399-457.

见。持清廉政治有利于经济增长的观点往往认为：首先，清廉政治会减少本应用于生产的资源被浪费在寻租行为上；[1][2] 其次，廉政可以降低交易成本和企业家获取投资回报的不确定性；[3] 最后，清廉度高的社会不会由于寻租回报高于生产活动的回报导致大量人才涌入政府部门而非生产领域，从而对长期经济增长有不利影响。[4][5]

实证研究方面，Mauro 首次系统地检验了清廉度与经济增长的关系，采用58个国家的截面数据，发现较低的清廉度不利于投资和长期经济增长。[6] Mo（2001）分析了54个国家的样本，发现较低的官员清廉度降低了人力资本水平和私人投资，阻碍了经济增长。同时，发现低清廉度对经济增长的最重要影响渠道是导致政治不稳定从而对经济增长起阻碍作用。[7] Wei[8] 以及 Glaeser & Saks[9] 的实证研究也发现低清廉度不利于经济增长。然而，也有研究发现低清廉度有利于经济增长的证据。例如，Méon & Weill 发现在国家管理体制非常缺乏效率的经济体，低清廉度有利于促进经济增长。[10] Méndez & Sepúlveda 发现清廉度与经济增长之间的关系是非线性的。[11]

（二）简政放权对经济增长的影响

Pigou 认为因为市场存在着信息不对称、外部性、垄断等缺陷，因此需

---

① Krueger, A. O. , "The Political Economy of the Rent – Seeking Society", *The American Economic Review*, 1974 (64)：291 – 303.

② Hillman, A. L. and E. Katz, "Hierarchical Structure and The Social Costs of Bribes and Transfers", *Journal of Public Economics*, 1987 (34)：129 – 142.

③ Shleifer, A. and R. W. Vishny, "Corruption", *The Quarterly Journal of Economics*, 1993 (108)：599 – 617.

④ Murphy, K. M. , A. Shleifer and R. W. Vishny, 1991, "The Allocation of Talent：Implications for Growth", *The Quarterly Journal of Economics*, 1993 (106)：503 – 530.

⑤ Murphy, K. M. , A. Shleifer and R. W. Vishny, "Why Is Rent – Seeking So Costly to Growth?", *The American Economic Review*, 1993 (83)：409 – 414.

⑥ Mauro, P. , "Corruption and Growth", *The Quarterly Journal of Economics*, 1995, 110：681 – 712.

⑦ Mo, P. H. , "Corruption and Economic Growth", *Journal of Comparative Economics*, 2001 (29)：66 – 79.

⑧ Wei, S. , "Local Corruption and Global Capital Flows", *Brookings Papers on Economic Activity*, 2000 (2)：303 – 354

⑨ Glaeser, E. L. and R. E. Saks, "Corruption in America", *Journal of Public Economics*, 2006 (90)：1053 – 1072.

⑩ Méon, P. H. and L. Weill, "Is Corruption an Efficient Grease?", *World Development*, 2010 (38)：244 – 259.

⑪ Méndez, F. and F. Sepúlveda, "Corruption, Growth and Political Regimes：Cross Country Evidence", *European Journal of Political Economy*, 2006 (22)：82 – 98.

要政府的干预。① 然而过多的政府干预增加了经济中的交易成本（transaction cost）并导致社会清廉度的下降，从而导致了缺乏效率的后果。此外，诺斯认为有效率的市场是提供低交易成本的制度所带来的，制度和技术通过决定交易成本和生产成本而影响经济绩效。进一步，由于现实世界充满不确定性，有效率的制度应当鼓励知识的获取、冒险以及创新。② Acemoglu 等阐明了类似的观点，认为经济制度通过影响人们在实物资本、人力资本、技术以及生产的组织方面的投资激励从而影响经济增长，拥有鼓励要素积累、创新和资源有效配置的经济制度的社会将达到繁荣。③ 因此，在理论上，简政放权将减少交易成本，鼓励投资，并促进经济增长。

实证方面的研究发现与理论是一致的，即过多的管制带来了效率的缺失。Djankov 等对 85 个国家的截面数据进行分析，发现市场进入管制（entry regulation）越严重的国家清廉度更差且地下经济比重更大，同时私人物品和公共物品的质量更差。④ Klapper 等发现过于严苛的市场进入管制阻碍了新企业的产生，使得进入企业平均规模增大，并导致原有在位的企业增长缓慢。⑤ Nicoletti & Scarpetta 分析了 18 个 OECD 国家的面板数据，发现减少管制促进竞争的改革提高了一国的全要素生产率。⑥ Alesina 等则发现 OECD 国家的产品市场管制改革（包括民营化和市场进入管制改革）促进了投资，并且市场进入管制方面的改革对投资的促进作用更为重要。⑦

（三）可验证假说

在本章中，我们将研究上述理论在中国的适用性，也即党的十八大以来

---

① Pigou, A. C., 1938, The Economics of Welfare, 2013 edition, Palgrave Macmillan.

② North, D. C., "Transaction costs, Institutions, and Economic Performance", *Economic Inquiry*, 1987 (25): 419-428.

③ Acemoglu, D., S. Johnson, and J. A. Robinson, "Institutions as a Fundamental Cause of Development" in *Handbook of Economic Growth*, edited by Aghion, P. and Durlauf, S., Amsterdam: North-Holland, 2005.

④ Djankov, S., R. L. Porta, F. Lopez-de-Silanes, and A. Shleifer, "The Regulation of Entry", *The Quarterly Journal of Economics*, 2002 (117): 1-37.

⑤ Klapper, L., L. Laeven, and R. Rajan, "Entry regulation as a barrier to entrepreneurship", *Journal of Financial Economics*, 2006 (82): 591-629.

⑥ Nicoletti, G., and S. Scarpetta, "Regulation, productivity and growth: OECD evidence", *Economic Policy*, 2003 (18): 9-72.

⑦ Alesina, A., S. Ardagna, G. Nicoletti, and F. Schiantarelli, "Regulation and Investment", *Journal of the European Economic Association*, 2005 (3): 791-825.

的廉政建设以及地方政府管理的制度化改革如何影响地方政府投资的增长。按照前文的分析，较低的清廉度导致较高的交易成本，从而对应较低的投资增长。因此，本章所要检验的第一个假说如下：

假说1：清廉度较低的地级市会有较低的固定资产投资增长率。

具体来说，我们用各地是否有违法违纪官员的查处事件作为该地区清廉程度的度量。有官员被查处的地级市对应着较低的清廉度，从而对应较低的投资增长。这里隐含的假说是：当前中国一些地方政府的管理制度化程度较低，政府对市场的干预较严重，官员存在严重的寻租行为，因此清廉度较低的地区会对投资有负面影响。

同时，中国幅员辽阔，地区之间经济发展水平存在较大的差异，各地政府的行政管理制度化水平也存在明显的差异。[①] 在地方政府行政管理制度化程度较高的地区，规制较少且规则更透明，政府决策更多地依赖"法治"而非"人治"，从而政府官员清廉度对投资增长的影响也可能较小。因此，本章要检验的第二个假说如下：

假说2：在政府管理制度化程度较高的地区，官员清廉度对固定资产投资增长的影响显著小于其他地区。

二、实证分析

（一）实证策略

本章关注的是地级市官员清廉度（也即官员被查处事件）对投资的短期影响，所使用的样本是254个地级市的2013年1月至2015年8月的月度数据。为检验上文假说1，我们的基本模型采用双向固定效应面板模型（同时控制城市和月度固定效应）分析了当期和前一期地级市是否有官员被查处对该地级市固定资产投资同比增长率的影响。

针对假说2，我们在检验假说1模型的基础上加入"地方政府管理的制度化是否较高"这一虚拟变量与"是否清廉度较低"的交叉项。我们使用

---

① 根据樊纲等（2011年）的研究，各省的政府对企业干预程度存在明显的差异。上海市得分最高为10分，新疆得分最低为0。全国除西藏以外的30个省级行政区的平均得分4.9分，标准差达到3分。

樊纲等研究中国各省市场化水平时使用的分项指标"政府对经济的干预程度",作为政府管理制度化的度量。[①] 如果地级市的政府管理的制度化水平排在全国前 15 名,则取值为 1,否则取值为 0。如果假说 2 成立,那么交叉项的相应系数应该为正,即行政管理制度化水平越高的地区,其投资增长受到官员清廉度影响更小。

除了控制城市和月份固定效应之外,本章还控制了一些重要的城市、月度层级变化的变量,其中包括当期和前一期省层次的官员被查处、省长或省委书记的更替、地级市市长或市委书记的更替等变量。对控制这些变量的必要性简要说明如下:

(1)省层次的被查处与地级市的被查处事件很可能是相关的,主要是由于同一省内官员的清廉度具有高度相关性。

(2)地区新上任的主要领导一般情况下会有一段时期从事辖区内的调研工作。为了配合新任领导的调研,地区的官员行为和经济指标可能表现出不同的模式,比如投资项目审批的减缓和暂停。我们将地区主要领导更替的影响期设为 3 个月,即从地区主要领导替换当月开始的 3 个月,相应的虚拟变量取值为 1,其他时期取值为 0。

固定资产投资同比增长率是非常重要的经济指标,根据理论,影响投资的变量还有地区的经济发展程度(人均 GDP)和地区的人力资本水平等。由于缺乏地级市的人均 GDP 和人力资本水平的月度数据,本章未能对这些变量进行控制。鉴于这些变量在月度间的变化可能较小,我们在研究中控制地级市的固定效应来尽力包含这些变量的效应,Frydman 等采用了类似的处理方法。地区的政治稳定性也被认为是影响投资增长的重要因素,而在样本期间,中国的政治稳定性在地区之间高度一致,因此我们通过月度固定效应来控制这个因素。[②]

---

① 樊纲等(2011 年)报告了 2009 年各省的政府对经济干预程度,他们向企业家进行问卷调查,以政府对行政审批的效率作为政府对经济干预程度的度量。尽管这个指标是 2009 年的度量,但这是我们能够获取的最新信息。并且,从已经公布的这个指标的 2007 年至 2009 年的数值来看,各个省份的排名并无变动。据此推测,2009 年的指标很大程度上反映了当前各省的行政管理制度化水平。

② Frydman, R., C. Gray, M. Hessel and A. Rapaczynski, 1999, "When Does Privatization Work? The Impact of Private Ownership on Corporate Performance in the Transition Economies", *The Quarterly Journal of Economics*, 1999, 114: 1153 – 1191.

（二）数据

本章的一部分数据来自 CEIC 数据库，另一部分从网络收集而来。CEIC 数据库提供了中国 25 个省份的 254 个地级市的固定资产投资月度数据。[①] 为了度量地方官员的清廉度，我们收集了从 2013 年 1 月 1 日至 2015 年 8 月 31 日期间政府网站公开的官员被查处的全部案件，并通过网络收集在回归中所控制的其他官员事件。对每一个公开的案件，我们记录了被查处的官员所属的省份和城市，并构建下面的变量来度量对应城市的官员清廉度：如果有违法违纪官员被查处，即认为当地的官员清廉度较低；否则当地的清廉度较高。我们分析中的两个重要控制变量分别是省和地级市的省（市）长和书记的更替事件。[②] 新华网详细记录了地方主要领导的任免信息，从中我们系统收集了从 2007 年 1 月至 2015 年 8 月的所有省、市主要领导任免信息，然后根据中国省、市主要领导一般是 5 年一个任期的事实，再由收集到的一系列任免事件确定 2013 年 1 月至 2015 年 8 月的省、市一二把手更替事件。我们将省、市主要领导的更替事件的影响期设定为 3 个月，例如某个省长更替事件发生在 2004 年 1 月，则 2004 年 1 月至 3 月被设定为更替事件的影响期间。

基于上述信息来源，我们最终获得了 254 个地级市的 2013 年 1 月至 2015 年 8 月的地方官员清廉度及主要领导替换事件的多个虚拟变量，包括：本市是否有地级官员被查处、是否有省层次官员被查处、是否属于本省主要领导更替后的调研期间、是否属于本市主要领导更替后的调研期间。从 CEIC数据库，我们获得了相应的月度经济指标，主要关注的变量是地级市的固定资产投资同比增长率。[③]

表 2 给出地级市官员清廉度指标的分布，有超过 1/4 的地级市在样本期间没有官员被查处，是清廉度较高的地区，从而为我们的因果识别提供了较好的对照组。

[①] 青海、西藏、新疆、甘肃、宁夏、陕西等 6 个省份的地级市月度数据没有包括在 CEIC 数据库中。

[②] 值得指出的是，主要领导更替事件与任免事件是不同的。举例而言，某个省的省长任命可能是因为他的第一个任期结束开始第二个任期，这种情况下的任免事件并非更替事件。

[③] 某项经济指标的同比增长率指该经济指标与去年同期相比的增长比例。计算公式为：同比增长率＝（某月经济指标数值－去年同一月经济指标数值）/去年同一月经济指标数值。

表 2　　　　　　　　　　　地级市官员被查处的次数分布

官员被查处次数	地级市数量	占全部比例
0	68	26.8
1	62	24.4
2	48	18.9
3	21	8.3
4	16	6.3
5 次及以上	39	15.3
总数	254	100

注：地级市包括了省会城市。
资料来源：作者根据相关政府网站的公开案件进行整理获得。

（三）实证结果

在回归分析中，我们的基准样本不包括地级市中的省会城市，这是因为省会城市与一般地级市具有很多不同的特征。但在稳健性检验部分，我们会在分析样本中加入省会城市，以检验结果的稳健性。我们分别对应假说 1 和假说 2 进行检验。

通过检验假说 1，我们发现查处事件滞后一期的系数显著为负，均在 -0.02 左右。查处事件当期的系数约为 -0.01，但在统计上不显著。估计结果表明，清廉度较差的地区，查处事件对固定资产投资同比增长率的当期影响不显著，但一期滞后效应显著为负。平均而言，由于清廉度较差使得当地未来一个月的固定资产投资同比增长率显著降低了约 2 个百分点（即 -0.02）。并且，我们的结论不受其他控制变量选取的影响。

在检验假说 2 中，我们将样本按照政府管理制度化水平的高低分成两个子样本（如表 3 所示），分别考察清廉度对固定资产投资的影响。结果表明，政府管理制度化程度不同的地区，清廉度对投资增长的影响存在较显著的差异：制度化水平高的地区，低清廉度导致的官员被调查事件不存在显著影响；而制度化水平低的地区，低清廉度导致的官员被调查事件促使投资增长率降低超过 3 个百分点。

表3　　　　　　　　　　各省的行政管理制度化得分及分类

省	分数	分类	省	分数	分类	省	分数	分类
上海	10	高	辽宁	6.38	高	山西	2.16	低
江苏	9.89	高	黑龙江	5.68	高	宁夏	1.3	低
浙江	9.32	高	河南	5.51	高	青海	1.3	低
广东	8.12	高	重庆	5.44	高	内蒙古	1.08	低
天津	8.02	高	福建	5.41	低	海南	0.84	低
安徽	7.59	高	湖北	5.38	低	陕西	0.66	低
北京	7.2	高	湖南	4.91	低	贵州	0.24	低
云南	7.02	高	吉林	4.72	低	新疆	0	低
四川	6.91	高	甘肃	3.93	低			
山东	6.85	高	广西	3.76	低			
江西	6.48	高	河北	3.43	低			

注：各省的制度化得分来自樊纲等的指标"政府对企业的干预"的分数。西藏缺乏相应数据，因而没有出现在表格中。

资料来源：樊纲、王小鲁、朱恒鹏：《中国市场化指数——各地区市场化相对进程2011年报告》，经济科学出版社2011年版。

(四) 稳健性检验和进一步讨论

为了更充分地研究清廉度和政府制度化水平对投资增长率的影响，我们对前文的主要结果进行稳健性检验。

在稳健性检验中，我们纳入省会城市数据，重新估计了低清廉度导致官员被查处事件的影响。同时，我们允许官员被查处事件的影响在省会城市和非省会城市之间存在差异，以及省层次的官员被查处事件对省会城市与非省会城市的影响存在差异。我们的回归结果表明，省层次的官员被查处对省会城市的负面影响可能更大，然而这个系数在统计上并不显著。更重要的是，我们所关注的地级市官员被查处事件一期滞后的系数变化不大，约为 -0.019，同样在0.1水平上显著。因此我们的主要结果在加入省会城市后没有明显变化。

另外，我们也估计了被查处的官员数量对投资增长的影响。我们将地级市官员被查处的数量除以该市常住人口进行标准化，计算出每百万居民对应的官员被查处数量。采用这一新的测度，我们对基本方程进行回归。回归结果表明，地级市每百万人中增加 1 名被查处官员，将导致该市下月的固定资产投资同比增长率下降约 6 个百分点，与我们前文得出的定性结论是一致的，且统计显著性有所提高。这再次为低清廉度对投资增长的负面影响提供了支持，并肯定了廉政的重要作用。

三、结语

为企业提供公平竞争的经营环境，是经济持续增长的重要保证。本章基于地级市 2013 年 1 月至 2015 年 8 月投资数据的实证分析发现：在政府管理制度化程度较差的地区，官员清廉度越高则固定资产投资增长越快；而在政府管理制度化水平高的地区，较低的官员清廉度对该市的固定资产投资增长并无显著的负面影响。

在短期内，由于中国经济中存在较多的政府管制，地方政府官员的清廉度对投资的增长起着重要的决定作用。因此，我们的研究结果表明，较低的地方政府官员清廉度不利于短期的投资增长，这为廉政促进经济增长的理论提供了经验证据；同时，在地方政府管理制度化程度较高的地区，投资增长并未受到官员清廉度的显著影响，这说明法治化的管理有利于解决"人治"的种种弊端。由于中央政府在廉政建设的过程中同时减少政府审批，逐步废除不必要的管制措施，因而能够更充分发挥市场配置资源的作用，进一步促进公平竞争，为中国的长期经济增长提供原动力。而从长期来看，与简政放权相结合的廉政建设更将有助于中国进一步完善充满活力的市场经济体制，对经济增长产生长远的积极作用。①

---

① 本文内容是在龙小宁、黄小勇已发表的论文《公平竞争与投资增长》基础上修改完成的，见《经济研究》2016 年第 7 期。

从行政化到市场化

——减排规制的历史变迁

提要

自新中国成立以来，环境立法在实践中不断发展，已经走过了六十多个春秋。中国环境保护法中对排放污染物行为的规制措施也由初期的行政化手段逐渐转向市场化。本章主要从背景、法律条文、理论基础、优缺点等方面分析了排污费到环境保护税和排污权交易的制度变迁。这三种手段都是在借鉴国际经验的基础上，根据中国不同具体发展阶段探索出来的适合中国具体国情的政策。它们各有优势，都取得了一定成效，但也存在局限性。就排污费而言，中国已实行三十多年，其弊端也悉数显露出来，因而走向历史终结；至于环境保护税和排污权交易，中国还处在探索的过程中。总体而言，中国的环境法律体系还有许多不足之处，需要进一步完善。

自新中国成立以来，环境立法已经走过了六十多个春秋。改革开放前，中国的环境法治经历了一个曲折发展的时期，初期的环境保护立法是零散的不成体系的，中间还受到"文化大革命"的冲击。不过，也就在"文革"期间，1972 年中国参加了联合国召开的第一次环境保护会议，次年中国召开了第一次全国环境保护会议。之后，中国的环境保护立法工作才艰难恢复。改革开放初期至 1992 年正式确立社会主义市场经济体制，是社会主义法治建设的快速发展时期，这期间环境立法也取得了可喜的进展。1979 年《环境保护法（试行）》的颁布，是中国环境法律体系正式建立的开端。1989 年修订并颁布实施的《环境保护法》，标志着中国环境法制的建设步入了正轨。[①] 此外，我们也要看到，虽然当时的环境法制建设有效地防止了环

---

① 李林：《中国法治建设 60 年》，中国社会科学出版社 2010 年版，第 434 页。

境迅速恶化，但是并没有从根本上解决经济发展与环境保护之间的矛盾，随着工业化进程的推进，环境与资源面临的压力越来越大。

在市场经济转轨期，以可持续发展为指导原则，国家加大了环境法规立、改、废的力度，中国环境法律体系基本形成。从中国特色社会主义法律体系的结构看，环境资源法原属于经济法和行政法的领域，包括环境污染防治法和资源法两个子部门。前者包括防治环境噪声污染、大气污染、水污染、放射性污染、固体废物污染等不同的环境污染领域，也包括防沙治沙、清洁生产促进、气象、野生动物保护等；后者包括森林、草原、土地、矿山、能源、水等资源的保护。一些学者认为，环境资源法应形成一个独立的法律部门。① 从中国环境保护的发展历程看，市场化手段应用的范围越来越广泛，但地方保护主义也开始抬头，环境污染和生态破坏仍比较严重。21世纪以来，中国加入了 WTO，进入了贸易全球化时期，环境法制建设也进入了不断完善的阶段，越来越呈体系化。"环境保护和经济、社会发展相协调"原则改为"经济和社会发展与环境保护相协调"原则，② 标志着环境保护优先性时代的到来。总体来看，中国六十余年的环境法治建设工作取得了很大的成就，法律法规已基本覆盖了环境保护的主要领域，基本做到了有法可依，有章可循。③ 虽然环境问题仍层见叠出，但总体上看环境法制还是为经济的增长和社会的进步提供了生态容量，这也表明中国环境法治建设取得了成效。④

经济基础决定上层建筑，而上层建筑又会反作用于经济基础。随着改革开放的推进，中国的经济逐渐走向市场化，为了解决经济发展中不断遇到的排污问题，中国环保法中对排放污染物行为的规制措施也由初期的行政化手段逐渐转向市场化。同时，新的法律条文的出台和实施也规范了市场交易主体的行为，从而有利于促进经济的有序发展。本章主要分析从排污费到环保税和排污许可的制度变迁。

环境本身是一种不具有排他性的共有资源，正如哈丁（Garrett Hardin）

---

① 朱景文：《中国特色社会主义法律体系的形成与完善》，中国人民大学出版社 2013 年版，第 10 页。

② 参见 2005 年《国务院关于落实科学发展观、加强环境保护的决定》。

③ 李林：《中国法治建设 60 年》，中国社会科学出版社 2010 年版，第 451 页。

④ 章轲：《潘岳：告别环保风暴之后》，载《第一财经日报》2007 年 12 月 31 日。

的"公地悲剧"（Tragedy of the Commons）所推演的，公地作为一项共有资源，有很多的拥有者，每一个人都拥有使用权，并且都不能阻止他人使用，结果每个人都倾向于过度使用。[1] 虽然每个人心里都清楚环境资源会因过度消耗而枯竭，但每个人都觉得单靠一己之力是无法阻止环境恶化的。由于经济人本性都是自私的，他们都会作如是想：与其坐等其枯竭，不如趁机捞一把。于是，"公地悲剧"便不可避免了。我们知道，环境的纳污能力毕竟是有限的，因此具有稀缺性，我们需要让使用环境资源的经济个体承担代价，也就是使外部性内部化，排污费、环保税和排污权交易的制度安排都是外部性内部化的政策工具。

一、排污费

（一）排污费实施的背景及法律规则内容变化

中国征收排污费是从 20 世纪 70 年代开始的。新中国成立后，国民的环保意识非常糟糕，在大力发展重工业的号召下，经过"一五计划"以及"大跃进"，到 20 世纪 70 年代，中国环境恶化已触目皆是。70 年代末邓小平主政后，改革开放以及一系列促进经济增长的计划都需要清洁资源和稳定的社会环境。[2] 毫无疑问，环境恶化将影响人们的生活质量和满意度，关系到整个社会的和谐稳定。因此，中国开始注意加强环境保护，征收排污费也在这时拉开了序幕。

1979 年，第五届全国人民代表大会常务委员会第十一次会议审议通过的《环境保护法（试行）》，是新中国成立以来中国第一部综合性的环境保护基本法，它把环境保护方面的基本方针、任务和政策，用法律的形式确定下来。该法第一次确立了国家、单位和个人的基本环境权利和义务，在法律层面上明确"全面规划，合理布局，综合利用，化害为用，依靠群众，大家动手，保护环境，造福人民"的环保方针，建立了环境保护和行政管理体制，构建了环保法律的基本框架。对于排污费的收取，该法第十八条规

---

[1] Hardin, G., The Tragedy of Commons, Science, 1968 (162): 1244 – 1245.

[2] Jahiel, A. R., The Contradictory Impact of Reform on Environmental Protection in China, *The China Quarterly*, 1997 (149): 81 – 103.

定："超过国家规定的标准排放污染物，要按照排放污染物的数量和浓度，根据规定收取排污费。"第六条规定："已经对环境造成污染和其他公害的单位，应当按照谁污染谁治理的原则，制定规划，积极治理，或者报请主管部门批准转产、搬迁。"另外，第三十一条还规定："国家对企业利用废气、废水、废渣作主要原料生产的产品，给予减税、免税和价格政策上的照顾，盈利所得不上交，由企业用于治理污染和改善环境。"本条规定了奖励性的政策措施，意在促进企业治污的积极性。

1989 年第七届全国人民代表大会常务委员会第十一次会议审议通过的《环境保护法》，是根据 1982 年的《宪法》制定，并且是在总结《环境保护法（试行）》经验的基础上修订完善的。《环境保护法》的颁布实施，标志着中国环境法律的建设步入正轨。该法第二十八条规定："排放污染物超过国家或者地方规定的污染物排放标准的企业事业单位，依照国家规定缴纳超标准排污费，并负责治理。水污染防治法另有规定的，依照水污染防治法的规定执行。"与 1979 年的《环境保护法（试行）》相比，1989 年的《环境保护法》不仅规定了超标收费，还进一步明确了污染者治理的原则。

在充分总结经验和教训的基础上，2003 年 1 月，国务院颁布《排污费征收使用管理条例》，使中国的排污收费制度得到进一步完善。

2014 年，第十二届全国人民代表大会常务委员会第八次会议新修订的《环境保护法》，则是环保法实施 25 年后所作的重大修改，它把环境保护提高到国家基本国策的高度，提出"环境保护坚持保护优先、预防为主、综合治理、公众参与、损害担责"的原则。该法第四章第四十三条规定"排放污染物的企业事业单位和其他生产经营者，应当按照国家有关规定缴纳排污费。排污费应当全部专项用于环境污染防治，任何单位和个人不得截留、挤占或者挪作他用。"该条文明确了排污费的使用，即专项用于防治环境污染。第六十八条第八款规定"将征收的排污费截留、挤占或者挪作他用的"，对直接负责的主管人员和其他直接责任人员给予惩罚。

（二）排污费的理论基础

排污费的理论基础是"外部不经济性"理论。"外部经济"概念最早由

"剑桥学派"创始人马歇尔（Alfred Marshall）提出。① 外部经济性指在实际经济活动中，生产者或消费者的活动对其他生产者或消费者产生超越活动主体范围的利害影响，包括正、负两方面的影响，正面的影响亦称正外部性或外部经济性，负面的影响称负外部性或外部不经济性。

征收排污费则源自庇古税理论（Pigouvian tax）。一般来说，实业家（厂商）只对私人边际收益和边际成本感兴趣，并不关心社会边际收益和社会边际成本，当两种边际收益和边际成本分别都不相等时，社会的福利往往难以达到最大化。因此可以针对经济活动过程实施某种干预，以最大化国民收益。庇古（Arthur C. Pigou）提出了明确的政策方案。他认为，"如果国家愿意，它可以通过'特别鼓励'或'特别限制'某一领域的投资，来消除该领域内这种背离。这种鼓励或限制可以采取的最明显形式，当然是给予奖励金和征税"。② 污染者付费原则，简称"付费原则"。1996年国务院发布的《关于环境保护若干问题的决定》所指"污染者付费，利用者补偿，开发者保护，破坏者恢复原则"，是对这一原则比较完整的表述。征收排污费的原则就是使治理环境的费用由生产者或消费者来承担，使外部费用内部化。③ 这一原则规定环境污染的治理、环境破坏的恢复由从事环境污染、破坏的行为者、受益者来承担费用，而不应转嫁给国家和社会。④ 从理论说，污染者付费原则可以使企业的私人成本增加到等于社会成本，从而使企业可以在使社会福利最大的点进行生产。

（三）排污费实施过程

排污费的征收对象是污水、废气、固体废物及危险废物、噪声。征收排污费给企业带来了负面激励，同时利用征收的排污费成立基金，返还给企业，用于购置清洁减排设备。不过，在排污费实施的过程中，中国环保部门遇到很多问题，不得不在实践过程中加以调整和解决。

---

① ［英］马歇尔：《经济学原理》上卷（朱志泰译），商务印书馆1964年版，第279~280页。
② ［英］庇古：《福利经济学》上卷（朱泱、张胜纪、吴良健译），商务印书馆2006年版，第206页。
③ 金瑞林、汪劲：《20世纪环境法学研究评述》，北京大学出版社2003年版，第176~177页。
④ 朱景文、韩大元：《中国特色社会主义法律体系研究报告》，中国人民大学出版社2010年版，第444页。

　　首先是排污费征收困难问题。排污费收得很少，主要缴费对象是国有企业，乡镇民营企业以及集体所有的企业，基本上收不到。随着民营经济的蓬勃发展，中国的污染问题变得日益严峻起来。如果排污费仅向数量日益减少的国有企业收取，那么环保资金就会捉襟见肘。针对一些企业拒缴排污费的情况，环保部门与地方中国人民银行合作，银行按企业应缴纳的排污费额度，直接从其银行账户里提取，转到环保基金账户。有了资金保证，环保部门可以从事监管或研究工作。

　　其次是排污费使用问题。缴费问题解决后，新的问题又出现了。20 世纪 80 年代末，中国大部分地区通行的现实做法是，环保部门最终把大部分的环保基金返还给企业。按照法律规定，返还的基金必须用于解决排污问题上，但实际情况却是，企业管理者往往打着改革的旗号，变相使用返还的环保基金。企业并没有真正落实到位，比如用返还的基金购买减排设备，许多时候，返还的资金几乎没有用在清洁项目上。也就是说，企业非法挪用环保基金，名义上却将之正当化，所谓"挂羊头卖狗肉"。因此，一些地方不得不进行改革，比如从 1986 年开始，江苏省就不再实施免费的返还基金，而改为提供低息贷款，即利用环保基金为企业的贷款贴息。企业在还贷期间，如果完成污染控制任务，就能得到贷款贴息，完成得越快，还贷的利息越少，获得的贴息也就越多。

　　最后是排污费偏离了政策预期的目标。从制度设计层面说，实施排污费的初衷是给企业提供经济刺激以减少排放，但实际执行过程中，长期的减排目标很容易被搁置，排污费的成功收取鼓励环保部门强化收费的目标，企业对减排的长期抵制迫使环保部门改变排污费体系最初设定的减排目标。排污费成了企业支付排污权的工具，而不是减排的动力。而对环保部门来说，排污费的征收演变成了其财政预算的来源，结果变成以收费为目的，甚至出现了谁排得越多谁就收得越多的"多多益善"的怪圈。事实上，环保部门的这种做法也是改革大背景下的一个缩影。1994 年财税分权改革后，地方政府收入来源减少，但需要地方政府自己"掏腰包"的支出增多，中央政府对地方政府不断增强的自我补给要求影响了后者的目标。

　　总的来说，排污费并没有有效地引导企业往减排的方向走。①

---

　　① Jahiel, A. R. The Contradictory Impact of Reform on Environmental Protection in China.

（四）排污费体系自身存在的缺点

排污费体系的实施，一方面通过排污费的征收为环保部门提供了行政资金和监管资金，另一方面通过设立环保基金为企业减排提供了资金。但不可否认，这一规制总体上运行不畅。导致其运转失灵的原因是多方面的，其中体制机制不成熟、存在内生性缺陷是其主要原因，具体体现在以下几个方面。

第一，费率低。[①] 改革开放初期，排污费的设定不是从经济角度进行科学的测算，而仅仅是一种政治性的制度安排。当时中国环保机构的地位不够高，权威性不强。费率的设定不是由环保部门独自做出的，而是与金融机构商量。由于国有企业在中国经济中占主体地位，企业的成本意味着国家的成本，因此，在设定费率时，金融机构尽可能设定对企业运营影响最小化的排污费。这样一来，收取的排污费无异于杯水车薪。而且，排污费的增长还赶不上通货膨胀的速度。因为从企业收取的排污费，低于其减排设备的购买成本，甚至低于运行成本，所以，从成本角度考量，即使拥有减排设备，许多企业也基本上不用，变成一种摆设。

第二，减排动力缺乏。改革开放后，经济体制改革逐步推进，但计划经济的"遗产"仍残留，这与改革时期的经济激励产生直接的矛盾。产量和利润的压力以及实行阶梯收费比率，使企业丧失持续减少排放的动力。在这样的体制环境下，围绕排污费建立的一套体系便形同虚设。

第三，难以控制污染总量。排污费规定了当排污量超过标准时需要缴纳的费用，但并没有对排污总量做出相应规定，因此，只要企业有能力支付排污费，那它会一直增加排污量。这样一来排污总量难以得到有效控制。因此，1989 年颁布的《环境保护法》第二十八条增加了有关污染者治理的规定。企业除了要支付超标排污费以外，还要负责治理，污染者治理的原则使外部性进一步内部化。如果企业排污总量大，那它负责治理的任务就更重，从而使排污总量得到进一步地有效控制。

第四，地方保护主义。改革推进过程，也是市场机制逐渐取代计划机制的过程。1994 年财税分权体制改革后，企业税收负担减轻，利润保留增多，地方在决定经济发展的优先性方面拥有较大的自主权，特别是投资方面的决

---

① 王萌：《我国排污费制度的局限性及其改革》，载《税务研究》2009 年第 7 期。

定权。但收入权上移，支出权下移，使地方失去了来自中央的财政保障。为了筹集能够维持行政体系运作的财政资金，地方政府不得不通过一系列新的手段加强了对经济的干预。只要吸引到能赚钱的项目，甭管它们会不会对环境产生污染，污染的程度有多大。这自然而然发展为地方保护主义，一些地方政府甚至拒绝帮助环保部门去那些不缴费的企业征收排污费，有的只是象征性地收取一点"排污费"了事。

第五，企业违法成本低。[①] 环保部门的地位不高，权威性不强，导致执法刚性不足。同时，也由于地方保护主义，环保部门得不到地方政府的有力支持，这也给执法带来了一定困难。企业即使违法了，环保部门也奈何它们不得，最终大多不了了之。由于违法成本低，便形成了"破窗效应"，遵纪守法的企业变成"自投罗网"，自己给自己上套。

不过，话说回来，排污费体系并不是没有产生积极的影响，排污费的收集在初期为环保部门提供了行政资金和监管资金，而环保基金的设立为企业减排提供了资金，而且，增强了人们的环保意识。

二、环境保护税

（一）环境保护税实施的背景及法规内容

根据国际经验，随着经济不断发展，环境经济手段经历了一个由费改税的过程。[②] 如前所述，由于排污费体系运转失灵，中国开始了费改税的进程。

刚开始，环境保护税在中国被称为环境税，环境税法规的出台源自排污费制度。2013 年，党的十八届三中全会提出推动费改税的思路。2014 年，新修订的《环境保护法》第四十三条规定："依照法律规定征收环境保护税的，不再征收排污费"，奠定了费改税的基础。2015 年 6 月，国务院法制办公布了《环境保护税法草案（征求意见稿）》，并规定大气污染物和水污染

---

① 高桂林、陈昊博：《我国环境保护法律体系的经济分析》，载《学术论坛》2014 年第 3 期。
② 司言武、李珺：《我国排污费改税的现实思考与理论构想》，载《统计与决策》2007 年第 24 期。

物每污染当量①的税额分别为 1.2 元和 1.4 元，固体废物每吨税额从 5 元到
30 元不等。2016 年 8 月 29 日，全国人大常委会第二十二次会议审议通过了
《环境保护税法（草案）》（以下简称《草案》）。《草案》规定，对大气污染
物、水污染物、固体废物和噪声等四类污染征税，并按"税负平移"的原
则，把环境保护费改为环境保护税。《草案》根据现行排污费项目设置税
目，一是将排污费的缴纳人作为环境保护税的纳税人，以应税污染物排放量
作为计税依据，将现行排污费收费标准作为环境保护税的税额下限；二是允
许地方根据实际情况上调应税污染物的适用税额；三是各方面争议比较大的
对二氧化碳征收环境保护税问题，暂不纳入征收范围。

（二）环境保护税实施的理论基础

环境税制改革的理论基础是"双重红利理论"（double dividend theory），
"双重红利理论"也来自庇古。② 一般认为，"双重红利"包含两层含义：
其一是"绿色红利"（第一重红利），即通过征收环境保护税，加强了污染
治理，提高了环境质量；其二是"效率红利"（第二重红利），即环境税的
征收有助于减轻其他税种对市场的扭曲，由征税所获得的净经济效益，促进
更多的社会就业、个人收入和国民生产总值的增长等。③ "双重红利"也就
是"双赢"，是指通过征收环境保护税所获得的收入可以用来降低现存税制
对资本和劳动产生的扭曲，获得双倍效益。对于中国环境保护税是否应该建
立在"双重红利"的基础上，国内学者有争议。

环境保护税被视为最有效的环境污染控制方式，而且是比传统的财政收
入方式更好的财政取得方式。环境保护税是政府设置的一种价格信号，对市

---

① 污染当量值表示了不同污染物或污染排放量之间的污染危害和处理费用的相对关系。就水
污染来说，以污水中 1kg 最主要污染物化学需氧量（COD）为基准，对其他污染物的有害程度、对
生物体的毒性以及处理的费用等进行研究和测算，结果是排放 0.5g 汞，4000gSS，1000gCOD 产生的
污染危害和相应的处理费用基本相等或等值，也就是污水中汞污染当量值是 0.0005kg，SS 污染当量
值是 4kg，COD 的污染当量值是 1kg。废气是以大气中主要污染物烟尘、二氧化硫为基准，按照上述
类似的方法得出其他污染物的污染当量值。污染当量的概念主要在水污染收费和大气污染收费中
采用。

② 俞杰：《环境税"双重红利"与我国环保税制改革取向》，载《宏观经济研究》2013 年第 8 期。

③ Goulder, L. H., Environmental Taxation and the Double Dividend: A Reader's Guide, *Interna-
tional Tax and Public Finance*, 1995, 2（2）: 157 – 183. Carraro, C., Galeotti, M. and Gallo, M.,
Environmental Taxation and Unemployment: Some Evidence on the Double Divedent Hypothesis in Europe,
Journal of Public Econimics, 1996, 62（1/2）: 141 – 181. de Mooij, R. A., Environmental Taxation and
the Double Dividend, Amsterdam, New York and Oxford: Elsevier Science, North – Holland, 2003.

场主体进行环保行为引导。在信息不对称的市场中，一方面，这种价格信号让企业意识到，破坏环境的成本大于收益，于是做出理性选择；另一方面，遏制企业破坏环境的"逆向选择"（adverse selection）行为，从而有效阻止"柠檬市场"（The Market for Lemons）的形成。[1]

（三）环境保护税的优势

排污费与环保税都是将负外部性内部化的手段，但二者存在本质的区别。排污费更偏向运用行政化手段，而环境保护税更偏向于运用经济手段。与排污费相比，环保税具有以下四个方面的优点：第一，有严格的立法程序，不易改变，具有法律意义上的强制性，刚性和执行力增强，能够严格按规定征收环保税，有利于防止企业不交或少交排污费的行为；第二，环保税与经济发展的联系更紧密，随经济发展和收入上升而提高，一定程度上可以避免像排污费那样不随通货膨胀变化而导致的企业排污成本下降的现象；第三，原来一些地方政府为了引资承诺免收排污费，现在征税一视同仁，能促进市场公平竞争，也有利于打破地方保护主义；第四，税额设定高于排污费，企业排污成本增加，可以增加企业减排的动力。[2]

（四）环境保护税实施面临的问题

不过，中国实施环境保护税仍然面临一些问题。

第一，如何设定合适税率的问题。[3] 设定合适的环保税税率，需要政府充分掌握企业对环境的损害情况，并做出量化评估，征收的税率应使企业控制污染的边际成本等于减少排污的边际收益，这样才能将负外部性完全内部化。但是，这在操作上有较大的难度。

第二，环保部门与财政部门的协调问题。从某种意义上说，环保税是一门技术税，它需要环保部门与财政部门之间协调配合，环保部门负责排放污染物的衡量及监测，财政部门则专门负责税收的制定及征管工作。目前，中国环保部门的权威性还有待提高，与财政部门的协调配合能力有待增强。有必要制定具体的规章制度，以协调二者的关系，确保环境保护税的征收合

---

[1]　张海星：《开征环境税的经济分析与制度选择》，载《税务研究》2014 年第 6 期。
[2]　袁向华：《排污费与排污税的比较研究》，载《中国人口·资源与环境》2012 年第 5 期。
[3]　高歌：《中国污染征税体系的几个问题与解决思路》，载《环境保护》2008 年第 16 期。

理、高效、便捷。

第三，环保税与其他税种的配合问题。① 中国在具体税种的设置上还缺乏足够的经验，这决定了中国征收环境保护税的范围不会太广，也不可能一蹴而就，考虑相关的征管成本，只能循序渐进地推进。环保税还需要与其他税种相互配合，比如与资源税、消费税配套。在立法过程中，就应充分考虑税种之间如何协调，使企业和消费者的负担不会因此增加太多，又能有效地将企业排污带来的社会成本内部化，以最小的社会成本达到减排的目标。就已有的法规文本看，中国的环境保护税立法在这方面尚不完善。

第四，环境保护税的使用问题。② 多排放多纳税，少排放少纳税，这是征收环保税的主旨。地方在环境保护方面负总责，环保税开征后，收入也全部归地方所有。环保税是否应该专款专用，目前还是一个热议的话题。在中国地方政府事权繁重且债务沉重的情况下，如果不专款专用，那就很容易出现被挪用的情况，成为地方政府变相获取财政收入的一种手段。

另外，值得一提的是，在环保税立法的过程中，应该尽量避免环保税沦为排污费的重复性工具。如果环保税的设计只是排污费的重复，那就有可能以更大的社会成本来换取等量的社会收益。③

三、排污许可证及排污许可证交易制度

（一）排污许可证及交易制度实施的背景及法规内容

排污许可证制度是指凡是需要向环境排放各种污染物的单位或个人，都必须事先向环境保护部门办理申领排污许可证手续，经环境保护部门批准后获得排污许可证后方能向环境排放污染物的制度。20 世纪 80 年代初，上海针对黄浦江水质不断恶化的情况，率先开始水污染排放权交易的实践与探索。1988 年，北京、上海、徐州、常州等 18 个大中城市成为水污染物排放许可证的试点城市，涉的污染物包括大气污染物、水污染物等，采用企业

① 俞敏：《环境税改革：经济学机理、欧盟的实践及启示》，载《北方法学》2016 年第 1 期。
② 吴健、陈青：《从排污费到环境保护税的制度红利思考》，载《环境保护》2015 年第 16 期。
③ 刘凤良、吕志华：《经济增长框架下的最优环境税及其配套政策研究——基于中国数据的模拟运算》，载《管理世界》2009 年第 6 期。

申请、政府审批发放的形式。从 1994 年起，国家环保局开始在所有城市推广这一制度。

2014 年，中国第一次把排污许可证制度纳入环境保护法中，适用于废气、废水、产生环境噪声污染和固体废物。2014 年新修订的《环境保护法》第四十四条规定："国家实行重点污染物排放总量控制制度。重点污染物排放总量控制指标由国务院下达，省、自治区、直辖市人民政府分解落实。企业事业单位在执行国家和地方污染物排放标准的同时，应当遵守分解落实到本单位的重点污染物排放总量控制指标。对超过国家重点污染物排放总量控制指标或者未完成国家确定的环境质量目标的地区，省级以上人民政府环境保护主管部门应当暂停审批其新增重点污染物排放总量的建设项目环境影响评价文件。"第四十五条规定："国家依照法律规定实行排污许可管理制度。实行排污许可管理的企业事业单位和其他生产经营者应当按照排污许可证的要求排放污染物；未取得排污许可证的，不得排放污染物。"总量控制制度是实施排污许可制度的前提和基础。

2011 年 10 月 29 日，国家发改委下发《关于开展碳排放权交易试点工作的通知》，决定在北京、天津、上海、重庆、广东、湖北、深圳等七省市开展碳排放权交易试点。中国的排污权交易试点主要由政府推动，而碳交易主要是受国际影响推动的，包括配额和经核证的自愿减排量（CCER）。不过，迄今中国仍未把排污权交易制度纳入环境保护法。

（二）排污权交易的理论基础

排污权交易的理论基础是科斯定理（Coase theorem），它是由罗纳德·科斯（Ronald Coase）提出的一种观点。科斯认为，只要财产权是明确的，交易费用很小或者为零，无论初始财产权怎么配置，市场都会通过私人谈判达到有效率的结果，实现资源的帕累托最优配置。[①] 虽然明确的财产权分配和基本为零的交易费用这两个前提在现实生活中难以满足，但是这提供了个人通过市场的方式解决外部性问题的理想方式。科斯认为，外部性有时可以实现自我纠正，政府应在促进私人达成协议方面发挥作用，而不是直接发布命令。科斯定理与我们的社会生活密切相关，在这种理论的影响下，美国率

---

① Coase, R. H., The Problem of Social Cost, *Journal of Law and Economics*, 1960 (3): 1–44.

先实现了污染物排放权或排放指标的交易。排污权的卖方获得经济收入，作为对有利于环境保护的正外部性的经济补偿。一般来说，排污权交易涉及交易双方、中介机构和环境机构三方面的主体。

（三）排污权交易的优势

排污权使用费是企业购买按规定向环境中排放污染物的权利的费用，是企业正常生产需要支付的生产要素费用，而排污费是企业向环境排放污染物的损失补偿费，二者是互补关系而不是替代关系。与排污费相比，排污权交易具有以下优点：

第一，排污权交易是政府事先控制了排污总量，然后由市场确定交易价格，在市场确定排污权交易价格的过程中，实现资源的优化配置，通过市场竞争方式达到帕累托最优配置。当企业的治污成本高于排污权交易价格时，就会选择购买排污权；当企业的治污成本低于排污权交易价格，就会选择减少排污。而排污费是由政府事先确定一个价格，然后让市场决定排污总量。如果这个价格定得太低，排污总量就会失控。通过排污权交易的总量控制，有利于更有效地控制污染总量，切实起到保护环境的作用。

第二，在收取排污费的制度安排下，排污费是作为一种惩罚，企业会以经济困难作为借口而不愿在技术创新上投入。但排污权交易却给企业提供了加快技术创新以减排的动力，企业治理污染变得有利可图，同时也提高了企业采用先进技术的积极性，有利于促进技术进步。

第三，当环境污染总量确定之后，新进入的企业必须要从现有企业手中购买排污权，只有收益足够高且排污量小的企业才有能力购买，这有利于排污小、收益高的企业发展，从而促进产业结构的优化升级，解决环境保护与经济发展之间的矛盾。

第四，排污权交易有利于公众表达意愿，提高全社会的环保意识。[1] 如果公众或一些环保组织购买了排污许可证，那么购买后他们将其掌控在自己手中，不再出售，这样就可以进一步减少排污量。

第五，不同的企业实现同样的减排量，但耗费的减排成本不同。高减排成本的企业选择购买排污许可证，低减排成本的企业选择减少排放。排污权

---

[1] 武普照、王倩：《排污权交易的经济学分析》，载《中国人口·资源与环境》2010 年第 5 期。

交易意味着可以通过市场机制，以最小的社会成本实现等量的减排。

（四）排污权交易实施应着力解决的问题

排污权交易的有效性取决于以下因素：

第一，权利配置。科斯定理表明，在交易费用存在的情况下，权利的初始配置会影响最终的资源配置。[①] 中国分配排污许可证主要采用无偿方式，政府分配排污权易出现寻租问题。企业获得排污权的成本的设置是否合理是重要的影响因素。

第二，交易市场的成熟度。[②] 交易成本的多少决定了市场在多大程度上是有效的。无论是排污权交易，还是碳排放交易，都需要买卖双方数量足够多，避免垄断市场的形成，降低搜索信息成本、谈判成本，实现充分的竞争和顺利的交易，也可避免排污集中于某个区域。

第三，市场监管。在实施排污权交易的情况下，企业要么选择减少排污，要么选择购买排污权。很多地方易出现"只有卖方，没有买方"的情况，政府监管不严，企业就会出现"搭便车"行为。[③]

第四，环境容量的确定。这是一项复杂、耗时长且耗资巨大的工程，环境容量也会随着时间的推移而发生变化，而且一些环境指标难以量化。只有准确衡量出环境容纳能力，才能设定排污权的初始总额。

第五，是否有合理的折算率。由于不同排放时间、不同排放地点以及不同的污染物对当地环境有不同的污染作用，所以排污权交易需要设定合理的折算率。排污权交易不能按一般的商品进行交易，政府必须制定一套合理的时空交易折算体系。

因此，将公共所有权私有化的排污权交易及碳排放交易并不一定更有效，它们也会产生副作用，私有化财产权并不一定是解决哈丁"公地悲剧"的最佳良药。排污权交易在实施过程中也依赖于政府严格的监管和制度的约束，在运行过程中也会遇到与排污费类似的外部环境问题。由于缺乏成熟经验，上述问题还没有完全解决，所以中国尚未把排污权交易制度纳入环境保

---

① Coase，R. H.，The Problem of Social Cost.
② 涂正革、谌仁俊：《排污权交易机制在中国能否实现波特效应》，载《经济研究》2015 年第 7 期。
③ 纪建文：《从排污收费到排污权交易与碳排放权交易：一种财产权视角的观察》，载《清华法学》2012 年第 5 期。

护立法中。

基于上述问题的考虑，将排污权交易制度纳入环境保护法加以实施时，应着力做好以下几个方面：

第一，要明确交易主体。排污权交易的主体应为一般主体，既包括自然人、企业法人，也包括政府、环保组织等社会团体。任何主体可根据规定进行排污权的交易，政府应尊重交易主体的交易行为。①

第二，要规范中介机构。在排污权交易过程中，不可避免地要发生信息搜集成本、谈判成本、监督执行成本等。法律条文要对中介机构的合法地位予以确认，鼓励中介市场发展，以降低交易成本，同时也要对中介市场进行规范约束。

第三，要明确交易程序。包括确定交易指标是企业的富余指标，确定交易区域的排污指标符合环境容量，跨区域交易指标应提前进行申请、等待政府审批等。

第四，要明确惩罚规则。这就需要明确交易主体的民事、行政和刑事责任，起到惩戒的作用。如果出现非法交易以谋取不正当利益时，政府应如何对违法行为进行严厉的处罚，比如收缴违法所得并根据情节轻重处以罚款、收缴违法企业的排污许可证、减少下一年企业可获得的许可证数量等措施。

四、结语

从排污费到环保税和排污权交易试点，中国的减排规制手段越来越偏向市场化，并与国际接轨。这三种手段都是在借鉴国际经验的基础上，根据中国不同具体发展阶段探索出来的适合中国具体国情的政策。它们各有优势，都取得了一定成效，但也存在局限性。就排污费而言，中国已实行了三十余年，其弊端也悉数显露出来；而对于环保税和排污权交易，中国还处在探索的过程中，经验尚不丰富，还需要在实践中不断地加以完善。

而从更宏观的层面看，中国的环境法律体系还存在着许多不足，比如虽然对实体性权利义务给予了足够的重视，但是在处理环境纠纷方面的程序性

---

① 高桂林、焦跃辉：《排污权交易在我国的实施》，载《2005 年中国法学会环境资源法学研究会年会论文集》，武汉大学出版社 2005 年版，第 1017~1021 页。

规范相对欠缺；地方性立法不能充分反映地方的实际情况和地方特色；不同
层次和部门的法律还存在重叠甚至冲突的问题，等等。因此，随着经济社会
的发展，中国环境法律体系还需要不断完善。首先，要始终坚持科学发展观
的指导，以可持续发展为原则，从全局利益出发，促进人与自然的和谐发
展，坚持走生产发展、生活富裕、生态良好的文明发展道路，促进实现本代
人之间的公平和代际之间的公平。其次，需要提升《环境保护法》法律地
位和效率等级，使其成为基本法，发挥统领环境法律体系的作用。整合完善
以防止污染、保护环境为主要内容的环境单行法律法规，梳理重复条款，填
补诸多领域的空白，比如生物安全、遗传资源、生物多样性、自然遗迹等方
面，不仅要关注生态保护和污染防治问题，还要增加有关绿色消费和绿色产
业结构的法律法规。然后，加强处理环境权益纠纷的程序规范方面的立法，
对于公众参与环境保护的程序、方式应该进一步地细化和完善，提高环境保
护民主参与的可行性。最后，还要健全与国际履约相关的环境法律法规，顺
应国际发展潮流，同时结合中国的国情，创造出一套具有兼容性、开放性、
时代性的中国特色社会主义环境法律体系。

后　记

　　本书系洪银兴教授牵头的马克思理论研究和建设工程重大项目和国家社科基金重大项目（项目批准号：2015MZD006）"中国特色社会主义政治经济学研究"子项目"中国特色社会主义法治经济研究"的阶段性成果。子项目由"长江学者"特聘教授、China Economic Review 联合主编、《中国经济问题》主编龙小宁教授担任首席专家，主要成员为靳涛教授、赵建副教授、张兴祥副教授。子项目课题成员正式接受任务后，经过充分的酝酿讨论，形成了本书的研究框架和研究内容。课题研究还吸纳博士生、硕士生和"拔尖计划"的本科生参与，在完成书稿研究任务的同时，也培养、锻炼了一支学生科研骨干力量。

　　各篇章具体执笔者如下：

　　自序（赵建）

　　导言（赵建）

　　上篇：中国特色社会主义法治经济理论溯源

　　马克思法治经济思想及其现实意义（赵建）

　　新中国成立以来中国共产党的法治思想（张兴祥、庄雅娟、乔璐）

　　中篇：中国特色社会主义法治经济实践历程

　　国企改革的路径分析与相关制度演进（靳涛）

　　中国土地制度（农村）演进与转型评析（靳涛）

　　经济改革与司法体制改革（龙小宁、王俊、林志帆、张相伟）

　　版权保护能够提升企业绩效吗？——来自德化陶瓷企业的证据（龙小宁、王俊、易巍、张相伟）

　　中国社会保障法的发展历程及改革思路（张兴祥、王梓健）

　　下篇：中国特色社会主义法治经济建设若干问题探讨

国内对《劳动合同法》实施的研究与争议（赵建、朱芳倩）

两阶段制度变迁模式与地方政府制度创新——以厦门市分级诊疗改革为例（张兴祥、庄雅娟）

司法地方保护主义（龙小宁、王俊、林菡馨、张相伟）

廉洁政府、法治建设与经济增长（龙小宁、黄小勇、万威、张相伟）

从行政化到市场化——减排规制的历史变迁（张兴祥、朱美华）